KB235611

G. K. 체스터턴의 정통

*본문의 소제목은 독자들의 이해를 돕기 위해 아바서원 편집팀에서 추가한 것임을 알려 드립니다.

G. K. 체스터턴의
ORTHODOXY
홍병룡 옮김
정통
아바서원

차례

∽

우리가 살고 있는 시대는 '이단'의 시대다. 다른 생각, 기발한 행동을 바른 이론, 곧은 생각, 올바른 행동보다 더 바람직하고 칭찬할 만한 것으로 생각하는 사람들이 많다. 우리 시대는 사상이나 종교, 정치적 이념이나 문화적 취향을 백화점의 물건처럼 다양하게 제공하기 때문에 소비자 관점에서 보면 취향과 구매 능력에 따라 어느 것이나 선택할 수 있다('이단'을 가리키는 영어의 heresy는 '선택'을 뜻하는 희랍어 hairesis에서 나왔다). 선택 가능성이 열려 있기 때문에 반드시 옳은 것, 반드시 바른 것을 힘들게 찾아 선택할 필요가 없다. 나의 욕구나 기대를 채워 주는 것을 최소한 이 순간만이라도 나에게 적합한 것이라 생각하면 된다. 그러나 유감스럽게도 우리 삶은 의미를 구성할 수 있는 전체 틀을 요구한다. 조각들을 맞추고 이것과 저것의 연관을 찾는 데는 '큰 이야기'가 필요하다. 그것을 '어디서 찾을 것인가'가 문제다.

여러분이 지금 손에 든 이 책은 '이단'의 반대편에 선 '정통'에 관한 이야기를 담고 있다. '정통'(orthodoxy)은 희랍어로 '바른 의견'이란 뜻을 담고 있다. 바른 생각, 바른 가르침을 말한다. 사도신경 안에 정통의 핵심이 고스란히 들어 있다고 저자 체스터턴은 생각한다. 우리 시대뿐만 아니라 이미 19세기 말 20세기 초 세상은 이 속에 담긴 바른 가르침, 바른 생각을 시대에 뒤진 것으로 배격했다. 그런 시대에, 그 물을 마시면서 자란 체스터턴은 자신을 키워 준 물과 공기가 사실은 삶을 고갈시키고 질식하게 만드는 것임을 서서히 깨닫기 시작한다. 이 세상을 움직이는 원리는 물질이라고 주장한 유물론, 이 세상은 적자생존의 치열한 싸움터라고 가르친 진화론, 과학으로 삶의 수수께끼를 풀 수 있다고 믿는 과학주의, 앎의 가능성을 부인하는 회의론, 인간에게는 오직 삶의 의지, 힘의 의지밖에 없다고 믿은 니체주의, 어떤 종교적 신념도 허용하지 않은 이른바 '자유사상', 인간에게는 내면적, 신적 원리가 있다고 믿은 신지(神知)주의, 한마디로 모더니즘 사상이 그를 키워 준 '이단'이었다.

체스터턴을 기독교 신앙의 길로 안내한 이들은 흥미롭게도 거리의 전도단이나 교회 설교자가 아니라 그를 키워 준 반기독교적 모더니즘 사상이다. 그것이 유물론이든 유심론이든, 관념론이든 실재론이든, 기술주의든 반기술주의든, 지성주의든 반지성주의든, 그 사상의 귀결을 끝까지 추적할 경우 어느 사상도 근본적인 현실에 대한 기본적 신뢰 없이 견딜 수 없음을 저자 체스터턴은 정확하게 체험한다. 기독교에 대한 상반된 비판이 오히려 그에게 기독교 자체를 들여다보게 만들었고, 기독교 신앙이야말로 삶에서 사소하게 보이는 것들이 왜 중요한가를 보여 주는 가장 단순하고도 복잡한 체계임을 알게 해 주었다. 기독교 신앙을 통해서 체스터턴이 발견한 것은 물질인가 정신인가, 창조인가 진화인가, 신인가 세계인가, 비관인가 낙관인가, 이성인가 상상력인가, 전통인가 혁신인가, 보수인가 진보인가 등 양자택일(either-or)의 문제가 아니라 물질과 정신, 창조와 진화, 신과 인간, 비관과 낙관, 이성과 상상력, 전통과 혁신, 진보와 보수를 모두 아우르는 양자 모두(both and)의 문제라는 것이었다. 상상력과 이야기, 일상과 일상에서 오는 기쁨을 이야기하는 점에서 포스트모더니즘으로 나아가지만 그럼에도 그것조차 앞선다.

체스터턴이 이 책에서 그리는 삶은 근본적으로 역설적임에도 불구하고 매우 현실적이고 매우 따뜻하다. 우리의 삶에는 논리가 있되, 삶은 논리로 설명될 수 있는 것보다 더 풍부하다. 동화의 세계처럼 놀라움으로 가득하면서도 익숙한 세계, 그런 세계에 우리가 살고 있다.

의지와 상관없이 우연과 필연에 따라 일어나는 일이 많지만, 그럼에도 우리는 우리가 잘한 일과 잘못한 일에 대해 비난과 칭찬을 받을 수 있다. 왜냐하면 (유물론이나 결정론이 부정하는) 자유의지가 우리에게 엄연히 있기 때문이다. 책임을 질 수 있다는 것, 이것이야말로 인간됨의 가장 소중한 표지임을 체스터턴은 강조한다. 책임을 질 수 없고, 비난이나 칭찬이 가능하지 않다면 우리는 누구에게 감사를 표현할 수 없다. 만일 우리가 감사할 수 없다면 우리는 결코 행복하지 않다. 행복한가, 행복하지 않은가를 시험할 수 있는 잣대가 감사이기 때문이다.

그럼에도 체스터턴은 진리 발견을 위해 내면세계만을 강조하는 것을 경계한다. 기독교야말로 내적 빛이나 내면의 침잠에서부터 우리를 밖으로 초월하게 하는 종교이기 때문이다. 나를 벗어나, 타자와 바깥 사물과 관계할 수 있는 일상 세계, 상식의 세계야말로 우리를 놀라게 하고 우리에게 새로움을 주는 세계이다. 이 가운데서 누릴 수 있는 기쁨은 참된 신앙에서 비롯될 수 있다고 체스터턴은 보고 있다.

체스터턴의 글은 현기증이 날 정도로 재치 있고 그의 논의는 빠르고 날카롭다. 1908년, 그러니까 체스터턴이 서른네 살이었을 때 쓴 책이라 마치 젊은 대장장이가 대장간에서 불꽃을 튀기면서 쇠를 다루는 모습을 보는 것 같다. 하얀 빛이 날 정도로 쇠는 달구어지고 마침내 정교하고 예리한 칼이 드러나듯이 수없이 구사하는 역설을 통해 지극히 일상적이고 상식적인 세계의 삶의 진실이 드러난다. 나는 이 책을 읽으면서 마치 시속 200킬로 이상의 자동차를 타고 달리는 느낌을 받았다. 도중에 일어나 한 바퀴 걷고 숨을 고른 다음 다시 앉아서 읽고 감탄하고, 다시 일어나 쉬다가 또다시 책을 손에 들고 읽기를 수없이 반복했다. "역시 체스터턴이다!" 이것이 내가 할 수 있는 마지막 말이었다.

훌륭한 번역을 해낸 홍병룡 선생의 노고에 감사한다. 영어로 읽어 본 사람이면 이 책이 얼마나 번역하기 힘든 책인지 누구나 안다. 이제야 제대로 번역된 이 고전은 한국 지성계와 기독교계를 비옥하게 할 것이다. 삶의 체험을 통해 뒤늦게 도달했으나, 이미 오래전부터 있었던 땅, 그 땅이 바로 기독교임을 발견한 이의 증언이요, 삶에 활력과 도덕적 기반을 부여해 주는 환희와 기쁨에 관한 이야기이기 때문에 더욱 값지다고 할 것이다.

무엇보다 이 책은 천천히 읽어야 할 책이다. 한 장 한 장을 천천히 읽되 반복해서 읽고 생각하면서 읽기를 권한다. 시간을 두고 처음부터 끝까지 한 번 읽되, 다시 한 번, 또 한 번 읽게 되면 체스터턴의 이야기가 무사의 칼처럼 눈부시고 할머니가 들려주는 이야기처럼 구수함을 알게 될 것이다.

G. K. 체스터턴: 내 신앙을 구해준 거인

만일 당신이 나의 대학 시절에 장래의 진로를 물어보았다면, '그리스도인 작가'는 아마도 내 목록 가운데 꼴찌를 차지했을 것이다. 나는 교회가 인종차별을 비롯한 여러 문제에 관해 내게 들려준 거짓말을 줄줄이 이야기했을 것이고, 교회가 고수했던 숨 막히는 율법주의를 놀려댔을 것이다. 그리고 복음주의자를 사회적 발육부전의 원숭이(유명인을 흉내 내는 사람이란 뜻)로 묘사했을 것이고, 근본주의자를 더 나은 수입과 약간 더 열린 생각과 주름이 덜한 이마를 가진 인물로 그렸을 것이다. 그뿐만 아니라, 내가 다니던 바이블 칼리지에서 (안식년 중에) 과학과 철학을 가르쳤던 선교사들이 고등학교 선생들보다 실력이 없다고 불평을 늘어놓았을 것이다. 그 칼리지는 지적인 호기심을 보상해 주는 게 아니라 오히려 책망하는 그런 학교였다. 한 선생은 나에게 겸손을 가르치기 위해 일부러 학점을 낮추었다고 시인했을 정도다. "성령을 방해하는 최대의 걸림돌은 세련된 지식이야." 그가 강의실에서 자주 내뱉었던 경고의 소리였다.

그러나 바로 그 바이블 칼리지에서 나는 C. S. 루이스와 G. K. 체스터턴의 작품들을 처음으로 만났다. 그들은 지리적으로나 문화적으로 너무나 동떨어져 있었지만, 나에게 지성을 억제하기보다 마음껏 풀어 주고, 남을 업신여기지 않는 겸손과 세련된 취향을 겸비하고, 무엇보다도 억압이 아닌 기쁨으로 하나님을 섬기는 삶을 살아가는 그리스도인이 어딘가에 존재한다는 사실을 일깨워 주었다. 그래서 나는 잉글랜드에 있는 헌 책방들을 통해 낡은 중고 책들을 주문해서 옥스퍼드의 명사였던 루이스와 플리트 스트리트 저널리스트였던 체스터턴의 저서들을 모조리 섭렵했다. 루이스가 제1차 세계 대전 중 병원에서 몸을 회복하는 동안에 체스터턴을 발견한 뒤에 쓴 것처럼, "강한 무신론자로 남고 싶은 젊은이는 그의 글을 아무리 경계해도 지나치지 않다."

그들의 글은 나에게 혼란과 의심의 바다에서 신앙의 생명선과 같은 역할을 해 주었다. 내가 작가가 된 것은 내 인생에서 글의 위력을 몸소 체험했기 때문이라고 말한 바 있다. 고요하고 부드러운 순풍을 타고 시대와 대양을 가로질러 항해하여 치유와 희망을 일구어 낼 수 있는 글의 위력. 내가 신앙으로 완전히 돌아오는 데는 그 이후에 시간이 좀 더 걸리긴 했지만, 당시에 적어도 생명을 주는 신앙이 어떤 것인지 그 모델을 갖고 있었다고 할 수 있다.

탕자의 이야기에서 예수님은 탕자가 귀가하는 동기를 논하지 않는다. 그 둘째 아들은 갑자기 후회의 마음이 든 것도 아니고,

아버지에 대한 사랑이 벅차올랐던 것도 아니다. 오히려 비참한 인생이 싫증났고 이기적인 동기로 돌아가고 싶었던 것이다. 사실상 우리가 절박한 상황에서 돌아가든 갈망하는 마음으로 돌아가든, 그것은 하나님에게는 별로 중요하지 않다. 그런데 나는 왜 돌아갔던가? 자문해 본다.

우리 집의 경우에는 큰형이 오히려 탕자의 역할을 아주 드라마틱하게 수행했다. 그는, 만일 내가 모든 것을 놓고 떠나면 무슨 일이 일어날지를 잘 보여 주었다. 형은 옥죄는 성장 과정에 염증을 느끼고 자유를 찾아 큰 발걸음을 내디뎠고, 마치 옷을 갈아입듯이 오순절주의, 무신론적 실존주의, 불교, 뉴에이지 영성, 토마스 아퀴나스의 합리주의 등 온갖 세계관을 두루 갈아탔다. 1960년대의 반항아 그룹에 합류하여 장발을 하고, 금테 안경을 끼고, 공동생활을 하고, 실험 삼아 섹스와 마약을 하곤 했다. 형은 한동안 그런 새 생활에 대해 신나는 소식을 내게 전해 주었다. 하지만 마침내 어두운 그림자가 찾아들었다. 한번은 LSD 복용이 부작용을 일으키는 바람에 내가 보석금을 주고 그를 감옥에서 끌어내야 했다. 그는 나를 제외한 모든 식구들과 인연을 끊은 상태였고 결혼도 여러 차례 한 상황이었다. 늦은 밤에 전화를 걸어 자살하겠다는 엄포를 놓기도 했다. 나는 형을 보면서 아무런 대안 없이 신앙을 버리는 것이 얼마나 파괴적인 결과를 가져오는지 두 눈으로 똑똑히 목격했다.

이와 동시에 좀 더 긍정적인 모습도 보았다. 저널리스트가 된 덕분에 나는 하나님과 관계를 맺으면 삶이 위축되기보다 오히려 확장될 수 있음을 보여 준 사람들을 탐구할 기회를 얻었다. 나는 교회를 하나님으로부터 분리시키는, 평생에 걸친 과업을 시작했다. 나는 비록 어린 시절부터 심하게 망가진 교회들에서 자랐지만, 저널리스트의 비판적 안목으로 예수님을 면밀히 살펴본 결과, 나를 실망시켰던 그런 특징들-율법주의, 독선, 인종차별, 지방색, 위선 등-을 대항하여 예수님도 싸웠다는 것을 알게 되었고, 어쩌면 그런 악덕들이 그분을 십자가에서 죽게 했을지 모른다는 생각도 들었다. 예수님 안에 계시된 그 하나님을 알게 되면서, 내가 많은 면에서 변화되어야 한다는 것, 아니 회개해야 한다는 것을 깨달았다. 자라는 과정에서 위선과 인종차별과 독선을 흡수했고 나 자신이 수많은 죄악에 가담했기 때문이었다. 그때에야 나는 하나님을, 제멋대로 사는 나를 향해 손가락을 흔드는 엄한 재판관이 아니라 내 건강을 지키기 위해 내게 가장 유익한 행위를 처방해 주는 의사로 보기 시작했다.

'정통'(Orthodoxy)에 놀라다

"나는 예전에 이미 발견되었던 것을 아주 대담무쌍하게 발견한 인물이다"라고 말하며 체스터턴은 승리를 선포했다. "나는 내 나름의 이단을 창설하려고 노력했는데, 거기에 마지막 손질을 가하고 보니 그것이 정통신앙이라는 것을 발견했다." 부분적으로 체스터턴의 안내를 받아 나는 굽이굽이 돌아서 결국 그와 비슷한 곳에 안착했다.

누군가 체스터턴에게 만일 무인도에 표류하면 무슨 책을 갖고 가고 싶은지를 묻자, 그는 잠시 생각한 뒤에 "물론 배 만들기에 관한 실용적인 안내서지"라고 대답한 적이 있다. 만일 내가 그렇게 표류하게 되어 성경 이외에 한 권을 택할 수 있다면 나는 체스터턴의 영적 자서전인 『정통』을 선택할 것이다. 아니, 누가 그런 위압적인 제목이 달린 책을 고를지 나도 잘 모르겠지만, 어느 날 내가 그렇게 한 뒤에는 내 신앙이 결코 원상태로 되돌아가지 않았다. 그 책을 통해 나 자신의 파란만장한 여정과 130킬로의 거구에 헝클어진 머리칼을 가진 그 빅토리아 저널리스트가 걸은 길이 이상할 정도로 비슷하다는 것을 발견하고는, 내 신앙이 참신해지고 새로운 모험정신을 덧입는 것을 경험했다.

길버트 키스 체스터턴은 때때로 '걸작을 남기지 않은 대가'라고 불리곤 하는데, 이는 어쩌면 그의 전문직이 초래한 저주일지도 모르겠다. 그는 생애(1874-1936) 대부분을 관념을 다루는 주간 신문의 편집인으로 보냈는데, 그가 다룬 하찮은 주제와 중요한 주제를 모두 합치면 약 4,000개에 이른다. 19세기에서 20세기로 바뀌던 당시는 모더니즘, 공산주의, 파시즘, 평화주의, 결정론, 다윈주의, 우생학 등이 크게 부상하던 시기였다. 이 사상들을 두루 살펴본 그는 그런 강력한 세력들을 막을 수 있는 유일한 요새가 바로 기독교임을 발견하고 거기에 점점 더 끌리는 것을 경험했다. 그리고 마침내 그는 기독교 신앙을 영접했는데, 단지 문명의 보루로서만이 아니라 세계에 관한 가장 심오한 진리로 받아들였다. 또한 이른바 프로테스탄트 국가에서 공공연하게 로마 가톨릭 교회로 전향하는 절차를 밟기도 했다.

체스터턴이 사상가로서 내디딘 발걸음은 무척 굼떴다. 아홉 살이 되어서야 겨우 글을 읽기 시작했고, 그의 부모가 뇌 전문가에게 그의 정신적 역량에 대해 자문을 구했을 정도였다. 미술 학교를 중퇴하고 대학교를 아예 건너뛰었다. 그러나 나중에 밝혀진 그의 기억 용량은 너무나 거대해서 말년에는 자기가 읽고 비평한 만 개의 소설의 플롯을 모두 이야기할 수 있을 정도였다. 그 자신도 추리소설인 『브라운 신부』 5부작을 비롯하여 다섯 편의 소설과 200편의 단편소설을 집필했다. 그리고 희곡과 시와 발라드에 손을 댔고, 로버트 브라우닝, 찰스 디킨즈와 같은 문인들의 전기를 썼으며, 잉글랜드의 역사를 새롭게 집필하기도 했고, 아시시의 프란시스, 토마스 아퀴나스, 예수 등의 생애를 다루기도 했다. 무서운 속력으로 글을 쓰다 보니 실수도 많았지만, 자기가 다루는 모든 주제를 명석한 분별력과 열정과 위트로 접근했기 때문에 가장 가혹한 비평가들조차 기립박수를 보내지 않을 수 없었다.

체스터턴은 이따금 잉글랜드 밖으로 여행했고 대서양을 건너 미국을 방문하기도 했지만(이를 계기로 '내가 미국에서 본 것'이란 책을 썼다), 대체로 집에서 지내면서 폭넓게 읽고 머리에 떠오르는 것은 무엇이든 글로 옮겼다. 크고 텁수룩한 머릿속에서는 온갖 신나는 모험이 벌어졌다. 그가 다른 사람들에게 미친 영향은 과장할 필요가 없을 정도다. 마하트마 간디는 인도의 독립에 관한 많은 아이디어를 체스터턴에게서 얻었고, 마이클 콜린스(Michael Collins)는 체스터턴의 한 소설에서 영감을 받아 아일랜드의 독립 운동을 일으켰으며, C. S. 루이스는 그를 영적인 아버지로 우러러보았다.

내가 체스터턴을 처음 발견한 것은 그가 죽은 지 30년도 넘은 때였지만, 그는 나의 죽어가는 신앙을 소생시켜 주었다. 지금에 와서 뒤돌아보며 나에게 어떤 영향을 주었는지를 자문해 보면, 그가 내 속에 오랫동안 억압되어 있던 기쁨을 일깨워 주었음을 알게 된다.

앨버트 아인슈타인은 언젠가 그 무엇보다도 중요한 질문을 던진 적이 있다. "우주는 우호적인 장소인가?" 하는 질문이다. 나의 어린 시절과 사춘기에는 헷갈리는 메시지들을 입수했다. 알코올 중독자의 자녀들처럼-잠재의식적으로 "말하지 말고, 믿지 말고, 느끼지도 말라"는 식으로 배우는-나는 아주 밋밋한 감정으로 반응을 보였다. 나의 형이 커다란 자유의 발걸음을 내디디면서 바깥으로 돌자, 나는 속으로 돌아서 사람들이 나를 조종하든 고통을 주든 어떤 식으로든 나에게 접근하는 통로를 하나씩 막아 버렸다. 그리고 사르트르와 까뮈의 소설을 읽었는데, 거기에 나오는 주인공들은 그저 짜릿한 경험을 하기 위해 바닷가에 있는 누군가를 칼로 찌르거나 살해하는 그런 인물들이었다. 특히 니체가 묘사하는 슈퍼맨은 고통에 무감각한 인물이었다. 그래서 나도 웃거나 미소를 짓지 않는 법, 그리고 울지도 않는 법을 배웠다.

내가 당시에는 볼 수 없었으나 지금은 볼 수 있는 것이 있다. 그것은 내가 나 자신을 매력 없는 인물로 생각했기 때문에 스스로 사랑을 막는 강력한 요새를 구축하고 있었다는 사실이다. 그런데 내가 일종의 피난처로 생각했던 바이블 칼리지에서 뜻밖에도 그 내면의 요새가 무너지기 시작했다.

내 경우에는 주변의 모든 사람이 하나같이 간증하듯이 종교에서 위안을 찾은 것이 아니라 음악에서 찾았다. 밤늦게 나는 기숙사에서 몰래 빠져나와 9피트 높이의 스타인웨이 그랜드 피아노가 있는 채플로 향했다. 나는 공개적으로 연주를 한 적은 없었지만, 즉석에서 모차르트, 쇼팽, 베토벤, 슈베르트 등을 그런대로 연주할 수는 있었다. 이런 식으로 많은 저녁을 보내면서 무질서한 내면세계를 어느 정도 정돈하려고 애썼다. 나는 무언가를 창조하고 있었고, 나도 모르는 사이에 음악이 어둡고 텅 빈 채플에 울려 퍼지면서 아름다운 소리로 내 귓전에 와 닿았다.

그리고 나는 사랑에 빠졌다. 자네트와 나는 완전히 엉뚱한 이유로 서로에게 끌렸다. 우리가 주로 한 일은 학교의 억압적인 분위기에 대해 불평을 늘어놓는 것이었는데, 마침내 우주에서 가장 강력한 힘, 곧 사랑이 성공을 거둔 것이다. 그때에야 나의 나쁜 면이 아니라 좋은 면을 모두 집어 주는 사람을 만난 것이다. 그래서 희망이 생겼다. 나는 여러 세계를 정복해서 그녀의 발 앞에 놓고 싶었다. 그녀의 생일을 위해 베토벤의 소나타 '파데티크'를 배운 뒤에, 떨면서 그녀에게 나의 첫 청중이 되어 주겠냐고 부탁했다. 그것은 새로운 삶과 그런 삶을 요구한 그녀에게 바치는 제물이었다.

쾌락의 문제

'무신론자에게 최악의 순간은 정말로 감사하고 싶을 때 감사할 대상이 없을 때'라고 체스터턴은 썼다. 그리고 '이방인의 것으로 알려졌던 기쁨은 그리스도인의 거대한 비밀'이라고 말했다. 나는 그 최악의 순간을 잘 알고 있고, 오랫동안 밀폐되었던 곳에 틈이 생겨 처음으로 기쁨이 신선한 바람을 타고 흘러들어오는 순간도 알고 있다. 커다란 기쁨은 불멸의 암시를 안고 오는 법이다. 그래서 별안간 나는 살고 싶었고, 그것도 영원히 살고 싶어졌다.

체스터턴은 이 세계를 우주적인 난파를 당한 장소로 보았다. 의미를 찾고 있는 사람은 깊은 잠에서 깨어나 여기저기 널려 있는 보물, 곧 거의 기억할 수 없는 문명의 유물을 발견하는 선원과 비슷하다. 그는 그 유물들-금화, 나침반, 좋은 옷 등-을 하나씩 집어 들고 각각의 의미를 알려고 애쓴다. 타락한 인류는 이런 상태에 있는 것이다. 이 땅에 있는 좋은 것들-자연세계, 아름다움, 사랑, 기쁨-은 여전히 그 본래의 목적을 지니고 있으나 기억상실증이 우리 안에 있는 하나님의 형상을 망가뜨린다.

『정통』을 읽은 뒤에 체스터턴의 다른 작품들도 많이 읽었다. (그는 100권도 넘는 책을 썼는데, 그 대부분을 비서에게 받아쓰게 하고 초고를 거의 고치지 않았다는 사실을 알고 나는 몇 주 동안 우울증에 빠지고 말았다.) 당시에 나는 고통의 문제에 관한 글을 쓰고 있었는데, 이 어두운 주제를 가상적으로 다룬 그의 작품 『목요일이었던 남자』에서 많은 통찰력을 얻었다. 놀라운 사실은, 『정통』과는 전혀 다른 스타일의 이 작품을 『정통』과 같은 해에 썼다는 것이다. 훗날 그는 당시에 절망과 악과 인생의 의미를 붙들고 씨름하고 있었으며 심지어는 신경 쇠약에 걸릴 뻔했다고 설명했다. 그 후 우울증에서 회복되자 그런 침울한 세계의 한복판에서 낙관주의를 옹호하는 입장을 견지하려고 애썼다. 그는 성경의 용기를 연구하던 중이었고, 그로부터 『정통』과 『목요일이었던 남자』, 곧 뜻밖의 전개들로 가득 찬 변증서 한 권과 스파이 스릴러와 악몽이 겸비된 소설 한 권이 탄생했던 것이다.

『목요일이었던 남자』에서 체스터턴은 도무지 풀 수 없는 고난과 자유의지의 미스터리를 축소시키지 않는다. 오히려 그것들을 신앙을 위한 단순한 논증으로 변형시킨다. 자연은 하나님의 뒷모습만 보여 줄 뿐이고, 우주는 그 최악의 모습으로 믿음을 가질 만한 사유를 제공해 준다. 욥에게 던진 하나님의 말씀을 보면, 자연의 우호적인 면이 아니라 사나운 면모-하마와 악어, 폭풍우와 눈보라, 암사자와 산양, 거친 수소들과 타조들-를 가리키고 있음을 알 수 있다. 다름 아닌 자연이야말로 하나님이 신비롭고 헤아릴 수 없는 '완전한 타자'요, 경배받기에 합당한 분임을 보여 주는 것이다. 우리에게 실재의 비밀을 알 수 있는 실마리가 제한되어 있을지 몰라도 그 실마리들은 얼마나 놀라운지 모른다. "존재 그 자체는 가장 원초적인 한계를 안고 있더라도 흥분을 불러일으킬 만큼 특별한 것이었다. 어떤 것이든 무(無)에 비하면 장엄한 것이었다." 체스터턴이 나중에 표명한 신념이다.

체스터턴의 경우도 그랬거니와 내 경우에 있어서도, 하나님의 수수께끼들이 무신론적인 답변들보다 더 만족스러운 것으로 판명되었다. 나 역시 이 세계의 좋은 것들-음악과 낭만적인 사랑과 자연을 통해 나에게 처음으로 나타난-을 파선의 잔유물로서, 그리고 어둠에 가려진 실재의 본질을 들여다보게 하는 찬란한 실마리들로서 믿기에 이르렀다. 하나님은 마치 존재에 관한 진리들은 우리의 이해를 훨씬 초월해 있음을 일러주기라도 하듯이 욥의 질문에 대해 더 많은 질문으로 응답하셨다. 우리에게 남은 것은 하나님의 원초적 설계의 잔유물들과 자유, 곧 하나님과 운명을 같이 하든 하지 않든 둘 중 하나를 선택할 수 있는 자유이다.

체스터턴은 고통의 문제뿐 아니라, 그 반대편에 있는 쾌락의 문제에도 똑같은 흥미를 느꼈던 것 같다. 유물론은 가장 기본적인 인간 행위들-섹스, 출산, 놀이, 예술의 창조 등-을 설명하기에 너무 얄팍한 사상임을 발견했다. 왜 섹스는 흥미로운 행위일까? 재생산이 일어나려면 반드시 쾌락이 있어야 하는 것은 아니다. 어떤 동물들은 단순히 반쪽으로 쪼개지면서 재생산을 한다. 그리고 인간들조차 쾌락이 수반되지 않는 인공수정의 방법을 사용하고 있다. 왜 먹는 것은 즐거울까? 식물들과 저급한 동물들은 맛을 느끼는 혀의 미뢰가 없어도 필요한 영양분을 잘 섭취하고 있다. 어떤 사람들은 색맹이면서도 잘 살아가고 있다. 그런데 어째서 우리 대부분은 복잡한 시각을 갖고 있는 것일까?

고통의 문제에 관한 책은 여러 권 읽었지만, '쾌락의 문제'를 다룬 책은 본 적이 없다는 사실이 나에게 충격으로 다가왔다. 그뿐만 아니라, 왜 우리가 쾌락을 체험하는지를 놓고 난처해하는 철학자도 만난 적이 없다. 그러나 그것은 그리스도인에게 고통의 문제가 차지하는 비중만큼 무신론자에게는 엄청난 문제로 다가온다. 쾌락의 문제에 관한 한, 그리스도인들은 한숨을 돌릴 수 있다. 사랑이 많은 선한 하나님은 자연히 자기 피조물들이 환희와 기쁨과 보람을 경험하기를 원할 것이다. 그리스도인들은 이런 가정(假定)에서 출발하여 고통의 기원을 설명할 방법을 찾곤 한다. 그런데 무신론자들도 '되는 대로 돌아가는 무의미한' 세계에 존재하는 쾌락의 기원을 설명해야 할 똑같은 책임을 갖고 있지 않은가?

그러면 쾌락은 어디에서 오는 것일까? 체스터턴은 여러 대안들을 살펴본 뒤에 기독교의 답변만이 이 세계에 존재하는 쾌락을 설명해 줄 수 있는 타당한 것이라는 결론을 내렸다. 쾌락의 순간은 파선에서 살아남은 잔유물로서, 낙원의 조각들이 시간을 가로질러 확장된 것이라고 믿었다. 우리는 그 잔유물을 가볍게 붙잡고 감사하는 자세로 절제하며 사용해야지, 우리의 권리인 양 그것을 움켜잡아서는 안 된다.

내가 출석했던 교회들은 쾌락의 위험을 너무 큰소리로 강조했기에, 나는 긍정적인 메시지를 하나도 포착하지 못했다. 체스터턴의 안내를 받고서야 섹스와 돈, 권력과 감각적 쾌락을 하나님의 좋은 선물로 보게 되었다. 일요일마다 라디오나 TV를 틀면 미국의 거리에 '사납게 날뛰는' 마약과 성적 방종과 탐욕과 범죄를 비난하는 설교자들의 소리를 들을 수 있다. 그런데 하나님의 좋은 선물을 오용하는 그런 행위들에게 손가락질을 하기보다는 오히려 좋은 선물들이 실제로 어디에서 오는지, 그리고 왜 그것들이 좋은지를 우리가 세상에 입증해 주는 게 필요한 것 같다. 실은 종교가 쾌락의 근원을 설명할 수 있는데도, 종교를 쾌락의 적으로 묘사하는 데 성공하는 것이 악이 겨냥하는 최대의 승리일지도 모른다. 우리가 즐길 만한 모든 좋은 것은 세상에 온갖 선물을 아낌없이 베푸신 창조주의 발명품이 아닌가!

환희의 선지자

"우리가 넘어질 수 있는 각도는 수없이 많지만, 설 수 있는 각도는 단 하나뿐이기 때문이다"라고 체스터턴은 말했다. 그리고 그는 결국 폭식으로 인해 넘어졌고, 자기가 그토록 확신 있게 전파했던 균형을 결코 이루지 못하고 말았다. 그는 방심한 상태로 다섯 개의 배를 땄을 뿐 아니라 그것들을 모두 먹어 치웠다. 그의 몸무게는 130킬로에서 180킬로 사이를 오르내렸고, 전반적인 건강 상태도 나빠서 군대에서 복무할 자격까지 박탈당했다. 그래서 한 번은 제1차 세계 대전 중에 어떤 늙은 여인과 마주치게 되었는데, 그녀는 런던 거리에 있는 체스터턴에게 화를 내면서 "왜 당신은 전방에 가지 않았소?" 하고 따졌다. 그때 그는 치분하게 "친애하는 부인이여, 그대가 이 길을 조금만 다녀보면 내가 누군지 알아차릴 것입니다"라고 응답했다.

그 특이한 모습 때문에 체스터턴은 런던의 풍자 만화가들 사이에서 인기가 좋았다. 노련한 만화가가 그의 특징을 포착하는 데는 몇 획으로 충분했기 때문이었다. 옆에서 보면 거대한 대문자 'P'처럼 생겼다. 이 밖에도 꾀죄죄하고 얼빠진 교수 타입에나 어울리는 여러 기이한 모습이 그의 평판을 더욱 자자하게 만들었다. 결혼식에 나타날 때면 넥타이도 매지 않고 가격표가 붙은 구두를 신고 등장했다. 아이디어가 떠오르면 벽지까지 포함해서 무슨 종이에든지 메모를 하곤 했는데, 때로는 복잡한 거리 한복판에 서서 그런 행동을 하기도 했다.

한번은 아내에게 이런 전보를 보냈다.

"지금 하보로 시장에 있음. 내가 어디에 있어야 하지?"

아내는 이런 답장을 보냈다.

"집에."

체스터턴은 당시의 불가지론자들과 회의주의자들과 기쁘게 공개논쟁에 참여하곤 했으며, 그 가운데 가장 유명한 인물은 조지 버나드 쇼였다. 당시만 해도 신앙에 관한 논쟁이 있으면 강당이 청중으로 가득 차던 시대였다. 체스터턴은 보통 늦게 도착했는데, 코안경을 통해 너저분한 종잇조각을 응시하면서 주머니를 만지작거리고, 자기가 던진 농담에 가성으로 실컷 웃는 모습을 보이곤 했다. 보통은 청중을 자기편으로 끌어들였고 나중에는 혼이 난 자기 대적을 가까운 선술집에 데리고 가서 뒤풀이를 하기 일쑤였다. "쇼 씨는 밀로의 비너스상 같군요. 모든 면이 아주 매력적이거든요"라고 말하면서 다정하게 친구를 추커세웠다.

체스터턴의 시대에 냉정한 모더니스트들은 과거를 설명해 주고 장래에 대한 희망을 줄 수 있는 새로운 통합이론을 찾고 있었다. 버나드 쇼는 역사를 계급투쟁으로 보면서 사회주의적 유토피아 사상을 그 해결책으로 제시했다. 초기의 H. G. 웰즈는 역사를 진보와 계몽을 향해 진화하는 행진으로 해석했다(이 견해는 20세기 내내 많은 반박을 받았다). 지그문트 프로이드는 인간을 억압과 무의식의 굴레에서 해방시키는 것을 비전으로 내세웠다. 아이러니하게도 이 세 명의 진보주의자들은 모두 엄숙한 표정을 짓고 있었다. 주름 잡힌 이마와 무시무시한 검은 눈을 가진 그들이 장래에 대한 낙관적인 비전을 설파하곤 했던 것이다.

반면에 핑크색으로 빛나는 얼굴과 반짝이는 눈동자, 무언가 어색한 갈색 콧수염 사이로 담배를 뻐끔뻐끔 피우는 체스터턴은 원죄와 최후의 심판과 같은 이른바 '반동적인' 개념들을 쾌활하게 변호하곤 했다. 체스터턴은 엄숙한 선지자가 종교를 멸시하는 '교양 있는 인물들'로 가득 찬 사회에 돌파구를 열 가능성이 별로 없음을 본능적으로 감지했던 것 같다. 그래서 그는 어릿광대의 역할을 선호했던 것이다.

체스터턴은 '딱딱하고 차갑고 얄팍한' 사람들을 신뢰하지 말라고 주장했다. 어쩌면 그래서 내가 그 유쾌하고 뚱뚱한 변증가를 그렇게 좋아하게 되었을지도 모른다. 오늘날의 교회에서는 냉정한 성향이 대세를 이루고 있다. 복음주의자들은 대다수의 사람이 좋은 이웃으로 인정하는 책임 있는 시민이긴 하지만, 많은 시간을 함께 보내고 싶어 하는 대상은 아니다. 얼굴이 긴 신학자들은 '신앙인의 의무'에 관해 강의한다. 종교적 우파는 도덕적 중생을 외치고, 보통 그리스도인들은 금주와 근면과 업적을 신앙의 일차적 증표로 내세운다. 혹시 그리스도인들은 스스로 얼마나 좋은 사람인지를 내세우고 싶어서 복음이 나쁜 사람들에게만 좋은 소식으로 들린다는 기본적인 사실을 무시하고 있는 것은 아닐까?

마치 역기능 가정 출신이 부모와 형제들이 범한 잘못을 용서하듯이, 나는 나를 키워 준 교회들을 용서하지 않으면 안 되었다. 억누를 수 없는 낙관주의자였던 체스터턴은 그 과정에서도 도움이 되었다. "기독교적 이상은 시험을 받아 부족한 것으로 판명되지 않았다. 그것은 어려운 것으로 드러나서 시험을 받지 않았을 뿐이다"라고 그는 말했다. 진정한 문제는 "기독교는 스스로 그토록 좋은 것이라고 주장하지만 왜 그토록 나쁜 것일까?"가 아니라, "모든 인간은 스스로 그토록 좋은 존재라고 주장하지만 왜 그토록 나쁜 것일까?"라는 것이다. 체스터턴은 교회가 복음을 심하게 손상시켰다는 것을 선뜻 시인했다. 사실 그는 기독교를 지지해 주는 가장 강력한 논증의 하나는 그리스도인들의 실패라고 말하면서, 그로 인해 타락과 원죄를 말하는 성경의 가르침이 진리로 입증된다고 했다. 또한 세상이 잘못되면 이와 같은 교회의 기본 교리가 옳은 것으로 증명된다고 주장했다.

이런 이유로 사람들이 나에게 억압적인 교회 환경에서 자란 끔찍한 이야기를 늘어놓을 때, 나는 굳이 교회의 행위를 변호할 필요를 못 느낀다. 내가 어린 시절에 다녔던 교회는 물론이고 현재의 교회와 장래의 교회 또한 도달할 수 없는 이상을 향해 몸부림치는 허물 많은 인간들로 구성되어 있기 때문이다. 우리는 이생에서는 결코 그 이상에 도달할 수 없다는 것을 시인한다. 이는 인간이 만든 대다수의 기관이 부인하려고 하는 교회의 독특한 주장이다.

체스터턴과 함께 나 역시 우리가 바로 이 세상을 잘못되게 만든 장본인이라는 것을 인정하는 바이다. 가령, 내가 어린 시절의 교회에 대해 거드름을 피우는 것은 그 교회가 내게 보여 준 가혹한 판단을 뒤집어 놓은 것이 아닌가? 신앙이 하나의 권리나 판단의 잣대로 보인다면, 우리는 바리새인과 운명을 같이 하는 셈이고 은혜는 유유히 사라지고 만다.

오늘날에도 체스터턴과 같은 인물이 있으면 좋겠다는 생각이 든다. 당시보다 문화와 신앙의 간격이 더 넓어진 이 시대에 그의 명석한 지성과 재미있는 스타일, 무엇보다도 관대하고 유쾌한 정신은 참으로 쓸모가 많을 것이다. 그 모든 기벽(奇癖)에도 불구하고 그는 최근의 어떤 인물에 못지않게 많은 위트와 좋은 유머와 순전한 지적인 능력으로 기독교 신앙을 잘 풀어내었다. 마지막 보루를 지키는 기사의 열정을 품은 채, 하나님과 성육신을 제쳐놓고 세계를 해석하려는 모든 사람에게 도전장을 내밀었다.

체스터턴은 현대는 온통 슬픔으로 채색되어 있어서 새로운 종류의 선지자가 필요하다고 말했다. 옛 선지자처럼 사람들에게 그들도 장차 죽을 것이라고 일러주는 선지자가 아니라, 그들이 아직도 죽지 않았다고 상기시켜 주는 새로운 선지자 말이다. 풍성한 허리와 풍성한 환희를 겸비했던 그 선지자는 그런 역할을 훌륭하게 수행했다. T. S. 엘리엇은 체스터턴을 이렇게 평가했다. "그는 현대 세계에 몸담은 중요한 소수파의 존재를 유지하기 위해… 그 시대의 어느 누구보다도 더 많은 일을 했다고 나는 생각한다."

그는 분명 나에게 그런 역할을 해 주었다. 내 신앙이 다시 메말라간다고 느낄 때면 언제나 책장으로 가서 G. K. 체스터턴의 책을 끄집어낸다. 그러면 신앙의 모험은 완전히 다시 시작된다.

이 책은 『이단』(Heretics)의 자매편으로, 부정적 성격을 지닌 그 책에 긍정적인 면을 더하려고 집필한 것이다. 다수의 비평가가 『이단』에 대해 불평을 늘어놓았다. 오늘날의 철학들을 비판만 했지 대안이 될 만한 철학을 전혀 내놓지 않았다는 이유에서였다. 이 책은 그런 도전에 대한 일종의 응답이라고 할 수 있다. 그래서 당연히 긍정적인 성격을 띨 수밖에 없고, 자서전적인 특징을 지닐 수밖에 없다. 필자는 과거에 뉴맨(Newman)이 『변증』(Apologia)을 쓸 수밖에 없었던 그런 상황으로 몰리는 바람에 성실한 반응을 보이기 위해서라도 자기중심적인 입장을 취할 수밖에 없게 된 셈이다. 그런 점에서 이 두 책은 다른 모든 면이 다르다 해도 동기만은 똑같다고 하겠다.

필자의 집필 목적은 기독교 신앙이 믿을 만한지 여부를 설명하는 데 있지 않고, 내가 어떻게 기독교 신앙을 갖게 되었는지를 진술하는 데 있다. 따라서 이 책은 수수께끼를 내놓고 해답을 제시하는 방식으로 그 내용이 배열되어 있다. 먼저 필자가 홀로 성실하게 고민한 내용을 다루고, 이어서 그 모든 고민이 놀랍게도 기독교 신학에 의해 감쪽같이 풀리게 된 과정을 설명한다. 이로 보건대 그것은 우리를 설득하기에 충분한 신조라고 필자는 생각한다. 만약 그런 게 아니라면, 적어도 반복해서 일어나는 놀라운 우연의 일치인 것만은 분명하다.

길버트 K. 체스터턴

“나는 열두 살 때는 이방인이었고,
열여섯 살에 이르러는 완전한 불가지론자가 되었다.”

"많은 사조들의 세계를 지나 기독교만이
내게 필요한 정답을 제공한다는 것을 알게 되었다."

서론 다른 모든 것을 변호하며

하나의 신앙이나 철학이 어느 관점에서도 참이라는 것을
입증하기란 얼마나 어려운가?

이 책을 쓰게 된 이유를 굳이 들자면 어떤 도전에 대한 응답이라고 말할 수밖에 없다. 일단 결투를 받아들이면 총알이 빗나가더라도 품위는 유지되는 법이다. 얼마 전에 내가 '이단'이란 제명으로 여러 차례 글을 연재한 적이 있는데, 내가 지적으로 존경하는 여러 비평가들은 (그 가운데 특히 G. S. 스트리트 씨를 언급하고 싶다), 내가 모든 사람에게 나의 우주론을 긍정해 주도록 요청하는 것은 무방하나 나의 주장을 실례로 뒷받침하는 일은 교묘히 피했다고 지적했다.

예컨대, 스트리트 씨는 "체스터턴 씨가 우리에게 자기의 철학을 내놓을 때에야 비로소 나는 내 철학에 대해 염려하기 시작할 것이다"[1]라고 말했다. 그 말은 조금만 자극을 받아도 선뜻 책을 쓰는 사람에게 하기엔 어쩌면 조금 경솔한 소리였을지도 모르겠다. 어쨌든 내가 이 책을 쓰도록 부추긴 인물은 스트리트 씨임이 분명하지만, 그렇다고 그가 굳이 이 책을 읽을 필요는 없다. 혹시라도 읽게 된다면, 내가 결국 믿게 된 그 철학을 진술하되 일련의 추론이 아니라 일단의 정신적 그림으로, 그것도 모호한 개인적 방식으로 풀어냈다는 사실을 알게 되리라. 나는 그것을 내 철학이라고 부르지는 않겠다. 내가 만들어 낸 게 아니기 때문이다. 하나님과 인류가 그것을 만들었고, 그것이 나를 만들었다.

나는 종종 이런 로맨스를 쓰고 싶은 생각이 들곤 한다. 요트를 타는 어떤 잉글랜드인이 항해를 시작했다가 경로를 약간 잘못 계산하는 바람에 잉글랜드를 발견했는데, 그것을 남쪽 바다의 새로운 섬으로 착각했다는 이야기. 그런데 나는 이 멋진 작품을 쓰기에는 너무 바쁘거나 게으르니 차라리 이 기회에 그것을 철학적 예화로 드는 게 나을 것 같다.

그 사람은 (빈틈없이 무장을 하고 몸짓으로 소통을 하며) 그 야만인의 신전에 영국 국기를 꽂기 위해 섬에 상륙했는데, 아뿔싸 그것이 브라이튼에 있는 영국 궁전[2]임을 알게 되었다. 그때 그는 스스로 바

---

1. 이 말은 1905년 6월 17일자 『아웃룩(Outlook)』에 실린 논평으로 정확하게 옮기면 이렇다. "나는 체스터턴 씨가 그의 철학을 펼쳐내 보일 때까지는 나의 인생철학에 관해 염려하지 않을 작정이다."
2. 영국 황태자(훗날의 조지 4세)가 1784년에 여름 별장으로 건축했고, 존 내시가 동양풍의 궁전으로 변형시켰다.

보처럼 느꼈을 것이다. 여기서 나는 그가 바보처럼 보였다는 사실을 부인할 생각은 없다.

그러나 만일 그가 스스로 바보처럼 느꼈다거나 자신이 어리석다는 느낌이 그를 온통 지배했다고 당신이 상상한다면, 이 이야기의 주인공이 지닌 낭만적 성격을 섬세하게 고려하지 않은 것이다. 그의 실수는 사실상 가장 부러워할 만한 실수였다. 그 인물이 내가 생각하는 그런 사람이라면 그 자신도 그 점을 알았을 것이다.

잠시나마 해외로 갈 때 생기는 짜릿한 공포심과 집으로 무사히 돌아왔다는 안도감을 동시에 느끼는 것보다 더 기쁘고 즐거운 일이 있을까? 역겨움을 안고 남아프리카에 상륙할 필요도 없이 그 땅을 발견하는 것보다 더 신나는 일이 있을까? 새로운 사우스 웨일즈(New South Wales: 오스트레일리아의 남동부에 있는 주)를 발견하려고 마음을 단단히 준비하고 있다가 북받치는 기쁨의 눈물과 함께 그것이 실은 옛 사우스 웨일즈(영국의 남서부에 있는 지역-역주)임을 발견하는 것보다 더 감격스러운 일이 있을까?

이것이 바로 철학자들이 안고 있는 중요한 문제인 것 같고, 어느 면에서는 이 책의 중심 주제이기도 하다. 어떻게 하면 우리는 이 세계에 대해 깜짝 놀라는 동시에 그 안에서 편안한 감정을 느낄 수 있을까? 다리가 많은 시민들과 괴상하게 생긴 오랜 램프들이 있는 이 이상야릇한 우주촌(村)이 어떻게 우리에게 짜릿한 매력을 주는 동시에 고향 같은 편안함과 자부심도 줄 수 있을까?

어떤 신앙이나 철학을 놓고 어느 관점에서 보든 그것이 참이라는 것을 입증하는 일은 이보다 더 큰 책도 감당할 수 없을 만큼 크나큰 과업이다. 그래서 한 가지 논증의 경로를 밟는 일이 필요하다. 여기서 나는 그 경로를 밟으려고 한다. 이제 나는 이중적인 영적 필요에 응답하는 방식으로 내 신앙을 설명할 것이다. 이중적인 필요란 낯익은 것과 낯선 것을 혼합시킬 필요성을 일컫는다. 기독교 세계는 그것에 '로맨스'라는 이름을 적절히 붙여 주었다. 왜냐하면 로맨스(romance)라는 단어 자체에 신비로움과 로마(Rome)라는 옛 뜻이 모두 담겨 있기 때문이다.

어떤 것을 반박하려는 사람은 본인이 반박하지 않는 것을 얘기하는 일부터 시작하는 것이 마땅하다. 그가 증명하려고 하는 바를 진술하는 것 외에 본인이 증명하려 하지 않는 바를 항상 진술해야 한다. 내가 증명하려 하지 않는 것, 곧 내가 나 자신과 일반 독자 사이의 공통분모로 간주하는 것은 활동적이고 상상력이 풍부한 삶을 바람직하게 여기는 태도이다. 달리 말하면, 이것은 서양 사람이 늘 바람직하다고 생각해 왔던 바, 시적인 호기심으로 충만한 그런 아름다운 삶을 동경하는 자세를 뜻한다.

만일 어떤 사람이 차라리 사멸(死滅)이 존재보다 낫다거나 공허한 존재양식이 다채롭고 모험적인 존재양식보다 낫다고 말한다면, 그런 사람은 내가 염두에 두고 있는 독자가 아니다. 만일 어떤 사람이 무(無)를 선호한다면, 나는 그에게 아무것도 줄 수 없다.

그러나 내가 서양 사회에서 만난 거의 모든 사람은 우리에게 낯선 것과 안정된 것이 서로 결합된, 그런 로맨틱한 삶이 필요하다는 일반적인 진술에 동의할 것이다. 그러므로 우리는 이 세계를 볼 때 경이로운 느낌과 환영받는 느낌을 동시에 경험하는 일이 필요하다. 이 멋진 땅에서 단지 편하게만 느낄 게 아니라 행복해질 필요도 있는 것이다. 이것이야말로 이 책에서 주로 다루게 될 내 신조가 이룩한 업적이다.

그런데 내가 잉글랜드를 발견한 그 요트를 탄 남자를 언급한 데는 좀 특이한 이유가 있다. 그 요트를 탄 남자가 바로 나 자신이기 때문이다. 나는 잉글랜드를 발견했다. 그런즉 나로서는 이 책이 어떻게 자기중심적인 성격을 피할 수 있을지 모르겠다. 아울러 (솔직히 말해서) 어떻게 따분함을 벗어날 수 있을지도 잘 모르겠다. 그나마 다행스러운 일은, 따분한 것이 내가 가장 슬퍼하는 비판, 곧 경박하다는 비판을 듣지 않게 해 줄 것이라는 점이다.

가벼운 궤변이야말로 내가 무엇보다도 더 경멸하는 것인데, 내가 이런 비난을 받고 있는 것은 엄연한 사실인 듯하다. 내가 보기에 변호할 수 없는 것을 교묘하게 변호하는 단순한 역설보다 더 경멸할 만한 것이 있을지 모르겠다. 만일 (흔히들 말하듯이) 버나드 쇼(Bernard Shaw) 씨가 역설로 먹고 사는 게 사실이라면, 그는 흔해 빠진 백만장자임에 틀림없다. 그처럼 정신활동을 많이 하는 사람은 6분마다 궤변을 꾸며낼 수 있기 때문이다. 그건 거짓말하는 것만큼 식은 죽 먹기다. 그게 바로 거짓말이기 때문이다.

그런데 문제는 쇼 씨가 거짓말을 진실로 생각하지 않으면 어떤 거짓말도 할 수 없다는 사실이 그에게 걸림돌이 된다는 점이다. 나 역시 그와 똑같이 견딜 수 없는 굴레 아래 놓여 있는 자신을 발견한다. 내 평생 단지 어떤 것이 재미있다고 생각하기 때문에 그것을 말한 적은 단 한 번도 없다. 나도 평범한 인간의 허영심을 품은 적이 있으며, 내가 어떤 말을 했기 때문에 그게 재미있다고 생각한 적은 있을 것이다.

그리스 신화에는 나오나 세상에 존재하지 않는 고르곤이나 그리핀 같은 괴물과 나눈 인터뷰를 묘사하는 일과 코뿔소가 존재한다는 걸 발견한 후 마치 그 동물이 존재하지 않는 듯이 보인다는 사실에서 즐거움을 얻는 일은 서로 별개의 것이다. 혹자는 진리를 찾고 있는데, 본능적으로 좀 더 특별한 진리를 추구하고 있을 수 있다.

나는 이 책을, 내가 쓰는 글을 싫어하는 유쾌한 사람들과 나의 글을 (아주 정당하게) 엉성한 익살이나 지루한 농담으로 간주하는 모든 사람들에게 진심으로 바치는 바이다. 만일 이 책이 하나의 농담이라면, 그것은 나를 반박하는 농담이다. 나는 지극히 대담무쌍한 자세로 과거에 이미 발견되었던 것을 이제야 발견한 사람이다. 앞으로 전개될 내용 가운데 혹시라도 웃음거리가 있다면, 그것은 나 자신을 깎아내리는 소리이다. 이 책은 바로 내가 브라이튼에 첫발을 내디딘 인물이라고 생각했다가 실은 마지막 인물임을 발견한 경위를 설명하는 책이기 때문이다. 따라서 이 글은 뻔한 것을 찾아 나선 나의 거대한 모험담을 들려주고 있다. 어느 누구도 나의 사례를 나보다 더 우습게 생각할 수는 없는 노릇이다. 따라서 어떤 독자도 내가 여기서 나 자신을 바보로 만들려고 한다고 나를 비난할 수는 없다. 내가 바로 이 이야기에 등장하는 바보이기 때문이다. 어떤 반역자도 나를 내 보좌에서 내쫓을 수는 없을 것이다.

나는 19세기 말을 특징지은 그 모든 어리석은 야망을 나도 품은 적이 있다고 스스럼없이 고백한다. 진지한 어린 소년들이 그랬듯이 나도 시대를 앞서가려고 노력했고, 진리보다 십 분가량 앞서가려고 애썼다. 그리고는 내가 그보다 1800년이나 뒤졌다는 것을 발견했다. 철없는 아이처럼 나는 과장된 목소리로 나의 진리를 쏟아냈다. 그리고 내 진리를 지켰기 때문에 나는 아주 적절하고 우스운 방법으로 벌을 받았다. 그러나 그것이 진리가 아니어서가 아니라 단지 내 것이 아니었기 때문이라는 것 또한 알게 되었다.

나는 홀로 서 있다고 생각했는데, 실은 모든 기독교 세계의 지지를 받는 우스꽝스러운 입장에 서 있었던 것이다. 말하기 민망하지만 나는 독창적인 인물이 되려고 애썼는데, 알고 보니 기존의 문명화된 종교 전통의 엉성한 복사판을 나 홀로 지어내는 데 성공했을 뿐이었다. 그 남자는 자기가 요트를 타고 잉글랜드를 발견한 최초의 인물이라고 생각했고, 나는 내가 유럽을 발견한 최초의 인물이라고 생각했다. 나는 내 나름의 이단을 창설하려고 무척 노력했지만, 거기에 마지막 손질을 가했을 때 그것이 바로 정통신앙이라는 것을 발견했다.

이런 즐거운 실패담을 들으면 재미를 느끼는 사람이 있을 것이다. 내가 민간에 떠도는 전설의 진실이나 지배적인 철학의 거짓으로부터 어떻게 하나씩 배워 왔는지를 들으면 친구든 적이든 무척 재미있어 할 것이다. 그런 것은 교리문답에서 곧바로 배울 수도 있는 것들이었다. 내가 교리문답을 배운 적이 있었다면 말이다. 가장 가까운 교회에서 찾을 수 있었던 것을, 무정부주의 클럽이나 바빌로니아 신전에서 마침내 찾게 된 경위를 읽으면 재미가 있을 수도 있고 없을 수도 있을 것이다.

들판의 꽃이나 버스에 적힌 문구, 정치적 사건이나 젊은 날의 고통 등이 특정 순서에 따라 함께 엮어져서 어떻게 정통신앙에 대한 확신을 낳게 되는지 그 경위를 아는 데 흥미를 느끼는 사람이 있다면, 그런 사람은 이 책을 읽어도 좋을 것이다. 그러나 모든 일에는 합당한 노동 분업이 있기 마련인 법. 나는 이 책을 썼으므로 그 무엇도 나로 하여금 이 책을 읽게 만들지는 못하리라.

이 책을 시작하면서 순전히 현학적인 주(註)를 하나 달고 싶다. 이 글의 유일한 관심사는 핵심적인 기독교 신학(이는 사도신경에 잘 요약되어 있다)이야말로 에너지와 건전한 윤리의 최상의 뿌리가 된다는 실제적인 사실을 논하는 데 있다는 것이다. 가령, 나로서는 '현재 사도신경을 선포할 수 있는 권위의 주체가 무엇인가?'라는 매우 흥미롭지만 주 관심사와 전혀 다른 문제에 대해서는 논의할 생각이 없다.

여기에서 사용하는 '정통신앙'(orthodoxy)이라는 단어는 아주 최근까지만 해도 그리스도인으로 자처하는 사람이면 누구나 알고 있었던 사도신경과 이 신조를 품은 사람들이 행한 보편적인 역사적 행위를 가리킨다. 순전히 지면 관계상, 글의 내용을 내가 이 신경으로부터 배운 것을 논하는 데 국한시키지 않을 수 없다. 그래서 현대 그리스도인들 사이에 큰 논란거리가 되고 있는 문제-우리가 어디에서 그것을 얻게 되었는가?-에는 전혀 손을 댈 수 없다.

이 글은 본격적인 신학 논문이 아니라 느긋하게 쓰는 일종의 자서전과 같다. 하지만 누구든지 권위의 실질적 본질에 관한 내 의견을 듣고 싶으면 G. S. 스트리트 씨가 내게 또 하나의 도전을 던지기만 하면 된다. 그러면 내가 응답의 일환으로 또 하나의 책을 쓰게 될 테니 말이다.

"나는 내 나름의 이단을 창설하려고 무척 노력했지만,

거기에 마지막 손질을 가했을 때

그것이 바로 정통신앙이라는 것을 발견했다."

미치광이

과도한 상상력이 사람을 미치게 한다는 것은 오해다.
사람을 미치게 하는 것은 상상이 아니라 지나치게 치밀한 이성이다.

철저히 세상적인 사람은 결코 세상을 이해하지 못한다. 언젠가 잘나가는 출판업자와 함께 길을 걷다가 과거에 자주 들었던 말 한마디를 들은 적이 있다. 그것은 사실상 현대 세계의 표어에 가까운 말이다. 하지만 과거에 너무 자주 들었던 그 말이 별안간 속 빈 강정 같은 소리라는 것을 깨달았다. 그 출판업자는 누군가를 가리키며 "그 사람은 잘될 걸세. 그는 스스로를 믿으니까 말일세"라고 말했다. 내가 그의 말을 들으려고 고개를 드는 순간 버스에 적힌 '한웰'(Hanwell, 정신병원이 있는 런던 서부의 한 지역-역주)이란 글자가 내 시선을 사로잡았던 것이 기억난다. 나는 그에게 이런 말을 해 주었다.

"스스로를 가장 잘 믿는 사람들이 어디에 있는지 자네에게 얘기해 줄까? 내가 얼마든지 얘기해 줄 수 있다고. 나폴레옹이나 시저보다도 자기 자신을 더 확실하게 믿었던 사람들에 대해 나는 알고 있지. 확신과 성공이 항성(恒星)처럼 뜨겁게 불타는 곳을 알고 있어. 난 자네를 초인(超人. superman)들의 보좌로 안내할 수 있지. 정말로 스스로를 믿는 사람들은 모두 정신병원에 있다네."

그러자 그는 부드러운 말투로 자기 자신을 믿고 있지만 정신병원에 있지 않는 사람들도 상당히 많다고 대답했다. "물론 많이 있지" 하고 내가 대꾸했다.

"그리고 누구보다도 자네가 그들을 잘 알고 있을 걸세. 그 술 취한 시인 말일세. 자네가 그 서글픈 비극을 떠맡고 싶어 하지 않는 그 시인은 스스로를 믿었던 사람이지. 자네가 뒷방에 몸을 숨긴 채 만나고 싶어 하지 않는, 한 편의 서사시로 얼룩진 그 늙은 목사도 스스로를 믿었던 사람이고. 자네가 자네의 못난 개인주의 철학 대신에 사업의 경험을 고려한다면, 스스로를 믿는 것이야말로 건달의 흔한 특징임을 알게 될 걸세. 연기를 제대로 못하는 배우들은 스스로를 믿고 있지. 빚을 갚지 않는 빚쟁이들도 마찬가지이고. 그러니 그런 사람을 가리켜 스스로를 믿기 때문에 분명히 실패할 것이라고 말하는 편이 진실에 훨씬 더 가까울 걸세. 완전한 자신감은 하나의 죄악일 뿐 아니라 하나의 약점이기도 하다네. 자기 자신을 완전히 믿는 것은 조안나 사우스코트[1]를 믿는 것만큼이나 무척 우스꽝스럽고 미신적인 믿음이지. 이런 믿음을 가진 사람은 저 버스에 쓰인 것처럼 선명하게 자기 얼굴에다 '한웰'이라고 써 놓은 셈이야."

이 말을 듣던 그 출판업자 친구는 골똘히 생각하더니 마침내 이런 의미심장한 대답을 내놓았다. "만일 사람이 자기 자신을 믿지 않는다면 도대체 무엇을 믿어야 하지?" 한참 생각에 잠겼다가 나는 "그 질문에 응답하기 위해 집에 가서 책을 한 권 써야겠어"라고 답변했다. 이 책이 바로 그 질문에 대한 답변이다.

출발점

나는 이 책의 출발점을 우리의 논쟁이 시작된 그 지점, 곧 정신 병원이 있는 이웃동네로 잡는 게 좋겠다고 생각한다. 현대 과학의 대가들은 모든 탐구를 어떤 사실과 함께 시작할 필요가 있다는 점에 매우 공감한다. 고대 종교의 대가들도 그런 필요성에 똑같이

---

1. Joanna Southcote, 1750–1814, 영국의 신비주의 종교가.

공감했었다. 그들은 죄의 실재를 출발점으로 삼았다. 이 실재는 감자만큼 실제적인 것이다. 사람이 이른바 기적의 물에서 씻음을 받을 수 있든지 없든지 간에, 그가 씻음 받기를 원한다는 사실만은 의심의 여지가 없었다.

그러나 유물론자들뿐 아니라 런던의 일부 종교 지도자들까지도 오늘날 논란의 여지가 많은 그 물을 부인하기보다는 오히려 논란의 여지가 없는 더러움을 부인하기 시작했다. 어떤 새로운 신학자들은 기독교 신학에서 정말로 증명될 수 있는 유일한 부분인 원죄에 의문을 제기한다. R. J. 캠벨 목사[2]의 추종자들 가운데 무척 까다로운 영성을 가진 일부 사람은 자기들이 꿈에서도 볼 수 없는 하나님의 무죄함은 시인한다. 그런데 자기들이 길거리에서 볼 수 있는 인간의 죄는 부인하고 있다.

가장 강인한 성도들과 가장 강력한 회의주의자들은 똑같이 실증적인 악을 그들 논증의 출발점으로 삼았다. 만일 한 사람이 고양이의 가죽을 벗기는 데서 고상한 행복감을 느낄 수 있는 게 사실이라면, 종교 철학자는 다음 두 가지 추론 중 하나를 끌어낼 수 있을 뿐이다. 즉, 모든 무신론자에 동조하여 하나님의 존재를 부인해야 하거나 모든 그리스도인에 동조하여 하나님과 사람의 현존하는 연합을 부인해야 하는 것이다. 그런데도 새로운 신학자들

---

2. Campbell, 1867-1956, 당시 런던의 시티 템플 주임 사제였다. 그는 기독교의 '현대주의파'의 선봉에 섰던 인물로서 그의 책 『새로운 신학』(1907)은 상당한 관심을 끌었다.

은 고양이의 존재 자체를 부인하는 것을 고도의 합리적 해결책으로 생각하는 듯하다.

이처럼 놀랄 만한 상황에서는 (보편적인 호소력을 기대하면서) 우리 조상들이 그랬듯이 죄의 실재와 함께 시작하는 일이 더 이상 가능하지 않다. 그들에게(그리고 나에게) 명명백백했던 이 엄연한 사실이 지금은 특별히 희석되거나 부인당하게 된 게 우리의 현실이다.

그런데 현대인이 비록 죄의 존재는 부인하더라도 아직까지 정신병원의 존재는 부인하지 않았다고 나는 생각한다. 우리 모두는 무너지는 집만큼이나 지성의 붕괴도 틀림없이 존재한다는 데 여전히 동의한다. 사람들이 비록 지옥은 부인할지라도 아직까지 한웰은 부인하지 않고 있다. 우리 논증의 목적상 전자가 서 있었던 곳에 후자가 서 있어도 상관이 없을 것이다. 말하자면, 과거에는 모든 사상과 이론이 과연 사람으로 하여금 그 영혼을 잃게 하는 경향이 있는지 여부에 의해 평가를 받았던 것처럼, 현대의 모든 사상과 이론이 과연 사람으로 하여금 그 온전한 정신을 잃게 하는 경향이 있는지 여부에 의해 평가를 받아도 무방할 것이다.

물론 일부 사람은 광기 자체를 매력적인 것인 양 가볍게 말하기도 한다. 그러나 잠시만 생각해 보아도, 질병이 아름답다면 그건 다른 누군가의 질병을 가리키는 것임을 금방 알 수 있다. 눈먼 사람이 그림 같은 자태를 갖고 있어도 그 그림을 보려면 두 눈이 필요하다. 마찬가지로, 가장 심한 광기가 담긴 시(詩)라도 온전한 정신을 가진 사람만이 그것을 즐길 수 있는 법이다.

미친 사람에게는 자신의 광기가 그저 평범하게 보일 뿐이다. 자신을 병아리로 생각하는 사람에게 비치는 자기의 모습은 병아리처럼 평범하고, 스스로를 유리조각으로 생각하는 사람에게 보이는 자기의 모습은 유리조각만큼 따분하기 마련이다. 그 사람을 따분한 존재로 만들고 또 미치게 만드는 것은 그 자신의 천편일률적인 생각이다. 우리가 그를 흥미로운 인물로 생각한다면, 그것은 그의 생각에서 아이러니를 발견하기 때문이다. 그 사람이 정신병원에 갇히게 되는 것은 자신의 생각이 지닌 아이러니를 스스로 보지 못하기 때문이다.

요컨대, 기이한 모습은 평범한 사람에게만 충격을 주는 법이다. 기이한 모습이 기이한 사람에게는 충격을 주지 않는다. 그렇기 때문에 평범한 사람들이 신나는 시간을 훨씬 더 많이 갖는 것이다. 기이한 사람은 항상 인생의 따분함을 불평하기 때문에 그런 시간을 갖기가 힘들다. 이런 이유 때문에 새로운 소설들은 금방 수명을 다하지만, 오래된 동화들은 영구적인 수명을 누리는 것이다. 옛 동화는 평범한 소년을 영웅으로 만든다. 우리를 깜짝 놀라게 하는 것은 그런 소년이 감행하는 모험들이다. 그는 평범하기 때문에 그런 모험에 스스로도 놀란다.

반면에 현대 심리 소설에 나오는 영웅은 평범하지 않고 특이하다. 그래서 아무리 무서운 모험도 그에게는 크게 영향을 주지 못한다. 그런 책은 참으로 지루하기 짝이 없다. 당신은 용들 사이에 있는 어떤 영웅을 중심으로 이야기를 꾸며 낼 수는 있어도, 용들 사이에 있는 한 용을 중심으로는 그렇게 할 수 없다. 동화는 온전한 정신을 가진 사람이 미친 세계에서 무슨 일을 할 것인지에 관해 이야기한다. 그런데 오늘날의 사실주의 소설은 미친 사람이 따분한 세상에서 무슨 일을 할 것인지에 관해 이야기하고 있다.

광기의 근원

이제 정신병원과 함께 이야기를 시작해 보자. 이 악하고 환상적인 집에서부터 우리의 지적인 여정을 출발하자. 우리가 온전한 정신의 철학을 훑어보려면 무엇보다 먼저 흔히 눈에 띄는 한 가지 큰 잘못을 없애는 일이 필요하다. 우리 주변에는 상상력-특히 신비적인 상상-이 사람의 정신적 균형을 깰 위험이 있다는 생각이 도처에 떠다니고 있다. 시인은 심리적으로 믿을 만하지 못한 인물이라고들 흔히 얘기하고, 대체로 머리에 월계관을 쓰는 것과 지푸라기를 꽂는 것 사이에 모호한 연관성이 있다고들 생각한다.

그러나 사실과 역사는 이 견해와 완전히 상충된다. 대다수의 위대한 시인들은 정신이 말짱했을 뿐 아니라 지극히 사업가다운 기질을 갖고 있었다. 만일 셰익스피어가 말을 붙잡고 있었던 적이 있다면, 그것은 그가 말을 붙잡고 있기에 가장 안전한 사람이기 때문이었을 것이다. 상상력은 결코 광기를 낳지 않는다. 실제로 광기를 낳는 것은 바로 이성(理性)이다. 시인들은 미치지 않는 데 비해 장기꾼들은 미친다. 또 수학자들이 미치고 돈을 계산하는 출납원들이 미친다. 창조적인 예술가가 미치는 경우는 극히 드물다. 조금 있으면 알게 되겠지만, 나는 지금 논리를 공격하고 있는 것이 아니다. 다만 정신이상의 위험은 상상 속에 있지 않고 논리 속에 있다는 점을 말하고 있을 따름이다.

예술적인 창조성은 신체적인 창조성만큼이나 건전하다. 더 나아가, 어떤 시인이 병적인 상태에 빠지는 것은 흔히 그의 뇌에 허약한 이성적 부위가 있기 때문임을 말할 필요도 있겠다. 에드거 앨런 포[3]는 정말로 병적인 인물이었다. 그가 시인이었기 때문이 아니라 유별나게 분석적인 사람이었기 때문이다. 그에게는 장기조차 너무나 시적이었다. 그가 장기를 싫어했던 이유는 거기에 시(詩)와 같이 온통 기사들과 성들이 가득했기 때문이었다. 그는 까만 원반형 장기를 더 좋아한다고 공공연하게 말했는데, 그것은 도표 위에 있는 까만 점과 같은 모양이기 때문이라고 했다.

이와 같은 내 입장을 지지해 주는 강력한 논거를 하나 들고자 한다. 바로 위대한 잉글랜드 시인들 가운데 미친 사람은 윌리엄

---

3. Edgar Allan Poe, 1809-1849, 미국의 단면 소설 작가, 시인, 비평가.

코퍼[4]가 유일하다는 사실이다. 그가 미치게 된 것은 '예정론'이라고 불리는 꼴사납고 생경한 논리 때문이었다. 시심(詩心)이 문제가 아니라 약이 문제였다. 시심은 오히려 건강을 유지하는 데 기여한 면이 있다. 그 끔찍한 숙명론이 우즈강의 넓은 물과 근처의 천편일률적인 하얀 백합화 사이로 그를 몰면서 붉고 목마른 지옥에 데려가는 것을 그는 시심으로 인해 이따금 잊을 수 있었다. 그는 존 칼뱅에게 저주를 받았다가 존 길핀에 의해 구원을 받을 뻔했다.

도처에서 우리는 사람이 꿈을 꾼다고 미치게 되는 게 아니라는 것을 본다. 비평가들이 시인들보다 훨씬 심하게 미친 상태이다. 호머는 온전하고 차분한 사람이다. 그런 그를 갈기갈기 찢어놓는 것은 바로 그의 비평가들이다. 셰익스피어는 나름대로 멋진 사람이다. 그런 그를 그와 다른 사람으로 발견한 인물은 바로 그의 비평가들이다. 그리고 복음전도자 성 요한은 환상 중에 이상한 괴물들을 많이 보았지만, 자신을 논평한 어떤 주석가만큼 사나운 피조물은 보지 못했다. 이는 무척 단순한 사실이다.

시(詩)가 온전한 이유는 무한한 바다에서 쉽게 떠다니기 때문이다. 반면에 이성은 무한한 바다를 건너려고 하다 보니 그것을 유한하게 만들고 만다. 그 결과, 정신적인 탈진 상태에 이르게 한다.

---

4. William Couper, 1731–1800. 영국의 시인. 찬송가 작가. 주기적으로 정신착란을 일으킬 때면 자신이 용서받을 수 없는 죄를 저질러서 저주를 받는다고 생각했다. 코퍼가 쓴 익살맞은 시 '존 길핀의 재미있는 이야기'는 말 한 마리를 빌렸다가 그것을 타고 달아나는 어느 직물 상인에 관한 내용을 담고 있다.

이는 홀바인 씨[5]가 신체적으로 탈진하는 것과 비슷하다. 모든 것을 수용하는 일은 일종의 훈련이지만 모든 것을 이해하려는 일은 무리한 긴장을 가져온다. 시인은 그저 높고 넓게 뻗어나가고, 드높은 하늘로 머리를 밀어 넣고 싶을 따름이다. 하늘을 자기 머릿속으로 밀어 넣으려고 하는 자는 바로 논리학자이다. 그래서 그의 머리가 쪼개지는 것이다.

눈에 띄는 오해의 배후에는 흔히 잘못된 인용이 있는데, 이것은 사소한 문제이긴 해도 우리와 상관없지 않다. 사람들은 드라이든[6]의 그 유명한 문구를 "위대한 천재성과 광기는 거의 동류에 속한다"는 말로 종종 인용하곤 한다. 그러나 그는 위대한 천재성과 광기는 거의 동류에 속한다고 말하지 않았다. 드라이든은 위대한 천재였기에 그보다 더 잘 알고 있었다. 그가 실제로 한 말은 "위대한 지성과 광기는 종종 거의 동류에 속한다"였고, 이 말은 옳다. 붕괴될 위험에 처하는 것은 민첩한 지성이기 때문이다. 아울러 사람들은 드라이든이 어떤 부류를 거론하고 있는지 기억하고 있을 것이다. 그는 헨리 본(Henry Vaughan, 1622-1695)이나 조지 허버트(George Herbert, 1593-1633)와 같은 비현실적인 공상가를 거론한 게 아니었다. 오히려 냉소적인 인물, 회의주의자, 외교에 능한 사

---

5. Hans Holbein the Younger, 1497-1543, 자신이 그린 초상화들을 완벽하게 손질하는 일에 지나치게 집착한 것으로 유명했다.

6. J. Dryden, 1631-1700, 영국의 시인, 극작가.

람, 아주 현실적인 정치인 등을 거론하고 있었다. 이런 인물들이야 말로 광기에 가까운 사람들이다.

자신의 머리와 다른 이들의 머리를 끊임없이 굴려 계산하는 일은 실로 위험천만한 작업이다. 머리로 계산하는 일은 언제나 머리를 위험에 처하게 한다. 어떤 경박한 사람이 "왜 우리는 미쳤다고 할 때 '모자 장수처럼 미쳤다'(as mad as a hatter: 관용어구로서 '완전히 미쳤다'는 뜻-역주)는 표현을 쓰는가?" 하고 물었다. 그보다 더 경박한 사람은 이런 식으로 대답할 것이다. 모자 장수가 미치는 것은 사람의 머리를 측량해야 하기 때문이라고.

만일 위대한 추론가가 미치광이인 경우가 많다면, 미치광이가 흔히 위대한 추론가인 것도 똑같이 사실이다. 내가 자유의지의 문제를 놓고 「클래리언」(Clarion)지와 논쟁을 벌였을 때, 유능한 작가인 R. B. 서더즈 씨[7]는 자유의지를 광기라고 주장하면서, 자유의지는 원인 없는 행위를 뜻하고 미치광이의 행위는 원인이 없을 것이기 때문이라고 말했다. 여기서 나는 결정론적 논리가 지닌 치명적 잘못을 길게 논할 생각은 없다. 뻔한 말이지만, 만일 어떤 행위-미치광이의 행위까지 포함하여-에 원인이 없을 수 있다면, 결정론은 끝장이 난 셈이다. 인과관계의 고리가 미친 사람에게서 깨질 수 있다면, 그것은 보통 사람에게도 깨질 수 있기 때문이다.

---

7. R. B. Suthers, 「클래리언」지의 편집자로서 체스터턴과의 논쟁에서 로버트 블래치포드를 지지했다.

그런데 내 의도는 좀 더 실제적인 것을 지적하는 데 있다. 현대의 마르크스주의적 사회주의자가 자유의지에 대해 전혀 모르는 것은 어쩌면 자연스러울 수 있다. 그러나 현대의 마르크스주의적 사회주의자가 미치광이에 대해 전혀 모르는 것은 참으로 놀랄 만한 일이다. 서더즈 씨는 미치광이에 대해 전혀 몰랐던 것이 확실하다.

미치광이의 특징

미친 사람에 대해 결코 해서는 안 될 말은 그의 행동에 이유가 없다는 소리다. 인간의 행위 가운데 이유가 없는 행위라고 부를 만한 것이 있다면, 그것은 건강한 사람이 취하는 사소한 행동들이다. 가령, 걸을 때 휘파람을 부는 행위나 막대기로 잔디를 내리치는 행위, 신발 뒤꿈치로 차는 행위나 손을 비비는 행위 같은 것들 말이다. 행복한 사람이라야 이런 쓸데없는 짓을 하지 병든 사람은 그런 한가한 짓을 할 만큼 강하지가 않다. 미친 사람이 결코 이해할 수 없는 것은 바로 이처럼 이유가 없는, 태평스러운 행동들이다. 왜냐하면 미친 사람은 보통 (결정론자들처럼) 모든 것에서 너무 많은 이유를 찾아내기 때문이다. 미치광이는 그런 무의미한 행동을 볼 때 온갖 음모가 담긴 심각한 행위로 해석할 것이다. 이를테면, 잔디를 치는 행위를 사유재산에 대한 공격으로 생각하고, 신발 뒤꿈치로 차는 행위를 공범자에게 보내는 신호로 생각할 것이다. 만일 미친 사람이 한순간이라도 태평스럽게 될 수만 있다면, 그는 온전한 정신을 되찾게 되리라.

정신적 장애에 빠졌거나 빠지려는 사람과 얘기를 나눠 본 사람이라면, 끔찍할 정도로 세부사항을 명료하게 기억하는 것이 그들의 특징임을 알 것이다. 즉, 그들은 미로보다 더 복잡한 지도 안에서 이것과 저것을 이리저리 모두 연결시키는 특징을 갖고 있다. 당신이 만일 미친 사람과 논쟁을 하게 된다면 패배할 확률이 매우 높다. 건전한 판단력이 있는 사람은 속도가 약간 지체되기 마련이지만, 광인의 정신은 그보다 훨씬 더 빨리 움직이기 때문이다. 그는 유머감각이나 박애, 또는 경험에서 오는 무언의 확신에 의해 전혀 방해를 받지 않는다. 그는 갈수록 더 논리적이 되어 마침내 건전한 애정마저 잃고 만다. 이런 면에서, 광기를 묘사할 때 흔히 사용되는 말은 우리를 오도하고 있다. 미치광이는 자기의 이성을 잃은 사람이 아니다. 이성을 제외한 모든 것을 잃어버린 사람이다.

미친 사람이 사물을 설명하는 소리를 들어 보면 언제나 완벽하고, 순전히 이성적인 의미에서는 만족스러울 때가 많다. 좀 더 엄밀하게 말하자면, 미치광이의 설명은 설사 확실한 것은 아닐지언정, 적어도 반박하기가 불가능하다. 이런 사실은 가장 흔한 두세 종류의 광기에서 잘 관찰할 수 있다. 예를 들어, 한 사람이 사람들이 자기를 해치려고 음모를 꾸미고 있다고 말한다면, 당신은 모든 사람이 음모자임을 부인하고 있다고 말하는 것 말고는 달리 그것을 반박할 길이 없다. 그런데 음모자들은 당연히 그렇게 부인할 것이다. 그의 설명은 당신의 설명만큼 많은 사실을 다루고 있다.

또 다른 예를 들어 보자. 만일 어떤 사람이 자기가 잉글랜드의 합법적인 왕이라고 말한다면, 기존의 권력자들이 그를 가리켜 미쳤다고 말하는 것이 완벽한 대답일 수는 없다. 왜냐하면 만일 그가 정말로 잉글랜드의 왕이라면, 기존의 권력자들로서는 그렇게 반응하는 것이 가장 현명한 처사일 것이기 때문이다. 만일 어떤 사람이 자기가 예수 그리스도라고 말한다면, 그에게 온 세상이 그의 신성을 부인한다고 말해도 소용이 없다. 세상은 실제로 그리스도의 신성을 부인했기 때문이다.

그럼에도 불구하고 그 사람은 틀렸다. 하지만 우리가 그의 잘못을 정확히 집어내려고 한다면, 그것이 생각했던 것보다 쉽지 않다는 것을 알게 될 것이다. 그 이유에 대해서는 기껏해야 '그의 정신은 완전하되 좁은 원 안에서 움직이고 있다' 정도로밖에 표현하지 못할 테지만 말이다. 자그마한 원은 커다란 원만큼 무한하지만 그만큼 크지는 않다. 마찬가지로 미친 사람의 설명은 온전한 정신을 가진 사람의 설명만큼 완벽하지만 그만큼 크지는 않다. 총알은 지구만큼 둥글지만, 그렇다고 그것이 지구는 아니다.

세상에는 편협한 보편성이라는 것이 존재한다. 또한 작고 비좁은 영원성이라는 것도 존재한다. 이는 많은 현대 종교에서 볼 수 있는 현상이다. 이제 그 바깥에 서서 경험적으로 말한다면, 가장 강력하고 가장 틀림없는 광기의 특징은 이 같은 논리적인 완벽함과 정신적인 위축의 결합에 있다고 할 수 있을 것이다.

미친 사람의 이론은 상당히 많은 것을 설명할 수 있지만, 그것들을 커다란 방식으로 설명하지는 못한다. 따라서 만일 당신이나 내가 병세가 악화되고 있는 정신을 다루고 있다면, 우리는 거기에 논증을 주기보다는 공기를 주입하는 데 신경을 써야 한다. 즉, 질식할 것만 같은 단일한 논증 바깥에 좀 더 깨끗하고 시원한 공기가 있다는 사실을 설득시키는 데 주로 관심을 기울여야 한다는 뜻이다.

내가 맨 처음에 전형적인 예로 들었던, 모든 사람이 자기를 해치려고 음모를 꾸미고 있다고 생각하는 사람의 경우를 생각해 보자. 이 경우에 우리가 진심어린 마음으로 그런 강박관념을 품지 말라고 그에게 호소하고 싶다면, 아마 이런 식으로 말하는 것이 좋을 것이다.

"아, 나는 당신이 진심으로 그런 입장을 취할 만하다고 수긍하고, 또 당신의 말대로 많은 것이 다른 것들과 잘 들어맞는다고 생각하오. 당신의 설명이 아주 많은 것을 풀어 주고 있다고 인정하오. 그러나 그것이 또한 얼마나 많은 것을 배제시키고 있는지 모르오! 이 세상에는 당신의 이야기 말고 다른 이야기는 없는 것이오? 모든 사람이 당신의 문제로만 바쁘다고 생각하는 것이오? 우리가 당신이 말하는 세부적인 내용을 모두 긍정한다고 칩시다. 길거리에 있는 저 사람이 당신을 보지 못한 것처럼 보인다면 어쩌면 교활하기 때문인지도 모른다고. 또 저 경찰이 당신의 이름을 묻는다면 어쩌면 이미 알고 있기 때문이라고. 그런데 만일 이 사람들이 당신에게 전혀 신경을 쓰지 않는다는 사실을 당신이 안다면, 당신은 얼마나 더 행복해지겠소!

당신의 자아가 당신의 인생에서 더욱 작아진다면, 당신이 평범한 호기심과 즐거움을 품고 다른 사람들을 바라볼 수만 있다면, 당신이 지극히 자기중심적이고 남에게 무관심한 채로 걷는 그들의 모습을 있는 그대로 볼 수만 있다면, 당신의 인생은 지금보다 얼마나 더 커지겠소! 그러면 당신은 그들이 당신에게 관심이 없기 때문에 그들에게 관심을 갖기 시작할 것이오. 스스로 꾸며낸 작은 음모를 늘 상영하는 그 작고 번지르르한 극장을 벗어나서, 낯선 자들로 가득 찬 길거리에서 자유로운 하늘 아래 있는 당신 자신을 발견하게 될 것이오."

이어서 내가 든 광기의 두 번째 사례, 자기가 진정한 왕이라고 주장하는 남자를 다루어 보자. 이 경우에는 당신이 이렇게 응답해도 좋을 것이다.

"좋소! 어쩌면 당신이 스스로를 잉글랜드의 왕으로 알고 있을 수 있소. 그런데 그게 무슨 상관이요? 굉장한 노력을 한번 기울여 보시오. 그러면 당신은 인간다운 존재가 되어 땅의 모든 왕을 내려다보게 될 것이오."

마지막으로 스스로를 그리스도라고 부르는 미치광이의 경우이다. 우리가 느끼는 대로 얘기한다면 이런 식이 될 것이다.

"그러니까 당신이 이 세계의 창조주이자 구속자라는 말이군요. 그런데 그건 너무나 작은 세계임에 틀림없소! 당신이 거주하고 있는 하늘은 천사의 크기가 나비 정도밖에 안 되는 얼마나 작은 세계인지 모르오! 그러니 하나님이 된다는 것이 얼마나 슬픈 일이오! 정말로 보잘것없는 하나님이니 말이오! 당신의 삶보다 더 풍성한 삶, 당신의 사랑보다 더 놀라운 사랑은 정말로 없는 것이오? 모든 육체가 믿어야 할 것이 정말로 그 보잘것없고 애처로운 당신의 모습이란 말이오? 만일 좀 더 높은 하나님의 망치가 당신의 작은 우주를 산산이 부숴버리고 그 별들을 번쩍이는 장식처럼 흩어버린 뒤에, 당신을 다른 사람들처럼 확 트인 곳에 두어 아래를 내려다보고 위를 쳐다보게 한다면, 당신은 얼마나 더 행복해지겠고 또 얼마나 더 귀한 존재가 되겠소!"

정신병의 치료

가장 순수한 실천과학은 이단처럼 정신병과 논쟁을 벌이지 않고 오히려 그것을 마법처럼 재빨리 처리한다. 현대 과학과 고대 종교는 모두 완전히 자유로운 사상을 믿지 않는다. 신학은 특정한 사상에 신성모독이란 딱지를 붙여 그것을 책망하고, 과학은 특정한 사상에 병적이란 딱지를 붙여 그것을 꾸짖는다. 예를 들어, 일부 종교 단체는 사람들에게 섹스에 대해 생각하지 말도록 설득했다. 새로운 과학 공동체는 사람들에게 죽음에 관해 생각하지 말라고 확실히 설득하고 있다. 죽음은 하나의 사실이되 병적인 사실로 간주되기 때문이다. 그리고 현대 과학은 약간의 광기를 보이는 자들을 다룰 때, 춤추는 데르비시 교도[8]보다도 순수 논리에 대해 훨씬 신경을 덜 쓴다.

이와 같은 경우에 정신병에 걸린 그 불행한 사람은 진리를 추구하는 것만으로는 충분하지 않다. 그는 건강을 추구해야 한다. 굶주린 짐승이 먹을 것을 찾듯이, 그에게 정상을 되찾고 싶은 간절한 마음이 있을 때에만 거기서 벗어날 수 있다. 사람은 스스로 궁리해서 정신병에서 벗어날 수는 없다. 질병에 감염되어 통제 불능의 상태가 되고, 독자적으로 되어 버린 것이 생각하는 기관이기 때문

---

8. 극도의 금욕생활을 서약하는 이슬람교 집단의 일원으로서 예배 때에 빠른 춤을 춘다.

이다. 그는 오직 의지나 믿음으로만 구원을 받을 수 있다. 그의 이성은 오래된 원형의 틀 속에서만 움직일 뿐이다. 마치 런던의 순환선 지하철 삼등칸을 타고 있는 사람이 가우어 스트리트에서 하차하는, 과감하고 자발적이고 단호하며 신비적인 행동을 취하지 않는 한 계속해서 빙빙 돌아가는 것처럼, 그 사람 역시 자신의 논리적인 순환선을 따라 계속 돌기만 할 것이다.

여기서 중요한 것은 바로 결단이다. 문을 영원히 닫아야 한다. 모든 치료책은 절박한 치료책이다. 모든 치유는 기적적인 치유이다. 미친 사람을 치료하는 일은 철학자와 논쟁하는 것과 다르다. 그것은 귀신을 쫓아내는 행위다. 그리고 의사와 심리학자가 이 문제를 처리할 때 아무리 조용히 일하더라도, 그들의 태도는 '피의 여왕' 메리[9]만큼 단호하고 너그럽지 못하다. 그들의 태도는, 만일 저 사람이 삶을 계속 영위하려면 생각하는 일을 중단해야 한다는 식이다. 그들의 처방책은 일종의 지적인 절단 수술과 같다. 만일 그대의 머리가 그대를 실족하게 한다면 그것을 잘라 버려라. 왜냐하면 모든 지성을 가지고 지옥이나 한웰에 던져지는 것보다는 어린아이나 바보로 천국에 들어가는 편이 낫기 때문이다.

이런 것이 바로 경험이 많은 광인의 모습이다. 그는 보통 추론을 잘하는 사람이고, 종종 성공적인 추론자이다. 틀림없이 그는

---

9. 1553–1558년에 영국의 여왕이었던 그녀는 가톨릭, 즉 구교의 부활에 주력하여 많은 신교도를 처형했다.

이성 속에만 파묻힐 수 있고, 논리적으로 그의 입장을 반대하는 일
도 가능하다. 그러나 이 반론은 좀 더 일반적이고 심지어 심미적
인 견지에서 훨씬 더 정확하게 제기될 수 있다. 그는 깨끗하고 밝
은 감옥과 같은 한 가지 생각에 갇혀 있고, 한 가지 지겨운 논점만
펴도록 갈고 닦인 상태이다. 그는 건강하게 주저하는 모습도 없
고 복잡한 생각도 없다.

내가 머리말에서 설명했듯이, 이 책의 앞부분에서는 교리의 도표
를 제공하기보다는 어떤 관점을 그려 주기로 결심했다. 그래서 이
제까지 광기에 대한 나의 관점을 길게 묘사했던 것이다. 나는 광
인의 영향을 받는 것처럼 대다수 현대사상가들의 영향도 받는다.
내가 한웰로부터 듣는 분위기나 어조를 오늘날의 과학과 학문 세
계의 절반으로부터도 듣고 있다. 대다수의 미친 의사들은 한 가지
이상의 의미에서 미친 의사들이다. 그들은 모두 우리가 언급했던
광대하고 철저한 이성과 위축된 상식의 조합을 가지고 있다. 그들
은 한 가지 얄팍한 설명을 취해서 아주 멀리 밀고 나간다는 의미
에서만 보편성을 갖고 있을 뿐이다.

그러나 하나의 정형화된 양식은 아무리 길게 당겨진다고 해도
여전히 하나의 작은 패턴일 뿐이다. 그들은 검은색 바탕에 흰색이
그려진 장기판을 보고 있는데, 설사 온 우주가 그것으로 포장된
다 할지라도 그것은 여전히 흑색 바탕에 흰색일 것이다. 미친 사람
과 마찬가지로, 그들은 그들의 관점을 바꿀 수 없다. 그들이 정신

적인 노력을 기울여 별안간 그것을 흰색 바탕에 흑색이 그려진 것
으로 볼 수 없다는 말이다.

유물론의 경우

좀 더 자명한 유물론의 경우를 예로 들어 보자. 유물론은 세계
를 설명하는 한 가지 방안으로서 미친 듯이 단순한 이론이다. 그
것은 미친 사람의 논리와 똑같은 속성을 갖고 있다. 우리는 이 사
상이 모든 것을 포괄하는 동시에 모든 것을 배제시키는 것을 즉시
감지하게 된다. 이를테면, 맥케이브 씨[10]와 같은 유능하고 성실한
유물론자를 한번 생각해 보라. 그러면 당신은 그는 모든 것을 이
해하고 있고, 모든 것은 이해할 만한 가치가 없어 보인다는 독특
한 느낌을 받게 될 것이다. 그의 우주는 모든 볼트와 너트가 완벽
하게 들어맞는 곳일지 모르지만, 그 우주는 우리의 세계보다도 더
작다. 그의 도식은 미친 사람의 매끄러운 도식처럼, 외계의 에너지
와 지구의 거대한 무관심을 의식하지 못하는 듯하다. 그것은 지구
상의 실존하는 사물, 싸우는 사람들이나 의기양양한 엄마들, 첫
사랑이나 바다에 대한 두려움 등에 관해서는 생각하지 않는다. 지

---

10. McCabe, 자유사상가이자 '클래리언' 논쟁에서 체스터턴의 반대자. 체스터턴의 저서 『이
단』의 제 16장을 참조하라.

구는 엄청나게 크고 우주는 아주 작다. 우주는 한 사람이 자기 머리를 숨길 수 있을 만한 작은 구멍에 불과하다.

여기서 내가 분명히 할 것이 하나 있다. 나는 지금 이런 신조와 진리의 관계가 아니라 순전히 이런 신조와 건강의 관계를 얘기하고 있다는 점이다. 논증의 뒷부분에 가서 나는 객관적인 진리의 문제를 다루고 싶다. 여기서는 심리적인 현상만 논할 뿐이다.

내가 지금 에른스트 헤켈[11]에게 유물론이 틀렸음을 입증하려 하지 않는 것은, 자기를 그리스도로 생각하는 사람에게 오류에 빠져 헛수고를 하고 있음을 입증하려 하지 않는 것과 같다. 내가 하고 싶은 말은 양자 모두 똑같은 종류의 완전성과 똑같은 종류의 불완전성을 갖고 있다는 점이다. 당신은, 무관심한 대중이 한 남자를 한웰에 구금한 사건을 세상이 감당하지 못하는 신을 십자가에 죽인 사건으로 설명할 수 있다. 이것은 나름대로 하나의 설명이다. 마찬가지로 당신은 우주의 질서를 두고, 모든 것-심지어는 사람의 영혼까지도-은 전혀 의식이 없는 나무에서 열릴 수밖에 없는 잎사귀라는 식으로 설명할 수도 있다. 즉, 물질의 맹목적인 운명과 같다는 것이다. 이것도 나름대로 하나의 설명이다. 물론 미친 사람의 설명만큼 완벽한 설명은 아니지만 말이다. 여기서 핵심은 정상적인 인간의 정신은 두 가지를 모두 반대할 뿐 아니

---

11. Ernest Haeckel, 1834-1919, 독일의 생물학자로서 일원론적 철학자이자 진화론자였다. 그는 자신이 불멸의 영혼, 자유의지 또는 인격적인 신이 존재하지 않는다는 것을 입증했다고 믿었다.

라 둘 다에 대해 똑같은 반감을 느낀다는 사실이다. 대충 이런 식이다. '설사 한웰에 있는 그 남자가 진짜 하나님이라고 해도 그는 대단한 신이 아니야', '설사 유물론자의 우주가 진짜 우주라고 해도, 그것은 대단한 우주가 아니야.' 그것은 실로 위축된 우주에 불과하다. 그 신은 많은 사람보다도 신적인 속성을 덜 갖고 있고, (헤켈에 따르면) 인생 전체는 인생의 여러 측면들보다도 덜 매력적이고, 편협하고, 보잘것없는 그 무엇이다. 부분들이 오히려 전체보다 더 멋져 보인다.

우리는 유물론적 철학이 (참이든 아니든) 어떤 종교보다도 훨씬 더 제한성을 가진다는 사실을 유념할 필요가 있다. 물론 어느 의미에서는 모든 지적인 관념들이 편협하다고 할 수 있다. 그 관념들은 그 자체보다 더 넓을 수는 없다. 그리스도인은 무신론자가 제한성을 갖고 있는 것과 똑같은 의미에서 제한성을 갖고 있을 뿐이다. 기독교를 거짓으로 생각하면서 계속 그리스도인으로 있을 수는 없는 법이다. 무신론자 역시 무신론을 거짓으로 생각하면서 계속 무신론자로 있을 수는 없다.

그런데 아주 특별한 의미에서, 유물론은 유심론(spiritualism)보다 더 제한적인 철학이라고 할 수 있다. 맥케이브 씨는 내가 결정론을 믿지 않는다고 해서 나를 노예로 생각한다. 나는 맥케이브 씨가 요정을 믿지 않는다고 해서 그를 노예로 생각한다. 하지만 우리가 이 두 가지 거부권을 검토해 보면, 그의 것이 나의 것보다 훨씬 더 단순한 거부권임을 알게 될 것이다.

　그리스도인은 우주에 정해진 질서와 필연적인 발전 양상이 많이 존재한다고 믿는 것에 꽤 자유롭다. 반면에 유물론자는 그의 완전무결한 기계에 유심론이나 기적의 흠이 조금이라도 생기는 것을 도무지 허용하지 못한다. 가련한 맥케이브 씨는 심지어 아주 조그마한 꼬마 도깨비가 별봄맞이꽃 속에 숨어 있는 것조차 허락해서는 안 된다. 온전한 정신을 가진 사람이 스스로 복잡한 존재임을 알고 있듯이, 그리스도인은 우주가 다양하고 잡다하기까지 하다는 것을 인정한다. 온전한 정신을 가진 사람은 자기에게 짐승 같은 면, 마귀 같은 면, 성자 같은 면, 시민 같은 면이 조금씩 있다는 것을 알고 있다. 아니, 정말로 정신이 말짱한 사람은 자기에게 약간의 광기가 있다는 것도 알고 있다. 그러나 미치광이가 스스로 온전한 정신을 갖고 있다고 확신하듯이, 유물론자의 세계는 무척 단순하고 딱딱하다. 유물론자는 역사가 철저히 인과율을 따른다고 확신하는데, 이는 앞서 언급한 그 흥미로운 사람이 자기는 순전히 병아리라고 확신하는 것과 같다. 유물론자와 미친 사람은 추호의 의심도 품지 않는다.

　영적인 교리는, 유물론이 정신을 부인하듯이 정신을 제한하지 않는다. 내가 비록 불멸성을 믿는다 해도, 그것에 대해 굳이 생각할 필요는 없다. 그러나 내가 만일 불멸성을 믿지 않는다면 그것에 대해 생각해서는 안 된다. 전자의 경우에는 길이 열려 있어서 내가 원하는 만큼 멀리 갈 수 있다. 하지만 후자의 경우에는 길이 막혀 있다. 그런데도 이 입장이 오히려 더 강력하게 여겨지고, 이것과 광기와의 유사성은 더욱더 낯설게 느껴진다. 우리가 미치광이의 철저하고 논리적인 이론을 반대한 것은, 옳든 그르든, 그것이 점차적으로 그의 인간성을 파괴했기 때문이다.

이제는 유물론자의 주된 추론을 반대할 차례다. 옳든 그르든, 그것은 점차적으로 그의 인간성을 파괴한다. 내가 말하는 인간성이란, 단지 친절함만을 의미하는 것이 아니라 희망과 용기, 시심과 주도권 등 인간적인 것을 모두 포함한다. 예를 들어, 유물론은 흔히 사람들을 철저한 운명론에 빠지게 하는데, 이 철학이 어떤 의미로든 해방을 가져오는 힘인 체하는 것에는 아무런 근거가 없다. 자유로운 생각을 자유의지를 파괴하는 데만 사용하면서, 특히 자유를 증진시키고 있다고 말하는 것은 얼토당토않은 소리다. 결정론자는 풀어 주려고 오는 것이 아니라 묶으려고 온다. 따라서 그들이 그들의 법칙을 인과의 '사슬'이라고 부르는 것은 당연하다. 그것은 이제껏 인간을 속박해 온 사슬 가운데 최악의 것이다.

당신이 굳이 원한다면 유물론적 가르침에 대해 자유의 언어를 사용해도 무방하지만, 우리가 정신병원에 갇힌 사람에게 그 언어를 적용할 수 없듯이 그 가르침에도 그럴 수 없다는 것이 자명하다. 당신이 굳이 원한다면 그 남자는 스스로를 삶은 계란으로 생각하고 있다고 말해도 상관없다. 그러나 만일 그가 삶은 계란이라면, 그는 자유롭게 먹거나 마시거나 자거나 걷거나 담배를 피울 수 없다는 것은 그보다 더 크고 중요한 사실임에 틀림없다.

이와 비슷하게, 당신이 굳이 원한다면, 대담한 결정론자는 의지의 실재를 자유로이 믿지 않는다고 말해도 무방하다. 그러나 그가 자유롭게 일어날 수도, 저주할 수도, 감사할 수도, 정당화할 수도, 촉구할 수도, 벌할 수도, 유혹에 저항할 수도, 군중을 선동할 수도, 새해의 결의를 다질 수도, 죄인을 용서할 수도, 폭군을 책망할 수도, 심지어는 겨자로 인해 '감사하다'고 말할 수도 없다는 것은 훨씬 더 크고 중요한 사실이다.

이 주제를 넘어가면서 내가 언급하고 싶은 것이 하나 있다. 유물론적 운명론이 어쨌든 자비에 우호적이고, 잔인한 형벌이나 모든 종류의 형벌의 폐지에 호의적이라는, 참으로 괴상한 오류가 존재하고 있다는 사실이다. 그러나 놀랍게도 사실은 그와 정반대다. 필연성의 교리는 아무런 변화도 초래하지 않는다고 충분히 주장할 수 있다. 그 교리는 채찍질하는 사람은 채찍질하도록, 친절한 친구는 예전처럼 권면을 하도록 그냥 내버려 두기 때문이다.

그런데 그 교리가 둘 중 하나를 중지시킨다면 분명히 친절한 권면을 중지시킬 것이다. 죄가 불가피하다는 사실이 형벌을 막아 주지는 못한다. 만일 그 사실이 막아 주는 것이 있다면, 설득하는 일을 막아줄 뿐이다.

결정론은 비겁함을 확실히 낳는 만큼이나 잔인함을 낳을 가능성이 높다. 결정론은 범죄자를 잔인하게 취급하는 것과 결코 상반되지 않는다. 결정론과 상반되는 것은 아마 범죄자에 대한 관대한 대우, 즉 그들의 더 나은 감정에 호소하거나 그들의 도덕적 씨름에 격려를 보내는 일일 것이다. 결정론자는 의지에 호소하는 것을 믿지 않지만 환경을 바꾸는 일은 믿는다. 그는 죄인에게 "가서 다시는 죄를 짓지 말라"라고 말하면 안 된다. 죄인은 어쩔 수 없이 죄를 짓기 때문이다. 그러나 그는 죄인을 펄펄 끓는 기름에 넣을 수는 있다. 끓는 기름은 하나의 환경이기 때문이다. 그러므로 그 모양으로 본다면, 유물론자는 미친 사람과 똑같은 윤곽을 갖고 있는 셈이다. 양자 모두 반박할 수 없는 동시에 관용할 수도 없는 입장을 취하고 있기 때문이다.

회의주의와 유아독존주의

이런 사항은 유물론자뿐만 아니라 다른 극단적인 사변 논리에도 똑같이 적용된다. 사실 모든 것이 물질에서 시작되었다고 믿는 사람보다 훨씬 더 끔찍한 회의주의자도 존재한다. 우리는 모든 것이 자기 자신에게서 시작되었다고 믿는 회의주의자를 만날 수도 있다. 그는 천사와 마귀의 존재를 의심하는 게 아니라 사람과 소의 존재를 의심한다. 그의 친구들은 그가 만들어 낸 신화일 뿐이다. 그는 자기 아버지와 어머니까지 창조했다.

　이런 무서운 공상은 우리 시대의 다소 신비적인 자기중심주의에 호소하는 굉장히 매력적인 면을 갖고 있다. 사람들이 스스로를 믿으면 잘될 것이라고 생각했던 그 출판업자, 거울에서 항상 초인(the Superman)을 찾고 있는 사람들, 세상을 위해 생명을 창조하는 일은 제쳐놓고 자기의 유명세를 떨치는 일에 관해 얘기하는 작가들, 이 모든 사람은 사실상 심한 공허감에 빠진 것이나 다름없다. 그래서 그 사람을 둘러싼 우호적인 세계가 거짓말처럼 깜깜해졌을 때, 친구들이 희미해져서 유령이 되었을 때, 이 세계의 기초가 무너졌을 때, 아무것도 아무 사람도 믿지 않는 그 사람은 자신의 악몽 속에 홀로 남을 것이고, 아이러니하게도 그의 몸에는 온통 그 위대한 개인주의적 표어가 쓰일 것이다. 별들은 그의 깜깜한 뇌 속의 한갓 점들에 불과할 것이고, 그의 어머니의 얼굴은 그의 미친 연필이 그의 세포벽에 그린 하나의 스케치에 불과할 것이다. 그러나 그의 세포 위에는 "그는 그 자신을 믿는다"는 두려운 진실이 기록될 것이다.

　하지만 여기서 우리의 관심사는 이런 극단적인 유아독존주의가 또 다른 극단인 유물론과 똑같은 역설을 보여 주고 있다는 사실이다. 말하자면, 전자는 후자와 똑같이 이론적으로는 완벽하지만 실제에 있어서는 절름발이와 같다는 점이다. 이 관념을 간단하게 설명하면 이렇다. 한 남자가 자기는 언제나 꿈속에 있다고 믿을 수 있다. 그런데 그가 꿈속에 있지 않다는 것을 입증하는 명확한 증거를 그에게 줄 수 없다. 왜냐하면 꿈속에서 줄 수 없는 증거는 그에게 제공될 수 없기 때문이다. 그러나 만일 그 남자가 런던을 불태우기 시작하면서 자기 집 가정부가 곧 아침식사에 그를 부를 것이라고 말한다면, 우리는 그를 붙잡아서 다른 논리학자들과 함께 이번 장에서 자주 언급한 그 정신병원에 가두어야 한다.

자기의 정신을 믿지 못하는 사람과 다른 어떤 것도 믿지 못하는 사람은 모두 미친 셈인데, 그 정신이상은 그들의 논리상의 오류가 아니라 전반적인 삶에 나타나는 명백한 실수로 입증된다. 그들은 모두 안쪽에 해와 별들이 그려진 두 상자 안에 스스로를 가두어 놓았다. 둘 다 밖으로 나갈 수 없는데, 후자는 하늘의 건강과 행복 속으로, 그리고 전자는 땅의 건강과 행복 속으로 들어갈 수 없는 상태에 있다. 그들의 입장은 이치에 맞는다. 아니, 3펜스짜리 동전이 무한정 둥글듯이 그것도 어느 의미에서는 대단히 이치에 들어맞는다.

그런데 비천한 무한정, 야비하고 비열한 영원성이라는 것도 있다. 회의주의자와 신비주의자를 막론하고 많은 현대인이 이 궁극적 허무를 상징하는 어떤 동양의 심볼을 그들의 표시로 삼는 것을 보면 무척 재미있다. 그들은 영원을 상징하고 싶을 때, 뱀이 자기 입으로 자기 꼬리를 먹고 있는 모습을 사용한다. 이 달갑잖은 식사의 이미지에는 굉장히 풍자적인 요소가 담겨 있다. 유물론적 운명론자의 영원, 동양의 비관주의자의 영원, 교만한 신지학자와 오늘날의 수준 높은 과학자들의 영원은 실로 뱀이 자신의 꼬리를 먹는 모습, 즉 한 비천한 동물이 자기 자신을 파괴하는 모습으로 잘 표현되고 있는 것이다.

이번 장은 순전히 실제적인 내용을 담고 있고, 주된 관심사는 광기의 주요 특징과 요소이다. 광기란 뿌리 없이 사용된 이성, 허공에 떠 있는 이성이라고 요약할 수 있다. 올바른 기본 원리 없이 생각하기 시작하는 사람은 미치게 된다. 그는 첫머리부터 잘못 생각하기 시작하는 사람이다. 이제 이 책의 나머지 부분에서 우리는 무엇이 올바른 쪽인지를 발견하기 위해 노력해야 한다.

우리를 온전하게 하는 것

이 부분을 마치면서 이런 질문을 던질 필요가 있다. 만일 이것이 사람들을 미치게 만드는 것이라면, 그들이 온전한 정신을 유지하도록 해 주는 것은 무엇인가? 이 책이 끝날 때에는 내가 명확한 답변을 주게 되기를 기대한다. 일부 사람은 그것을 지나치게 명확한 답변이라고 생각할지도 모르겠다. 하지만 당장은, 순전히 실제적인 방식으로, 인류 역사에서 사람들로 하여금 온전한 정신을 유지하게 해 주는 것이 무엇인지에 대해 일반적인 답을 주는 것이 가능하다.

　신비주의가 사람들로 온전한 정신을 유지하게 해 준다. 신비를 갖고 있는 한 당신은 건강한 셈이다. 당신이 신비를 파괴할 때에는 병적인 상태를 초래하게 된다. 평범한 사람은 언제나 신비주의자였기 때문에 언제나 온전한 정신을 갖고 있었던 것이다. 그는 황혼을 받아들였다. 그는 언제나 한 발은 땅에 그리고 다른 발은 동화의 세계에 두고 있었다. 그는 언제나 그의 신들을 의심하도록 스스로를 자유롭게 내버려 두었고, 아울러 (오늘날의 불가지론자와는 달리) 그 신들을 믿도록 스스로를 자유롭게 내버려 두기도 했다.

　그 사람은 언제나 논리적 일관성보다는 진실에 더 관심을 기울였다. 만일 그가 서로 모순되는 듯이 보이는 두 가지 진실을 본다면, 그는 두 가지 진실을 모두 취하고 더불어 모순도 끌어안는다. 그의 영적인 시각은 신체적 시각과 마찬가지로 입체적이어서 두 가지 다른 그림들을 동시에 보며, 그로 인해 도리어 더 나은 것을 보게 된다. 그래서 그는 운명이라는 것도 있지만 자유의지라는 것도 존재한다고 항상 믿어 왔다. 따라서 그는 어린이들은 진정 하늘나라라고 믿으면서도 지상의 나라에 순종해야 한다고 생각했다. 또한 그는 젊은이는 젊기 때문에, 늙은이는 젊지 않기 때문에 양자를 모두 흠모했다. 건강한 사람이 쾌활해질 수 있는 것은 이처럼 외견상 모순되는 것들이 서로 균형을 이루기 때문이다.

　신비주의의 비밀은 바로 여기에 있다. 즉, 사람은 자기가 이해하지 못하는 것의 도움을 받아 모든 것을 이해할 수 있다는 것이다. 병적인 논리학자는 모든 것을 명료하게 만들려고 애쓰다가 모든 것을 신비롭게 만드는 데 성공한다. 신비주의자는 한 가지를 신비로운 것으로 내버려 두다 보니 다른 모든 것이 명료해진다. 결정론자는 인과론을 아주 분명하게 정립한 뒤에 자기가 가정부에게 "만일 당신이 원한다면…"이라고 말할 수 없다는 것을 알게 된다. 그리스도인은 자유의지를 거룩한 신비의 영역에 그냥 남겨 두고, 이로 인해 자신과 가정부와의 관계가 투명하고 분명하게 된다. 그는 도그마의 씨앗을 가장 캄캄한 곳에 둔다. 그런데도 그것은 사방으로 가지를 뻗어 자연스럽고 풍성한 건강을 자랑한다.

우리가 원을 이성과 광기의 상징으로 삼은 것처럼, 지금은 십자가를 신비와 건강의 상징으로 삼아도 좋을 듯하다. 불교는 구심적 성격을 갖고 있으나 기독교는 바깥으로 뻗어나가는 원심적인 성격을 지니고 있다. 원은 그 성격상 완전하고 무한하지만 크기는 영원히 고정되어 있다. 결코 더 커지거나 더 작아질 수 없다. 반면에 십자가는 그 중심에 충돌과 모순을 안고 있지만 그 모양을 바꾸지 않은 채 네 팔을 영원히 확장할 수 있다. 그 중심에 역설을 갖고 있기 때문에 변함없이 자랄 수 있는 것이다. 원은 그 자체로 되돌아오며 또한 묶여 있지만, 십자가는 그 팔을 사방으로 벌리고 있다. 그리고 이것은 자유로운 여행객을 위한 표지이기도 하다.

상징들만 사용해서 이 심오한 문제를 논하는 것은 한계가 있다. 물리적 성격을 가진 또 하나의 상징이 인류 앞에 놓인 신비의 진정한 위치를 충분히 표현해 줄 수 있을 것이다. 우리가 똑바로 쳐다볼 수 없는 하나의 피조물에 비추어 우리는 모든 것을 볼 수 있다. 대낮의 해와 같이, 신비는 도무지 바라볼 수 없는 그 광휘로 다른 모든 것을 설명해 준다. 초연한 지성주의는 (일반적으로 사용되는 의미에서) 일종의 달빛과 같다. 이는 한갓 열이 없는 빛일 뿐이고 죽은 세계로부터 비치는 이차적인 빛일 따름이다.

하지만 그리스인이 아폴로를 상상의 신이자 온전한 정신의 신으로 삼은 것은 참으로 옳았다. 이 신은 시의 후견인이자 치유의 후견인이기 때문이다. 그러나 모든 사람의 삶을 지탱해 주는 초월주의는 하늘에 떠 있는 해와 같은 위치를 갖고 있다. 우리는 그것을 일종의 찬란한 착란으로 의식하고 있다. 그것은 빛나는 동시에 형태가 없고, 불타는 동시에 윤곽이 흐릿한 그 무엇이다. 반면에 달의 둘레는 칠판에 그려진 유클리드의 원만큼 선명하고 명확하며, 순환적이고 필연적인 모양을 갖고 있다. 달은 완전히 이치에 들어맞기 때문이다. 이런 면에서 달은 미치광이들의 어머니이다. 그래서 그들에게 자신의 이름을 부여한 것이다[영어로 lunar는 '달의'라는 뜻인데, 여기서 lunatic(미친)이란 단어가 파생되었다-역주].

ORTHODOXY

"사람은 자기가 이해하지 못하는 것의 도움을 받아

모든 것을 이해할 수 있다."

—

"불교는 구심적 성격을 갖고 있으나

기독교는 바깥으로 뻗어나가는 원심적인 성격을 지니고 있다."

생각의 자살

많은 사람들에 의해 주장되고 사회적으로 통용되는 것이라 해도
반드시 중단되어야 할 생각이 있다.

길거리에서 통용되는 어구는 강력한 힘이
있을 뿐더러 미묘하기까지 하다. 비유적 표현은 종종 정의를 내
리기 어려운 경우까지 거뜬히 소화한다. '풋 아웃'(put out)이라든
가 '기분이 개운찮다'(off colour)는 헨리 제임스(Henry James) 씨가
정확한 말을 찾으려고 고심하다가 창안한 표현이었던 것 같다.
어떤 사람을 가리켜 "마음이 바른 곳에 있다"(his heart in the right
place)라고 묘사하는데, 이 일상적인 어구보다 더 미묘한 진실을
담고 있는 말은 없다. 이 어구는 어떤 기능이 분명히 존재할 뿐 아
니라 그것이 다른 기능들과 올바른 관계를 맺고 있다는 정상적인
균형 감각을 내포하고 있다. 이 어구와 반대되는 진술이야말로 현

대인을 대표하는 인물들의 병적 자비심과 비뚤어진 심성을 아주 정확하게 묘사해 준다.

예를 들어, 내가 버나드 쇼 씨의 성품을 공정하게 묘사해야 한다면, 그는 영웅답게 넓고 관대한 마음을 갖고 있지만 그 마음이 바른 곳에 있지 않다고 말하는 것 이상으로 더 정확하게 표현할 길이 없다. 그리고 이는 우리 시대의 전형적인 사회를 묘사해 주는 말이기도 하다.

현대 세계는 사악하지 않다. 어느 면에서는 지나치게 선하다고 할 수 있다. 이 세계는 무모하고 쓸데없는 미덕으로 가득 차 있다. 한 종교의 체계가 산산이 부서지면(기독교가 종교개혁 때에 그랬던 것처럼) 온갖 악덕만 풀려나는 것이 아니다. 물론 악덕들이 풀려나 미친 듯이 돌아다니며 해를 입힌다. 그런데 미덕들도 그와 동시에 풀려나서 더 미친 듯이 돌아다니며 더 끔찍한 해를 입힌다.

현대 세계는 미친 상태에 빠진 옛 기독교 미덕들로 가득 차 있다. 미덕들이 미치게 된 것은 서로에게서 고립된 채 홀로 돌아다니기 때문이다. 그래서 일부 과학자들은 진리를 좋아하지만 그들의 진리는 무자비하고, 일부 인도주의자들은 자비를 좋아하지만 그들의 자비는 (이런 말을 해서 유감스럽지만) 종종 진리를 좇지 않는 것이다.

이를테면, 블래치포드 씨[1]가 기독교를 공격하는 것은 기독교 미덕의 하나-신비적이고 거의 비논리적인 박애(charity)의 미덕-에 대해 심히 분개하기 때문이다. 그는, 용서할 죄가 없다고 말함으로써 죄의 용서를 더 쉽게 만들 수 있다는 참으로 이상한 생각을 품고 있다. 그는 초기의 그리스도인일 뿐 아니라 정말로 사자에게 잡아먹혀야 했을 유일한 초기 그리스도인이다. 왜냐하면 그의 자비는 곧 순전한 무정부 상태를 뜻한다는 이방인의 비난을 듣기에 안성맞춤이기 때문이다. 그는 너무나 인간적이기에 진정 인류의 적이다.

또 다른 극단은 즐거운 이야기나 마음의 치유에서 느끼는 인간적 즐거움을 일부러 절단 내는 혹독한 현실주의자이다. 토르케마다[2]는 도덕적 진리를 지키기 위해 물리적으로 사람들을 고문한 인물이다. 에밀 졸라[3]는 물리적 진리를 지키기 위해 도덕적으로 사람들을 고문한 인물이다. 그런데 토르케마다의 시대에는 정의와 평화가 서로 입을 맞추게 할 만한 시스템이 어느 정도 존재했었다. 이제는 그 둘이 아예 고개도 숙이지 않는다. 하지만 진리와 자비의 관계에 관한 한, 이 두 경우보다 훨씬 더 강력한 사례는 놀라운 겸손의 탈구현상에서 찾아볼 수 있다.

---

1. Robert Blatchford, 1851–1943, 「클래리언」지의 편집자. 체스터턴은 1903–1904년에 걸쳐 그와 기독교에 관한 논쟁을 벌였다.

2. Tomás de Torquemada, 1420–1498, 스페인의 종교재판관으로서 이교도 탄압을 위해 가혹한 법안을 통과시킨 인물.

3. Emil Zola, 1804–1902, 노벨상을 수상한 프랑스 작가로서 인간은 환경의 산물이라고 생각했다.

엉뚱한 겸손

여기서 우리의 관심사는 단지 겸손의 한 측면이다. 겸손은 대체로 교만한 마음과 인간의 끝없는 욕망을 억제하는 것을 뜻했다. 인간은 늘 새로운 욕구를 찾는 바람에 그것이 자비심을 앞지르곤 했다. 쾌락을 즐기는 인간의 능력이 기쁨의 절반을 앗아가 버렸다. 즐거움을 요구함으로써 최고의 즐거움을 잃고 말았다. 최고의 즐거움은 의외로 얻어지는 것이기 때문이다. 그러므로 만일 사람이 자기의 세계를 크게 만들고 싶다면 언제나 스스로를 작게 만들어야 한다는 사실이 분명해졌다. 심지어는 오만한 비전과 의기양양한 도시, 흔들리는 뾰족탑조차도 겸손이 낳은 산물이다. 숲을 잔디처럼 밟는 거인들도 겸손이 낳은 산물이다. 가장 외로운 별 위로 사라지는 높은 탑도 겸손이 낳은 산물이다. 왜냐하면 우리가 고개를 들고 쳐다보지 않는 탑은 높은 탑이 아니고, 우리보다 크지 않은 사람은 거인이 아니기 때문이다. 이처럼, 어쩌면 인간의 최고의 즐거움이라고 할 수 있는 거대한 상상력의 밑바탕에는 겸손이 깔려 있는지도 모른다. 겸손이 없이는 어떤 것도, 심지어 교만도 즐길 수 없는 법이다.

그런데 우리가 오늘날 시달리고 있는 문제는 겸손이 엉뚱한 곳에 있다는 점이다. 겸양은 야망의 기관에서 자리를 옮겼다. 그리고는 자리를 잡으면 안 되는 확신의 기관 위에 정착했다. 사람은 스스로에 대해 의심을 품되 진리에 대해서는 의심을 품지 말아야 했다. 그런데 이것이 거꾸로 뒤집혔다. 요즈음 사람이 내세우는 부분은 사실 내세우지 말아야 할 부분이다. 바로 그 자신이다. 그가 의심하는 부분은 마땅히 의심해서는 안 될 부분이다. 바로 신적 이성(Divine Reason)이다.

헉슬리(Huxley)는 대자연으로부터 기꺼이 배울 만큼 겸손해지라고 설파했다. 하지만 새로운 회의주의자는 자기가 과연 배울 수 있을지를 의심할 만큼 너무도 겸손하다. 따라서 우리 시대의 전형적 겸손은 존재하지 않는다고 성급하게 말한다면, 그것은 분명히 잘못이다. 우리 시대 특유의 진정한 겸손이 존재하기 때문이다. 문제는 그것이 금욕주의자의 가장 납작한 엎드림보다 더 해로운 겸손이라는 점이다. 옛 겸손은 인간으로 하여금 멈추지 못하게 하는 원동력이자 자극제였지, 전진하지 못하게 하는 장화 속의 못이 아니었다. 옛 겸손은 본인의 노력을 의심하게 해서 더 열심히 일하도록 해 주었기 때문이다. 그러나 새 겸손은 본인의 목표를 의심하게 해서 아예 일하는 것 자체를 멈추게 할 것이다.

어느 길모퉁이에서든 우리는 자기가 틀릴지도 모른다는 신성모독적인 진술을 하는 사람을 만날 수 있다. 날마다 우리는 자기 견해가 옳지 않을지도 모른다고 말하는 누군가를 마주치게 된다. 물론 그의 견해는 분명히 옳다. 그렇지 않으면 그건 그의 견해가 아니다. 우리는 현재 정신적으로 너무 겸손해서 구구단조차 믿을 수 없는 인종을 만들고 있는 중이다. 심지어 중력의 법칙을 스스로 꾸며낸 공상의 산물로 의심하는 철학자들을 목도할 지경에 이르렀다. 이전 시대의 조롱꾼은 너무 교만하여 설득에 넘어가지 않았다. 그런데 이 사람들은 너무 겸손해서 설득에 넘어가지 않는다. 온유한 자는 땅을 유업으로 받는다지만, 현대의 회의주의자는 너무 온유해서 그 유업조차 자기의 것으로 주장할 수 없다. 바로 이런 지적인 무력감이야말로 우리가 안고 있는 두 번째 문제점이다.

종교의 권위와 이성

앞장은 관찰에 따른 사실만을 관심사로 삼았었다. 바로 사람이 병적 상태에 빠질 위험은 상상보다 오히려 이성으로 말미암는다는 사실이다. 그렇다고 이성의 권위를 공격하려는 의도는 없었다. 오히려 이성을 변호하는 것이 궁극적인 목적이다. 이성은 변호가 필요하기 때문이다. 현대 세계 전체는 이성과 전쟁을 벌이고 있고, 그 탑은 이미 휘청거리고 있다.

혼히 현인은 종교의 수수께끼에 대한 해답을 볼 수 없다고 얘기한다. 그런데 오늘날의 현인의 문제는 해답을 볼 수 없는 데 있지 않고 수수께끼조차 볼 수 없다는 데 있다. 그들은 어린애처럼 멍청해서 '문은 문이 아니다'라는 말장난에 담긴 역설조차 알아차리지 못한다.

이를테면, 현대의 자유주의자(교의, 형식에 얽매이지 않는 신자-역주)는 종교의 권위에 관해 이야기할 때, 마치 권위를 가질 만한 이유가 없는 것처럼 말할 뿐만 아니라 이제까지 그럴 만한 이유가 전혀 없었던 것처럼 말하기도 한다. 그 철학적인 토대는 별 문제로 하더라도, 그들은 역사적인 근거조차 보지 못한다. 종교적 권위가 종종 억압적 성격을 지니거나 불합리했던 것은 사실이다. 이는 모든 법체계(특히 우리가 현재 갖고 있는 것)가 무정하고 잔인한 무관심으로 가득한 것과 마찬가지다. 경찰을 공격하는 일은 합리적이다. 아니, 명예로운 일이다.

그러나 오늘날 종교적 권위를 비판하는 자들은 도둑에 관해 들어 본 적 없이 경찰을 공격해야 하는 사람과 같다. 왜냐하면 거기에는 인간 정신을 위협하는 큰 위험이 도사리고 있기 때문이다. 그것은 우리가 당하는 도둑질만큼이나 실제적인 위험이다. 종교적 권위는 옳든 그르든, 바로 그런 위험을 막는 장애물로 세워진 것이다. 우리 인류가 망하지 않으려면, 그 위험을 막는 장애물로 무언가를 세우지 않으면 안 된다. 그 위험은 인간의 지성이 스스로를 파괴할 수 있을 만큼 자유롭다는 데에 있다. 마치 한 세대가 모두 수도원에 들어가거나 바다에 뛰어듦으로써 다음 세대의 존재 자체를 사전에 막을 수 있는 것처럼, 일단의 사상가들이 다음 세대에게 인간의 모든 사상은 타당성이 없다고 가르침으로써 더 이상 생각하지 못하도록 어느 정도 막을 수 있다.

이성과 믿음의 양자택일을 이야기하는 것은 한가한 소리에 불과하다. 이성 그 자체가 곧 믿음의 문제이기 때문이다. 우리의 생각이 실재와 어떤 관계가 있다고 주장하는 일도 일종의 믿음의 행위이다. 만일 당신이 회의주의자라면, 조만간 이런 질문을 스스로에게 던지지 않으면 안 된다. "그 무엇이든 왜 바르게 되어야 하는가? 관찰과 추론마저 왜 옳아야 하는가? 좋은 논리가 왜 나쁜 논리만큼 사람들을 오도해서는 안 되는가? 이 둘은 모두 헷갈리는 원숭이의 뇌 속에서 일어나는 움직임이 아닌가?" 젊은 회의주의자는 "나는 스스로 생각할 권리가 있다"라고 말한다. 반면에 늙은 회의주의자, 곧 완전한 회의주의자는 "나는 스스로 생각할 권리가 없다. 나는 아예 생각할 권리조차 없다"라고 말한다.

여기에 생각을 중단시키는 생각이 있다. 이 생각이야말로 중단되어야 마땅한 유일한 생각이고, 모든 종교적 권위가 공격 목표로 삼는 궁극적인 악이다. 이는 우리 시대와 같은 데카당 시대의 말기에 등장한다. 그리고 이미 H. G. 웰즈[4]는 그 파멸의 깃발을 높이 들었다. 그는 "도구에 대한 의심"[5]이란 미묘한 회의주의 논문을

---

4. H. G. Wells, 1866–1946, 영국의 소설가이자 언론인이며 사회학자이자 역사학자이다 『타임머신』, 『투명인간』의 작가로 유명하다.

5. "Doubts of the Instrument", 웰스는 1903년에 옥스퍼드 철학학회에서 '도구에 대한 회의론'이라는 논문을 발표했다.

발표한 바 있다. 여기에서 그는 뇌 자체를 의문시하고, 과거와 현재와 미래를 망라하는 그 자신의 모든 주장으로부터 모든 실재를 제거하려고 애쓴다. 그런데 종교의 모든 전투적 시스템이 대열을 정비하고 앞으로 진군한 것은 본래 이런 파멸을 막기 위함이었다. 신조들과 십자군, 성직 제도와 끔찍한 핍박은, 흔히 무지하게 말하듯이, 이성을 억압하기 위해 조직된 것이 아니었다. 그것들은 이성을 방어하는 어려운 과업을 위해 조직되었다. 만일 사물들이 마구잡이로 의문시되기 시작하면, 이성이 그 최초의 대상이 될 것임을 사람은 막연한 본능으로 알았다.

죄를 사면해 주는 사제의 권위, 권위를 규정짓는 교황의 권위, 심지어 두려움을 불러일으키는 종교 재판관의 권위 등 이 모든 것은 무엇보다도 더 증명할 수 없고 더 초자연적인 한 가지 핵심 권위-생각할 수 있는 사람의 권위-둘레에 세워진 어두운 방어수단들일 뿐이다. 우리는 이제야 이 사실을 안다. 이를 알지 못한다고 변명할 수 없는 처지에 있다. 회의주의가 예전의 권위의 궤도를 뚫고 돌진하는 소리를 들을 수 있고, 동시에 이성이 그 보좌에서 흔들리는 모습을 볼 수 있기 때문이다.

종교와 이성은 모두 우선적인 부류, 권위 있는 부류에 속하기 때문에 종교가 사라지는 만큼 이성도 사라지는 법이다. 양자는 스스로 증명될 수 없는 증명의 방법들이기 때문이다. 그리고 우리는 신적 권위의 개념을 파괴함으로써 장제법(12 이상의 수로 나누는 것-역주) 합산을 할 때 사용하는 인간 권위의 개념까지 대체로 파괴해 버렸다. 우리가 오랫동안 끈질기게 주교의 관(冠)을 잡아당기는 바람에 그 관과 더불어 그의 머리까지 떨어지고 말았다.

생각을 멈추게 하는 현대사조

이것이 엉성한 주장이란 소리를 듣지 않도록 좀 지루하더라도 생각 자체를 중단시키는 현대의 주요 사조를 빠르게 훑어보는 일이 바람직할 것 같다. 유물론은 물론이고 모든 것을 개인적 환상으로 보는 견해가 어느 정도 생각 자체를 중단시키는 결과를 낳는다. 만일 정신이 기계적인 것이라면 생각은 그리 신나는 것일 수 없고, 만일 우주가 실재하지 않는다면 생각할 만한 대상이 아무것도 없는 것이기 때문이다. 하지만 이 두 가지 경우에는 그 결과가 간접적이고 미심쩍다. 이에 비해 어떤 경우는 그 결과가 매우 직접적이고 명백하다. 특히 일반적으로 '진화'라고 불리는 경우가 그러하다.

진화는 근대적 지성 가운데 그 자신을 파괴하는 좋은 예이다. 진화는 어떤 지상의 사물들이 어떻게 생기게 되었는지에 대한 순수한 과학적 묘사이거나, 만일 그 이상의 것이라면 생각 자체를 공격하는 것이거나 둘 중 하나다. 만약 진화가 어떤 것이든 파괴한다면, 그것이 파괴하는 것은 종교가 아니라 합리주의이다.

만일 진화가 단지 원숭이라고 불리는 실물이 아주 천천히 사람이라고 불리는 실물로 바뀌었다는 것을 의미한다면, 거기에는 정통 교리를 찌르는 가시가 없다고 할 수 있다. 왜냐하면 기독교의 하나님 같은 인격적인 하나님이 시간 밖에 계시다면, 어떤 일을 빨리 해낼 수 있는 만큼 느리게도 해낼 수 있기 때문이다.

그러나 만일 진화가 그 이상의 의미를 갖고 있다면, 그것은 변화할 원숭이란 것도 없고 원숭이가 변해서 될 사람이란 것도 없다는 것을 의미할 뿐이다. 그것은 사물이란 것 자체가 존재하지 않는다는 것을 의미한다. 존재하는 것은 기껏해야 단 한 가지밖에 없는데, 그것은 모든 것의 끊임없는 흐름이다. 이는 믿음에 대한 공격이 아니라 정신에 대한 공격이다. 당신에게 생각할 대상이 없다면 당신은 생각할 수 없기 때문이다. 생각의 주제로부터 분리되어 있지 않으면 도무지 생각할 수 없는 법이다. 데카르트는 "나는 생각한다. 고로 나는 존재한다"라고 말했다. 철학적 진화론자는 그 경구를 거꾸로 뒤집고 그것을 부정한다. "나는 존재하지 않는다. 고로 나는 생각할 수 없다"라고 말이다.

그런데 이 견해와 정반대로 생각을 공격하는 입장이 있다. H. G. 웰즈의 주장에 따르면, 각 사물은 제각기 '유일무이하기' 때문에 아예 범주라는 것은 존재하지 않는다. 이런 견해 또한 파괴적이다. 생각한다는 것은 사물들을 연결하는 것을 의미하므로, 만일 서로 연결될 수 없으면 생각하는 일도 멈추게 된다. 생각을 금하는 이런 회의주의가 말도 금한다는 것은 굳이 언급할 필요가 없다. 사람은 이와 상충되지 않고는 입을 열 수 없기 때문이다. 그래서 웰즈 씨가 (어디선가 그랬던 것처럼) "모든 의자들은 아주 다르다"라고 말할 때, 그는 잘못된 진술을 발설할 뿐 아니라 모순되는 말을 하고 있는 것이다. 만일 모든 의자들이 아주 다르다면, 그것들을 '모든 의자들'이라고 부를 수 없기 때문이다.

이와 유사한 것은 잘못된 진보 이론인데, 이 이론은 우리에게 시험을 통과하려고 애쓰는 대신에 시험을 바꾸자고 주장한다. 예컨대 우리는 "한 시대에 옳은 것이 다른 시대에는 틀리다"라는 소리를 종종 듣곤 한다. 만일 그 말이 고정된 목표에 도달하는 방법이 시대마다 다를 수 있다는 뜻이라면 상당히 타당한 소리다. 가령, 여인들이 우아해지고 싶다면, 한 시대에는 조금씩 뚱뚱해짐으로써 그리고 다른 시대에는 날씬해짐으로써 그렇게 될 수 있을 것이다. 그러나 그들이 우아해지고 싶은 것을 그만두고 타원형이 되고 싶은 마음을 품기 시작한다면, 당신은 그들이 진보를 이루었다고 결코 말할 수 없다.

만일 표준 자체가 변한다면, 어떻게 어떤 표준을 함축하는 진보가 있을 수 있겠는가? 니체는 "인간은 과거에 우리가 지금 악하다고 부르는 것을 선한 것으로 추구했었다"라는 난센스 같은 관념을 처음으로 만든 인물이다. 그의 말이 참이라면, 우리는 그것들을 능가한다거나 거기에 못 미친다는 소리를 아예 할 수 없을 것이다. 당신이 존스 씨와 반대 방향으로 걷고 있다면 어떻게 그를 추월할 수 있겠는가? 한 민족이 행복해지는 데 성공한 것보다 다른 민족이 비참해지는 데 더 성공했는지 여부를 논하는 일은 불가능하다. 그것은 마치 돼지가 뚱뚱한 것보다 밀턴이 더 청교도적이었는지 여부를 논하는 것과 같다.

물론 어떤 사람(어리석은 사람)은 변화 자체를 목표나 이상으로 삼을 수 있다. 그러나 하나의 이상(理想)으로서의 변화 자체는 변하지 않는 것이 되고 만다. 만일 변화를 숭배하는 자가 자신의 진보를 측정하고 싶다면, 그는 엄격하게 변화의 이상에 충실해야 한다. 단조로움의 이상과 시시덕거리며 놀기 시작하면 안 된다. 진보 자체는 진보할 수 없는 법이다.

내친김에 한마디 더 던지고 싶다. 테니슨(Tennyson)이 거칠지만 연약한 태도로 사회의 끝없는 변화의 개념을 환영한다고 말했을 때, 그는 본능적으로 따분함을 시사하는 은유를 사용하여 이런 글을 썼다.

이 거대한 세계로 하여금 널리 울리는 변화의 홈을 따라

영원히 돌게 하라.

그는 변화 자체를 변하지 않는 홈으로 생각했다. 사실이 그러

하다. 변화란 사람이 들어갈 수 있는 가장 비좁고 가장 어려운 홈과 같다.

여기에서 말하고자 하는 요점은, 이처럼 표준이 변한다는 관념은 과거나 미래에 관한 생각 자체를 아예 불가능하게 만든다는 점이다. 인류 역사에서 표준이 완전히 변한다는 이론은 우리에게서 조상들을 존경하는 즐거움을 앗아갈 뿐 아니라, 그들을 경멸하는 보다 현대적이고 귀족적인 즐거움조차 빼앗아 간다.

생각을 파괴하는 우리 시대의 세력을 적나라하게 요약하려면, 실용주의를 언급하지 않고는 마무리 지을 수가 없다. 내가 여기에서 실용주의적 방법을 사용했기 때문에 그것을 진리로 이끄는 길잡이로 변호해야 마땅하지만, 어떤 진리도 존재하지 않는다고 주장하는 극단적 실용주의 유형이 있음은 사실이다. 나의 입장을 짧게 표현하면 이러하다. 나는 명백한 객관적 진리가 결코 전부는 아니라는 실용주의자의 의견에 동의한다. 그리고 인간 정신에 꼭 필요한 것들은 믿을 필요가 있다는 그들의 주장에도 동의한다. 그런데 나는 그 필요한 것들 중 하나가 바로 객관적 진리에 대한 믿음이라고 말하는 바이다.

실용주의자는 사람에게 꼭 생각해야 할 것을 생각하고 절대자에 대해서는 신경을 쓰지 말라고 일러준다. 그런데 그가 꼭 생각해야 할 것 중의 하나가 바로 절대자이다. 이 철학은 진정 일종의 구두적인 역설이다. 실용주의는 인간의 필요와 관련이 있다. 그리고 인간의 우선적인 필요의 하나는 실용주의자 이상의 그 무엇이 되는 것이다. 극단적 실용주의는 그것이 그토록 강력하게 공격하는 결정론만큼이나 비인간적이다. 결정론자(공정하게 말하면, 그는 인간인 체하지 않는다)는 자기가 선택한다는 인간의 의식을 터무니없는 것으로 만들어 버린다. 특별히 인간적이라고 자처하는 실용주의자는 엄연한 사실을 감지하는 인간의 의식을 터무니없는 것으로 만들어 버린다.

자유사상과 의지의 철학

이제까지의 주장을 요약하면, 오늘날을 특징짓는 철학들은 광기의 색채를 띠고 있을 뿐 아니라 자살적 광기를 지니고 있다는 것이다. 단순한 질문자는 인간 사상의 한계에 부딪히는 바람에 그 머리가 깨지고 말았다. 그렇기 때문에 자유사상[6]의 위험한 소년기에 관한 정통파의 경고와 진보파의 자랑이 전혀 쓸모없게 되는 것이다. 우리가 목격하고 있는 것은 자유사상의 소년기가 아니라 자유사상의 노년기와 궁극적인 와해현상이다.

주교들과 경건한 거물급 인사들이 "극단적 회의주의가 갈 데까

---

6. 인간의 생활양식과 사고방식이 과학, 논리, 이성을 기반으로 형성되어야 하고, 특정한 권위, 전통, 다양한 도그마로부터 자유로워야 한다는 철학적 입장(위키백과).

지 가면 얼마나 끔찍한 일이 일어날까?"를 논하는 일은 헛된 짓이다. 그 사상은 이미 갈 데까지 갔기 때문이다. 유창한 무신론자들이 "일단 자유사상이 시작되는 것을 볼 수만 있다면, 위대한 진리가 밝히 드러나리라"는 식으로 떠드는 것은 헛된 짓이다. 우리는 이미 그 사상이 끝장나는 것을 보았기 때문이다. 이 사상은 더 이상 할 질문이 없다. 스스로에게 의문을 제기했기 때문이다.

어떤 도시에 사는 사람들이 스스로에게 과연 자아가 있는지를 물어보는 것보다 더 황당한 장면은 있을 수 없다. 세상 사람들이 과연 세상이 있는지를 의심하는 경우보다 더 회의적인 세상은 상상할 수 없다. 그나마 옹호될 수 없는 신성모독의 법이 적용되고 현대의 잉글랜드가 기독교 국가라는 터무니없는 생각의 방해를 받았기에 망정이지, 그렇지 않았다면 자유사상은 훨씬 더 빠르고 철저하게 파산에 이르렀을 것이다. 그러나 어쨌든 그 사상은 파산에 도달했을 것이다.

전투적 무신론자들은 새로운 소수파이기 때문이 아니라 오래된 소수파이기 때문에 여전히 부당한 핍박을 받고 있다. 자유사상은 갖고 있던 자유를 다 써버렸다. 이제는 스스로 이룩한 성공에 싫증이 난 상태다. 만일 어떤 열렬한 자유사상가가 이제 와서 철학적인 자유의 새벽이 밝았다고 환호한다면, 그는 마크 트웨인의 소설에 나오는, 해 뜨는 광경을 보려고 담요로 몸을 싸고 나왔다가 해 지는 광경을 보기에 알맞은 시간임을 발견한 사람과 같다. 만일 겁먹은 목사가 "자유사상의 어둠이 퍼져나가면 참으로 끔찍할 것"이라고 아직도 말하고 있다면, 우리는 벨록 씨[7]의 날카롭고도 강력한 말을 빌려 이렇게 응답할 수 있을 뿐이다.

> "제발, 이미 와해되고 있는 세력이 증대하고 있다고 근심하지 마시오. 그대는 늦은 밤의 시간을 잘못 알았소. 때는 이미 아침이라오."

우리는 더 이상 제기할 의문이 없다. 우리는 가장 캄캄한 구석과 가장 거친 정상에서 의문들을 찾아왔고, 찾을 수 있는 의문은 모조리 찾았다. 지금은 의문을 찾는 일을 그만두고 해답을 찾기 시작해야 할 때다.

그런데 여기에 한마디를 더해야겠다. 맨 처음 부정적인 이야기를 다룬 이 책의 초반부에서, 우리의 정신적 파멸이 무모한 상상이 아니라 무모한 이성 때문에 생겼다고 말한 바 있다. 사람은 1마일 높이의 동상을 만들기 때문에 미치는 것이 아니고, 한 평의 땅에서 그 일을 해내려고 생각하는 바람에 미치는 것이다. 한 학파는 이 점을 간파하고 이 이방 세계의 건강을 새롭게 회복시키는 방안을 내놓았다. 그들은 이성이 파멸에 이르게 한다는 것을 잘 간파하지

---

7. Belloc, 1870-1953, 영국의 시인, 역사가, 수필가.

만, 의지(Will)는 창조하는 힘이 있다고 말한다. 궁극적인 권위는 이성이 아니라 의지에 있다는 것이다. 가장 중요한 점은, 사람이 왜 어떤 것을 요구하는지가 아니라 그가 그것을 요구하고 있다는 사실이다.

여기서 우리가 이 의지의 철학(philosophy of Will)을 추적하거나 설명할 만한 지면은 없다. 나는 이 철학이 에고이즘이라 불리는 것을 전파했던 니체를 통해서 왔다고 생각한다. 이는 무척 단순한 생각이었다. 왜냐하면 니체는 에고이즘을 전파함으로써 그것을 부인했기 때문이다. 무언가를 전파한다는 것은 그것을 내어주는 것이다. 이기주의자는 인생을 자비가 없는 전쟁이라 부르고, 이어서 전쟁에서 적을 훈련시키기 위해 어떤 수고도 아끼지 않는다. 이기주의를 전파하는 것은 곧 이타주의를 실천하는 일이다.

이 견해가 어떻게 시작되었든지 간에 그것은 오늘날의 문학에서 흔히 볼 수 있다. 이 사상가들의 주요 방어수단은 스스로를 사상가로 보지 않고 제작자로 보는 것이다. 그들은 선택 자체가 신적인 것이라고 말한다. 그래서 버나드 쇼 씨는 사람의 행위는 행복의 욕구라는 표준에 의해 평가되어야 한다는 오래된 관념을 공격한 것이다. 그는, 사람은 자신의 행복을 위해 행동하는 것이 아니라 자신의 의지로 인해 행동한다고 말한다. 사람은 "딸기잼은 나를 행복하게 해 줄 거야"라고 말하지 않고, "나는 딸기잼을 원한다"라고 말한다는 것이다. 이 모든 점에서 다른 이들은 더욱 열정적으로 그를 따른다.

훌륭한 시인인 존 데이비드슨 씨[8]는 이 철학에 너무 매료된 나머지 산문을 쓰지 않을 수 없었다. 그는 여러 개의 긴 서문이 달린 짧은 희곡을 출판하고 있는데, 그에게 이것은 무척 자연스러운 일이다. 그의 모든 희곡도 온통 서문밖에 없다. (내가 짐작하기에) 쇼 씨는 한 편의 시도 쓴 적이 없는 지구상의 유일한 사람이 아닐까 생각된다. 그런데 (훌륭한 시를 쓸 수 있는) 데이비드슨 씨 같은 인물이 이 의지의 교리를 변호하려고 힘겨운 형이상학을 써야 한다는 것을 보니, 이 교리가 사람들을 사로잡았다는 것은 실로 분명한 사실이다.

심지어 H. G. 웰즈 씨조차 절반쯤 이런 언어를 사용하고 있을 정도이다. 이를테면, 그는 우리가 어떤 행위를 테스트할 때 사상가의 자세가 아닌 예술가의 태도를 취해야 한다고 말했다. 예를 들어, "나는 이 곡선이 옳다고 느낀다"거나 "저 선은 이렇게 가도 좋다"는 식으로 말해야 한다는 것이다. 그들은 하나같이 흥분을 감추지 못하고 있다. 충분히 그럴 만도 하다. 왜냐하면 의지의 신적 권위 교리에 힘입어 이미 사형선고를 받은 이성주의의 요새를 뚫고 나올 수 있다고 생각하기 때문이다. 그들은 거기서 탈출할 수 있다고 생각한다. 그러나 그들은 탈출할 수 없다. 의지에 대한

예찬은 단순한 논리의 추구와 마찬가지로 와해와 공허함으로 끝날 뿐이다. 완전한 자유사상이 생각 자체에 대한 의심을 내포하듯이, 단순히 '의지의 발동'을 수용하는 것도 실은 의지를 마비시키고 만다.

버나드 쇼 씨는 쾌락에 대한 옛 공리주의의 테스트(물론 이것은 엉성하고 잘못 진술되기 십상이다)와 본인이 제기하는 것 사이의 진정한 차이점을 인식하지 못했다. 행복의 테스트와 의지의 테스트 사이의 진정한 차이점은, 행복의 테스트는 하나의 테스트지만 의지의 테스트는 테스트가 아니라는 점이다. 한 사람이 절벽 너머로 뛰어내리는 행위를 놓고 그것이 행복을 지향하는 것인지의 여부는 논의할 수 있어도 그 행위가 의지로부터 나온 것인지의 여부는 논할 수 없다. 당연히 그것은 의지로부터 나온 것이다. 당신은 어떤 행위를 두고, 그것이 진리의 발견이나 영혼의 구원을 위해 즐거움이나 고통을 가져오려고 계산된 것이라고 말함으로써 그것을 칭송할 수 있다.

그러나 어떤 행위가 의지를 보여 준다고 해서 그것을 칭송할 수는 없다. 그렇게 말하는 것은 단지 그것을 하나의 행위라고 말하는 것이기 때문이다. 이처럼 의지를 예찬함으로써 당신이 다른 경로보다 더 나은 경로를 선택할 수 있는 것은 아니다. 그런데 어느 경로를 다른 경로보다 더 나은 것으로 선택하는 일이 바로 당신이 예찬하는 그 의지의 정의(定義)이다.

의지의 숭배는 의지를 부정하는 일이다. 단순히 선택을 흠모하는 일은 선택하기를 거부하는 것이다. 만일 버나드 쇼 씨가 내게 다가와서 "무엇인가를 원하라"고 말한다면, 이것은 "당신이 무엇을 원하든지 나는 상관없다"고 말하는 셈이며, 그것은 "나는 그 문제와 관련하여 아무런 의지가 없다"고 말하는 것이나 다름없다. 당신이 막연하게 의지를 흠모할 수 없는 것은 의지의 본질이 그 특정성(누구의 의지라는 식으로-역주)에 있기 때문이다. 존 데이비드슨 씨와 같은 뛰어난 무정부주의자는 평범한 도덕에 염증을 느끼기 때문에 의지-무엇이든 원하는 의지-를 발동시키는 것이다. 그는 인류가 무엇인가를 원하기를 원할 뿐이다. 그런데 인류는 실제로 무언가를 원하고 있다. 인류가 원하는 것은 바로 평범한 도덕이다. 그는 법에 저항하면서 우리에게 무엇인가를 또는 무엇이든 원하라고 말한다. 그런데 우리는 무엇인가를 원했다. 그것은 바로 그가 반항하는 그 법이다.

의지 숭배자의 문제점

니체로부터 데이비드슨 씨에 이르는 모든 의지 숭배자들은 진정 의지력이 결여된 사람들이다. 그들은 의지를 발동할 수 없고, 무언가를 희망하는 일도 거의 불가능하다. 누구든지 이에 대한 증거를 원한다면 아주 쉽게 발견할 수 있다. 가령, 다음과 같은 사실에서도 발견할 수 있다. 그들은 의지를 얘기할 때, 확장하고 밖으로 뻗어나가는 그 무엇이라고 항상 말한다. 그러나 사실은 정반대다. 모든 의지적인 행동은 제각기 스스로를 제한하는 행동이다. 행동을 원한다는 것은 곧 제한을 원하는 것이다. 이런 의미에서 각 행동은 자기희생적인 행동이라고 할 수 있다. 당신이 무언가를 선택할 때는 다른 모든 것을 배격하기 마련이다. 이 학파에 속한 사람들이 결혼 행위에 대해 흔히 제기하는 반대는 사실상 모든 행위에 대한 반대이다. 각 행위는 도무지 돌이킬 수 없는 선택과 배제의 행위이다. 당신이 한 여인과 결혼할 때는 다른 모든 여인을 포기하는 것처럼, 당신이 어느 경로의 행동을 취할 때는 다른 모든 경로를 포기하는 셈이다. 당신이 잉글랜드의 왕이 된다면 브롬튼에서의 관리직을 포기하는 것이다. 당신이 로마로 간다면 윔블던에서 누릴 수 있는 열정적인 삶을 희생하는 것이다.

의지는 이런 부정적이거나 제한적인 면을 갖고 있기 때문에 무정부주의적인 의지 숭배자들이 하는 이야기는 난센스와 별반 다를 것이 없다. 예를 들면, 존 데이비드슨 씨는 우리에게 "그대는… 하지 말라"는 부정문과 아무 관계도 맺지 말라고 충고한다. 그러나 "그대는… 하지 말라"는 말은 "나는… 할 것이다"라는 말의 필연적 결과 중 하나임이 무척 자명하다. "나는 메어 경의 쇼에 갈 것이니, 그대는 나를 막지 말라."

　무정부주의는 우리에게 대담한 창조적 예술가가 되라고 간청하면서 법이나 제한 따위는 상관하지 말라고 한다. 그런데 예술가가 되면서 법과 제한을 상관하지 않는 일은 불가능하다. 예술은 곧 제한이기 때문이다.

　모든 그림의 본질은 그 틀(frame)에 있다. 만일 당신이 기린을 그린다면, 기다란 목을 그리지 않으면 안 된다. 그런데 당신이 대담하고 창조적인 방식으로 짧은 목의 기린을 자유롭게 그린다면, 조만간에 기린을 그릴 자유를 잃어버릴 것이 분명하다. 사실의 세계로 발을 들여놓는 순간에, 당신은 제한이 있는 세계로 들어가는 셈이다. 당신이 사물을 낯설거나 우발적인 법에서 해방시킬 수는 있어도, 그것을 그 고유한 본성의 법으로부터 해방시킬 수는 없다. 이를테면, 당신은 호랑이를 우리에서 해방시킬 수는 있지만, 그를 그의 줄무늬로부터 해방시킬 수는 없는 법이다. 낙타를 그 등의 혹으로부터 해방시키지는 말라. 그러면 그를 낙타다운 모습에서 해방시키는 꼴이 될 것이다. 삼각형들에게 삼면으로 된 감방을 쳐부수라고 부추기는 등 그들을 선동하는 일을 삼가라. 만일 삼각형이 그 삼면을 부수고 나오면, 슬프게도 그의 생명이 끝나고 말 것이다. 누군가 '삼각형에 대한 사랑'이라고 불리는 작품을 썼다. 나는 그 책을 읽어 본 적이 없으나, 만일 삼각형이 사랑을 받았다면 그것은 그것들이 삼각형이기 때문일 것이 확실하다. 이 점은 어느 면에서 순수한 의지의 가장 결정적 본보기에 해당하는 모든 예술적 창조물에 적용되는 것이다.

예술가는 자신의 한계를 사랑한다. 그 한계가 바로 자기가 하는 일을 구성하고 있기 때문이다. 화가는 캔버스가 편평한 것을 기뻐하고 조각가는 진흙이 무색인 것을 기뻐한다.

끝없는 회의주의

논점이 분명하지 않을지도 모르겠다는 노파심에서 역사적인 예를 하나 들어 볼까 한다. 프랑스 혁명은 정말로 영웅적이고 결정적인 사건이었다. 왜냐하면 자코뱅 당[9]이 무언가 한정되고 제한적인 것을 원했기 때문이다. 그들은 민주적인 자유를 원했을 뿐 아니라 민주주의의 모든 거부권도 요구했다. 그들은 투표권을 원했지만 직위는 원하지 않았다. 공화주의는 프랭클린(Franklin)이나 로베스피에르(Robespierre)에서 볼 수 있는 금욕적인 면과 당통(Danton)이나 윌크스[10]에서 볼 수 있는 개방적인 면을 모두 갖고 있었다. 그리하여 그들은 탄탄한 실체와 형태를 가진 그 무엇, 프랑스의 공평한 사회적 평등과 농민의 부를 갖춘 무언가를 창조했

---

9. 1789년 프랑스 혁명을 급진적으로 이끌었던 공화주의 정치 분파.

10. John Wilkes, 1727–1797, 정치 선동가이자 개인권의 옹호자. 그는 여러 번 하원의원에 당선되었으나 세 차례에 걸쳐 의회에서 제명당했다.

던 것이다.

그러나 그 이후 유럽의 혁명 정신이나 모험 정신은 어떤 제안이든 한계를 갖고 있다는 이유로 아무런 제안도 내놓지 못한 채 점차 약화되었고 자유주의는 관용으로 전락하였다. 사람들은 '혁명을 일으키다'(revolutionize)라는 단어를 타동사에서 자동사로 바꾸려고 애썼다. 자코뱅은 당신에게 자신이 대항했던 체제를 말해 줄 뿐 아니라, 자기가 대항하지 않고 오히려 신뢰하려 했던 체제까지 말해 줄 수 있다(이것이 더 중요한 사실이다). 그러나 새로운 반란자는 회의주의자이기 때문에 어떤 것도 신뢰하지 않으려고 한다. 그에게는 충성심이 없다. 그래서 결코 진정한 혁명가가 될 수 없다. 그리고 그가 모든 것을 의심한다는 사실은 어떤 것이든 비난하고 싶을 때 그에게 하나의 걸림돌이 된다. 왜냐하면 모든 비난은 모종의 도덕적 신조를 함축하고 있기 때문이다.

현대의 혁명가는 자기가 비난하는 제도를 의심할 뿐만 아니라 그 비난의 기준이 되는 신조까지도 의심한다. 그래서 그는 먼저 제국의 압제가 여성의 순결을 모욕한다고 불평하는 책을 쓰고, 나중에는 그 자신이 그것을 모욕하는 또 하나의 책(섹스 문제에 관한)을 쓰게 된다. 그는 그리스도인 처녀들이 처녀성을 잃는다는 이유로 술탄을 저주하고, 나중에는 그녀들이 순결을 지킨다는 이유로 그룬디 부인[11]을 저주한다. 정치인의 입장에서는 전쟁은 인생의 낭비라고 외칠 것이고, 이어서 철학자의 입장에서는 모든 인생은 시간 낭비라고 소리칠 것이다. 어떤 러시아인 비관주의자는 경찰이 농부를 죽였다고 비난하고 나서, 나중에는 최고의 철학적 원리를 들면서 그 농부는 스스로를 죽였어야 마땅했다고 말할 것이다. 어떤 사람은 결혼을 거짓말이라고 비난하고 나서, 방탕한 귀족이 결혼을 거짓말로 취급한다고 그를 비난한다. 그는 국기를 하나의 장식품에 불과하다고 말한 뒤에, 폴란드나 아일랜드를 억압하는 자들이 그 국기를 빼앗아 간다고 그들을 비난한다. 이 학파에 속한 사람은 먼저 정치 집회에 가서 야만인들이 마치 짐승처럼 취급 받는다고 불평을 늘어놓는다. 이어서 모자와 우산을 들고 과학자들의 모임에 가서는 그들이 실제로 짐승과 다름없다는 것을 입증한다.

이처럼 현대의 혁명가는 끝없는 회의주의자인 만큼 언제나 스스로의 기반을 무너뜨리고 있는 중이다. 이런 사람은 정치에 관한 책에서는 사람들이 도덕을 짓밟는다고 공격하고, 윤리에 관한 책에서는 도덕이 사람을 짓밟는다고 공격한다. 그러므로 반란을 일으킨 현대인은 사실 반란의 목적상 쓸모없는 존재가 되어 버린 것이다. 그는 모든 것에 반항함으로써 어떤 것에도 반항할 수 있는 권리를 잃어버렸기 때문이다.

---

11. Mrs. Grundy, 토머스 모튼의 희곡 「큰곰자리의 질주」(Speed the Plough, 1798)에 등장하는 인물. 이 작품의 다른 인물들은 "그룬디 부인은 뭐라고 할까?"라고 말한다. 그래서 그룬디 부인은 숙녀인 체 고상함을 떨면서 지나치게 체면을 차리는 사람을 뜻하는 대명사가 되었다.

　이와 똑같은 파산현상은 특히 풍자 문학을 비롯한 모든 맹렬하고 끔찍한 유형의 문학에서도 볼 수 있다는 말을 덧붙이고 싶다. 풍자는 광기와 무정부주의의 성격을 갖고 있을지 모르지만, 적어도 어떤 것이 다른 것보다 우월하다는 점을 전제로 삼고 있다. 말하자면, 하나의 표준을 저변에 깔고 있다는 뜻이다. 어린 소년들이 길거리에서 저명한 어떤 저널리스트(체스터턴 자신을 암시한다-역주)의 뚱뚱한 모습을 보고 비웃을 때는 무의식적으로나마 그리스 조각상을 표준으로 삼고 있는 것이다. 그들은 아폴로 대리석상을 마음에 품고 있다.

　그리고 우리 문학에서 풍자가 사라지고 있는 이상한 현상은 맹렬하게 붙잡아야 할 원칙이 없기 때문에 생기는 것이다. 니체는 풍자를 구사하는 타고난 재능이 있었다. 호탕하게 웃을 수는 없지만 비웃을 수는 있는 인물이었다. 그러나 그의 풍자 속에는 항상 실체와 무게가 없는 것들이 들어 있다. 그 배후에 일반도덕의 질량이 없기 때문이다. 그는 자기가 비난하는 어떤 것보다 더 터무니없는 사람이었다. 니체는 실로 이 추상적인 폭력의 실패를 보여 주는 전형적인 본보기로 전혀 손색이 없다. 마침내 그에게 닥친 뇌의 연화현상은 결코 우발적인 것이 아니었다. 만일 니체가 바보로 생을 마치지 않았다면, 니체주의가 그렇게 끝날 것이었다. 고립된 상태에서 교만하게 생각하면 결국 바보로 끝나기 마련이다. 마음을 부드럽게 하지 않으려는 사람은 결국 뇌가 부드럽게 풀릴 수밖에 없는 법이다.

주지주의(intellectualism)를 피하려 했던 이 마지막 시도는 주지주의로 끝났고 따라서 죽음을 맞이했다. 그 돌격대는 실패로 끝나고 말았다. 무모한 불법의 숭배와 유물론자의 법의 숭배는 똑같은 허무함으로 끝난다. 니체는 어마어마한 산들을 오르지만 결국에는 티베트에 그 모습을 드러낸다. 그는 무(無)와 열반의 땅에서 톨스토이 곁에 앉아 있다. 그리고 이 둘은 모두 무기력한 상태에 있다. 후자는 어떤 것도 붙잡아서는 안 되기 때문에 그렇고, 전자는 어떤 것도 풀어 주어서는 안 되기 때문에 그렇다.

톨스토이의 의지는, 모든 특별한 행동은 악하다는 불교도의 본능에 의해 꽁꽁 얼어붙는다. 그러나 니체의 의지 역시, 모든 특별한 행동은 선하다는 그의 견해에 의해 얼어붙기는 마찬가지다. 모든 특별한 행동이 선하다면 그 가운데 어느 것도 특별하지 않기 때문이다. 그들은 교차로에 서 있는데, 한 사람은 모든 길을 싫어하고 다른 한 사람은 모든 길을 좋아한다. 그렇다면 결과는 어떨 것 같은가? 어렵지 않게 추정할 수 있다. 그들은 교차로에 그냥 서 있다.

결론: 니체와 톨스토이 vs 잔다르크

여기서 나는 (고맙게도) 최근의 사상을 대략적으로 비평하는 이 책의 지루한 첫 작업을 마쳤다. 이 작업 후에 내가 할 일은 하나의 인생관을 살펴보는 것인데, 이는 독자의 관심사가 아닐지는 몰라도 내 관심사인 것만은 분명하다.

이 페이지를 마무리하는 순간, 내 앞에는 지금까지의 작업을 위해 훑어보았던 현대 서적이 잔뜩 쌓여 있다. 이것은 기발한 아이디어의 더미이자 헛수고의 더미이기도 하다. 나는 그들에게 초연한 입장을 취하다 보니, 마치 높이 떠 있는 열기구에서 선로의 기차들이 어쩔 수 없이 충돌하는 장면을 볼 수 있는 것처럼 쇼펜하우어와 톨스토이 그리고 니체와 버나드 쇼가 불가피하게 충돌하는 장면을 아주 명백하게 목격할 수 있다. 그들은 모두 허무한 정신병원으로 향하는 길목에 서 있다. 광기는 정신적 무력함에 도달하기 위해 정신 활동을 벌이는 것으로 정의될 수 있기 때문이다. 그들은 거의 그 지점에 도달하다시피 했다.

자기가 유리로 만들어졌다고 생각하는 사람은 생각의 파멸을 생각하는 사람이다. 유리는 생각을 할 수 없기 때문이다. 그러므로 아무것도 거부하지 않기를 원하는 사람은 의지의 파멸을 원하고 있는 셈이다. 의지라는 것은 무언가를 선택하는 것일 뿐 아니라 거의 모든 것을 거부하는 것이기 때문이다.

그리고 내가 영리하고 멋지고 지루하고 쓸데없는 현대 서적들을 뒤척이며 거기에 걸려 넘어지는 동안에, 특별히 한 제목이 나의 시선을 사로잡는다. 그것은 아나톨 프랑스[12]가 쓴『잔 다르크』(Jeanne d'Arc)라는 책이다. 이 책을 대강 훑어보는 것만으로도 조지 르낭[13]의『예수의 생애』(Vie de Jesus)가 생각났다. 그 책은 동일하게 경건한 회의주의자의 이상한 방법을 사용하고 있다. 그것은 토대가 전혀 없는 자연적인 이야기들을 들려줌으로써 어느 정도의 토대가 있는 초자연적인 이야기들을 믿을 수 없는 것으로 치부한다. 우리는 한 성자가 행한 것을 믿을 수 없기 때문에, 그가 느꼈던 것을 정확히 알고 있는 것처럼 가장해야 한다. 그런데 내가 이 두 책을 언급하는 것은 비판을 위해서가 아니고 그 두 이름의 우연한 조합이 내 앞에 놓인 모든 책을 결딴내는 온전한 정신(Sanity)의 두 가지 이미지를 떠오르게 했기 때문이다.

잔 다르크는 톨스토이처럼 모든 길을 거부하지도, 니체처럼 모든 길을 수용하지도 않음으로써 교차로에 고착되지 않았다. 그녀는 하나의 길을 택하여 벼락같이 그 길을 따라갔다. 그런데 내가 잔 다르크를 생각해 보니, 그녀는 톨스토이나 니체에게 해당되는

---

12. Anatole France. 본명은 Jacques Anatole Thibault. 그는 1908년에 잔 다르크의 일생을 다룬 작품을 썼는데. 여기서 잔 다르크를 망상에 사로잡힌 교회의 앞잡이로 보았다.

13. Joseph Ernest Renan, 1823–1892. 신학생이었으나 나중에 신랄한 교권 반대주의자가 된 르낭은 예수의 일생에 관한 작품을 썼다. 여기서 그는 예수 그리스도를 감명 깊은 스승인 동시에 평범한 인간적인 인물로 그렸다.

면을 모두 갖고 있었다. 심지어 두 사람에게 있는 참을 만한 속성까지 모두 갖고 있었다. 내가 염두에 두고 있는 것은 톨스토이의 숭고한 면, 곧 특히 소박한 연민과 같이 소박한 것에서 찾는 즐거움, 이 땅의 현실, 가난한 자에 대한 존경, 노인의 존엄성 등이다. 잔 다르크는 이 모든 것에 한 가지 위대한 면을 더 갖고 있었다. 가난을 흠모할 뿐 아니라 그것을 몸소 견뎌 냈다는 점이다. 이에 비해 톨스토이는 가난의 신비를 찾으려고 애썼던 전형적인 귀족이었을 뿐이다.

그 후에 나는 가련한 니체가 지녔던 용감하고 교만하고 병적인 성격과 우리 시대의 공허감과 소심함에 대한 그의 반항에 대해 생각해 보았다. 아울러 그가 품고 있었던 위험의 황홀한 평형 상태에 대한 갈망, 멋진 말들의 질주에 대한 굶주림, 무장하라는 외침 등에 관해 생각해 보았다. 잔 다르크는 이 모든 면을 갖고 있었을 뿐더러 싸움을 칭송한 게 아니라 실제로 싸웠다는 차별성도 갖고 있다. 우리가 알기로, 그녀는 군대를 두려워하지 않았지만 니체는 소를 무서워했다. 톨스토이는 농부를 칭송하기만 했으나 그녀는 바로 농부였다. 니체는 전사를 칭송하기만 했으나 그녀는 바로 전사였다.

잔 다르크는 또한 그들이 이상형으로 삼았던 대조적인 모델 면에서도 둘 다를 능가한다. 즉, 잔 다르크는 톨스토이보다 더 온유했고 니체보다 더 과격했다. 그녀는 무언가를 행했던 아주 실제적인 인물이었던 반면에, 그들은 아무 일도 하지 않는 사변가에 불과했다. 내 머릿속에, 그녀와 그녀의 믿음은 어쩌면 그동안 잃었던 도덕적 통일성과 유용성의 비결을 갖고 있을지도 모르겠다는 생각이 스치고 지나갔다. 그리고 이 생각과 더불어 보다 큰 생각이 떠올랐고, 그녀의 주인(Master, 그리스도)의 거대한 형상 또한 내 생각의 무대를 가로질렀다.

아나톨 프랑스의 소제를 흐리게 만들었던 현대성의 문제가 에른스트 르낭의 소제도 흐리게 만들었다. 르낭 역시 자기 작품에 나오는 주인공의 호전성과 연민을 따로 분리시켰다. 르낭은 예루살렘에 대한 의로운 분노를 갈릴리에 대한 목가적인 기대 이후에 생긴 신경쇠약증으로 그리기까지 했다. 마치 인간성에 대한 사랑과 비인간성에 대한 미움 사이에 모순이 있는 것처럼 말이다! 이타주의자들은 가냘프고 약한 목소리로 그리스도를 이기주의자로 비난한다. 이기주의자들은 (그보다 더 가냘프고 약한 목소리로) 그분을 이타주의자로 비난한다.

우리가 몸담은 현재의 분위기에서는 그런 트집을 충분히 이해할 수 있다. 영웅에 대한 사랑은 폭군에 대한 미움보다 더 끔찍한 것이다. 영웅에 대한 미움은 자선가에 대한 사랑보다 더 관대한 것이다. 그런데 현대인들이 그 파편만을 모을 수 있는, 거대하고 영웅적이며 온전한 하나의 정신이 존재한다. 그 잘린 팔들과 다리들만이 여기저기 돌아다니는 모습을 우리가 볼 수 있는, 한 거인이 존재한다. 그들은 그리스도의 영혼을 우스운 조각들로 갈기갈기 찢어버렸고, 거기에 이기주의와 이타주의의 딱지를 붙였으며, 그분의 미친 듯한 장엄함과 온유함에 어리둥절해하고 있다. 그들은 그분의 겉옷을 자기네끼리 나누었으며 그분의 옷을 놓고 제비를 뽑았다. 그 외투는 위에서부터 이음 없이 통째로 짠 옷이었음에도 말이다.

O R T H O D O X Y

"사람은 스스로에 대해 의심을 품되

진리에 대해서는 의심을 품지 말아야 했다.

그런데 이것이 거꾸로 뒤집혔다.

요즈음 사람이 내세우는 부분은 사실 내세우지 말아야 할 부분이다.

바로 그 자신이다.

그가 의심하는 부분은 마땅히 의심해서는 안 될 부분이다.

바로 신적 이성이다."

요정 나라의 윤리

 이 세계를 이상하면서도 매력적인 곳으로 느끼는 감정은
동화에 가장 잘 표현되어 있다.

비즈니스맨이 사무실 사원의 이상주의를 꾸짖을 때면 보통 이런 식으로 말한다.

"아, 맞아. 젊을 때는 그런 추상적인 이상을 품고 공중누각을 꿈꾸곤 하지. 하지만 중년이 되면 그 이상들은 모두 구름처럼 흩어지고, 사람은 현실정치를 믿는 수준으로 내려와 자기가 터득한 요령을 피우며 세상과 그럭저럭 잘 지내게 된다네."

지금은 무덤에 누운 존경스럽고 인정 많았던 노인들이 어린 시절의 내게 이런 식으로 얘기하곤 했었다. 그런데 나는 성장한 뒤에 그들이 거짓말을 하고 있었다는 사실을 알게 됐다. 그동안 실제로 발생한 일은 그들의 예측과 정반대였다. 그들은 나에게 이상을 버리고 현실정치의 방법을 믿기 시작해야 한다고 말했지만, 지금의 나는 내 이상을 조금도 잃지 않았다. 근본 원리에 대한 나의 믿음은 예전이나 지금이나 동일하다. 내가 잃은 것은 현실정치에 대한 예전의 유치한 믿음이다. 나는 아마겟돈 전쟁에 대해 어느 때 못지않게 여전히 많은 관심을 갖고 있지만 총선에 대해서는 그만한 관심이 없다. 아기였을 때는 엄마 무릎 위에서 그 소리만 들어도 껑충 뛰었는데 말이다.

비전은 언제나 탄탄하고 믿을 만하다. 비전은 언제나 하나의 사실이다. 종종 사기를 치는 것은 현실이다. 과거에 믿었던 것 못지않게, 아니 그 어느 때보다 더 많이 나는 자유주의를 믿고 있다. 하지만 나에게는 자유주의자를 믿었던 장밋빛 순진한 시절이 있었다. 자유주의는 내가 오랫동안 변함없이 품고 있는 믿음의 하나이다. 이제 와서 나의 개인적인 사색의 뿌리를 추적해 보니 이 사상이 내가 유일하게 품고 있는 긍정적인 편견임을 알게 되었다. 나는 자유주의자로 자라났고, 언제나 민주주의, 곧 자치 능력이 있는 인간을 믿는 자유주의의 기본신조를 신봉해 왔다. 혹시 이 말이 모호하거나 진부하다고 느끼는 사람이 있다면, 내가 말하는 민주주의의 원리를 두 가지 명제로 설명해 줄 수 있다.

첫 번째 원리는 모든 사람이 갖고 있는 공통분모가 일부 사람에게만 해당되는 특이한 요소보다 더 중요하다는 것이다. 다시 말하면, 평범한 것이 비범한 것보다 더 소중하다는, 아니, 더 비범하다는 것이다. 사람은 사람들보다 더 경외심을 일으키고 더 낯선 존재이다. 인간 존재가 실은 그 어떤 놀라운 능력이나 지식, 예술이나 문명보다 더 큰 기적이라는 이런 느낌이 우리에게 항상 생생하게 와 닿아야 한다. 두 다리를 가진 단순한 사람이야말로 그 어떤 음악보다 더 가슴 벅찬 존재로, 그 어떤 풍자화보다 더 놀라운 존재로 느껴야 마땅하다. 죽음 자체가 굶주려 죽는 것보다 더 비극적이다. 코를 갖고 있다는 것 자체가 노르만족의 코를 가진 것보다 더 희극적이다. 즉, 인간의 본질적 요소는 공통으로 보유하고 있는 것이지 개별적으로 보유하고 있는 것이 아니라는 것이 민주주의의 첫 번째 원리다.

두 번째 원리는 정치적 본능이나 욕망이 사람들이 공통으로 보유하고 있는 것들 중 하나라는 것이다. 사랑에 빠지는 일이 시심(詩心)에 빠지는 일보다 더 시적이다. 민주주의의 주장인즉, 통치(부족을 다스리도록 돕는 일)는 시심에 빠지는 것과 같지 않고 오히려 사랑에 빠지는 것과 같다고 한다. 그것은 교회 오르간을 연주하는 일, 고급 피지에 그림을 그리는 일, 북극을 발견하는 일(그 매혹적인 습관), 공중 곡예를 부리는 일, 왕립 천문학자가 되는 일 등과 비슷한 것이 아니다. 왜냐하면 이런 일들은 우리가 잘하는 사람에게만 기대하는 것이지 보통 사람에게 기대하는 것이 아니기 때문이다. 이와 반대로, 민주주의는 연애편지를 쓰거나 자기의 코를 푸는 일과 비슷하다. 이런 일들은 보통 사람이 스스로 알아서 하도록-설사 엉성하게 할지라도-우리가 기대하는 것이기 때문이다.

나는 여기서 이런 관념들이 모두 옳다고 주장하는 것은 아니다. 일부 현대인들은 과학자들에게 자기의 아내를 골라 달라고 부탁하고 있다는 것을 나는 알고 있다. 그들은 조만간 간호사에게 자기의 코를 풀어 달라고 부탁할지도 모르겠다. 내가 말하고자 하는 것은, 인류가 이런 것을 보편적인 인간의 기능으로 인식하고 있고, 민주주의는 통치 행위를 그 가운데 하나로 분류하고 있다는 점이다. 요컨대, 민주주의의 믿음은 굉장히 중요한 것들은 평범한 사람들의 손에 맡겨야 한다는 것이다. 가령, 양성의 짝짓기, 새끼를 키우는 일, 국가의 법률 등이 거기에 속한다. 이것이 바로 민주주의다. 그리고 이런 민주주의를 나는 항상 믿어 왔다.

민주주의와 전통

그런데 내가 젊은 시절부터 이제까지 도무지 이해할 수 없었던 것이 한 가지 있다. 사람들은 민주주의가 어떤 점에서 전통과 상반된다고 생각하는데, 그런 생각을 어디서 끌어왔는지 나로서는 도무지 이해할 수 없다. 전통이란 민주주의가 시간적으로 연장된 것임이 분명하다. 그것은 어떤 동떨어지거나 독단적인 기록이 아니라, 일반적인 사람들의 여론에 기대고 있다. 예를 들어, 가톨릭 교회의 전통에 반하여 어떤 독일 역사가를 인용하는 사람이 있다면, 그는 엄밀히 말해서 귀족주의에 호소하고 있는 셈이다. 다른 말로 하자면, 그는 군중의 무서운 권위에 반하여 한 전문가의 우월성에 호소하고 있는 것이다. 우리가 왜 하나의 전설을 한 권의 역사책보다 더 존중하고, 또 그렇게 하는 것이 왜 마땅한 일인지는 쉽게 알 수 있다. 전설은 대체로 온전한 정신을 가진 대다수의 마을 사람들에 의해 만들어지는 반면, 책은 보통 미친 한 사람에 의해 쓰이기 때문이다.

과거에는 사람들이 무식했다는 식으로 전통에 반대하는 이들은 차라리 칼튼 클럽[1]에 가서 그런 주장을 제기해 보라. 그리고 이왕이면 슬럼가의 유권자들은 무식하다는 주장까지 한번 해 보라. 그런 주장은 결코 우리에게 먹히지 않을 것이다. 우리가 일상적인 문제를 다룰 때 한목소리로 평범한 사람들의 의견에 그토록 큰 중요성을 부여한다면, 우리가 역사나 동화를 다룰 때 그런 입장을 버려야 할 이유가 없다.

전통은 선거권의 확장이라고 정의될 수 있다. 전통이란 모든 계급 가운데 가장 낮은 계급, 곧 우리의 조상들에게 표를 던지는 것

---

1. Carlton Club, 런던의 폴 몰 가에 있는 영국 보수당 본부.

을 의미한다. 그것은 죽은 자들의 민주주의이다. 전통은 어쩌다가 권력을 쥐게 된 거만한 소수 지배층에 굴복하기를 거부한다. 모든 민주주의자는 사람들이 출생신분에 의해 그 자격이 박탈당하는 것을 반대한다. 그리고 전통은 그들이 죽음이란 우발적인 사건에 의해 그 자격이 박탈당하는 것을 반대한다.

민주주의는 우리에게, 비록 하인일지언정 좋은 사람의 의견을 무시하지 말라고 일러준다. 전통은 우리에게, 비록 우리의 아버지 일지언정, 좋은 사람의 의견을 무시하지 말라고 요구한다. 어쨌든 나로서는 민주주의의 개념과 전통의 개념을 따로 분리시킬 수 없다. 이 둘이 똑같은 개념이라는 것이 내게는 무척 분명한 사실로 보인다. 우리는 우리의 회의석상에 죽은 자들을 참석시킬 것이다. 고대 그리스인들은 돌로 투표를 했다. 이 죽은 자들은 무덤의 비석으로 투표할 것이다. 대다수의 투표용지처럼 대다수의 비석에도 십자가 표시가 새겨져 있으므로, 그것은 정규적이고 공식적인 선거이다.

그러므로 내가 맨 먼저 할 말은 이것이다. 나에게 만일 하나의 편견이 있었다면, 그것은 언제나 민주주의를 찬성하는 편견이었고 따라서 전통을 지지하는 편견이었다는 것이다. 우리가 어떤 이론 이나 논리를 다루기 전에, 나는 다음과 같은 개인적인 입장을 만 족스럽게 생각한다. 바로 나는 내가 속한 골치 아픈 특수한 문필 가 계층을 믿기보다는 열심히 일하는 사람들의 주름살을 믿는 것을 언제나 선호해 왔다는 것이다. 심지어 나는 인생을 바깥에서 보는 이들의 명쾌한 논증보다 인생을 안에서 보는 이들의 공상과 편견을 더 좋아한다. 노처녀들이 진술한 사실보다 늙은 부인들이 들려주는 동화를 항상 더 신뢰한다. 지혜가 타고난 지혜인 이상 좀 엉뚱해도 상관이 없다.

이제 나는 전반적인 입장을 정리할 때가 되었지만 이런 훈련을 받은 적이 없는 체하고 싶다. 그래서 내가 스스로 찾은 서너 가지 기본 아이디어를 하나씩 써 내려갈 생각이고, 내가 발견한 방식 그대로 기술할까 한다. 그 후에 나의 개인 철학이나 자연 종교를 요약함으로써 그런 아이디어들을 대충 종합할 예정이다. 이어서 그 모든 것이 과거에 이미 발견되었던 것임을 알고 깜짝 놀란 과정 을 생생하게 묘사할 생각이다. 그것은 바로 기독교에 의해 발견되 었던 것이다.

내가 순서대로 얘기할 이 심오한 사상들 중 최초의 것은 대중적 인 전통과 관련이 있었다. 그리고 앞서 진술한 전통과 민주주의에 관한 설명이 없이는 내가 겪은 정신적 경험을 명료하게 묘사할 수 없다. 내가 과연 그것을 있는 그대로 명료하게 묘사할 수 있을지 모르겠지만 일단 시도해 볼까 한다.

동화에서 배운 것

내가 시종일관 확실하게 믿고 있는 최초의 철학과 최후의 철학은 아기방에서 배운 것이다. 그것은 대체로 보모에게 배운 것으로, 그녀는 민주주의와 전통을 동시에 수호하는 하늘이 점지해 준 엄숙한 여제사장이었다. 당시에 내가 가장 잘 믿었고 지금도 가장 잘 믿고 있는 것은 '동화'라고 불리는 것이다. 그 이야기들이 내게는 완전히 합리적인 것으로 보인다. 그것들은 환상적인 이야기가 아니다. 오히려 다른 것들이 환상적이다. 동화에 비해 종교와 합리주의가 오히려 비정상적이다. 비록 종교는 비정상적으로 옳고 합리주의는 비정상적으로 틀리지만 말이다.

동화의 나라는 상식이 통하는 밝은 나라일 뿐이다. 땅이 하늘을 심판하는 게 아니라 하늘이 땅을 심판한다. 그러므로 적어도 나에게는 땅이 요정의 나라를 비판하는 게 아니라, 요정의 나라가 땅을 비판하는 것으로 보였다. 나는 콩을 맛보기도 전에 마법의 콩 줄기를 알았고, 달에 대해 분명히 알기도 전에 달나라 사람에 대해 확신을 품고 있었다. 이는 모든 대중적인 전통에 그대로 적용할 수 있다. 오늘날의 이류 시인들은 자연주의자라서 수풀과 개울에 관해 얘기한다. 반면에 옛 서사시와 동화를 노래하던 사람들은 초자연주의자라서 개울의 신과 수풀의 신에 관해 얘기했다. 그래서 현대인은 대자연을 신성이 깃든 것이라고 말하는 고대인을 가리켜 그들은 "대자연(Nature)을 제대로 이해하지 못했다"라고 말하는 것이다. 예전의 보모는 아이들에게 잔디에 관해 얘기해 주지 않고 잔디 위에서 춤추는 요정에 관해 얘기해 주었다. 그리고 옛 그리스인들은 드라이어드(숲의 요정) 때문에 나무를 볼 수 없었다.

나는 여기에서 동화를 먹고 사는 윤리와 철학이 어떤 것인지를 다루고 있다. 내가 그것들을 상세하게 묘사한다면, 그로부터 나오는 많은 고상하고 건전한 원리들을 진술할 수 있다. 가령, '잭 더 자이언트 킬러'(Jack the Giant Killer)가 주는 기사도의 교훈이 있다. 거인들은 거대하기 때문에 죽어야 했는데, 그것은 자만심에 대항하는 사나이다운 반역을 보여 준다. 왜냐하면 반역자는 모든 왕국보다 더 오래되었고, 자코뱅은 제임스 2세파[2]보다 더 많은 전통을 갖고 있기 때문이다. '신데렐라'가 주는 교훈도 있는데, 이는 마리아 찬가의 교훈-비천한 자가 높아진다는 것-과 똑같은 것이다. 그리고 '미녀와 야수'가 주는 위대한 교훈도 있다. 사랑스럽게 되기 전에 먼저 사랑을 받아야 한다는 교훈이 그것이다. 아울러 '잠자는 숲 속의 공주'에 담긴 끔찍한 알레고리도 있다. 이는 인간 피조물이 어떻게 그 모든 생일 선물들로 축복받았으나 또한 죽음으로 저주를 받았는지, 그리고 어떻게 죽음이 잠으로 경감될 수 있는지를 들려주고 있다. 그런데 여기서 나의 관심사는 요정의 나

---

2. 1688년 명예혁명 후에 망명한 스튜어트 왕조의 제임스 2세와 그 후손들을 정통 영국 군주로 따랐던 스코틀랜드의 지지 세력.

라의 어느 특정한 법규가 아니라 그 법칙의 전반적인 정신에 있다. 즉, 내가 말하기도 전에 배웠고 장차 글을 쓸 수 없을 때까지 오래도록 보유하게 될 그 정신에 있다. 나는 인생을 바라보는 특정한 방식에 관심이 있다. 이 인생관은 동화가 내 속에 조성한 것이며 그때 이후로 단순한 사실들에 의해 검증된 것이다.

이를 다음과 같이 진술할 수 있겠다. 동화의 나라에는 진정한 의미에서 '이치에 맞다'고 할 수 있는 어떤 연쇄작용 또는 전개양상(하나씩 차례대로 이어지는 사례들)이 존재한다. 이는 수학적 순차나 논리적 순서처럼 진정한 의미에서 필연적인 것이다. 동화의 나라에 있는 우리(모든 피조물 중에 가장 합리적인 존재)는 그런 이치와 필연성을 인정한다. 예를 들어, 못난이 언니들이 신데렐라보다 더 나이가 많다면, (아주 엄밀한 의미에서) 신데렐라가 못난이 언니들보다 어리다는 것이 필연적이다. 이 필연성에서 벗어날 길은 없다. 헤켈(Haeckel)은 마음 내키는 대로 그 사실을 운명론적으로, 즉 반드시 그래야 한다는 식으로 말할지도 모른다. 만일 잭이 방앗간 주인의 아들이라면 방앗간 주인은 잭의 아버지이다. 차가운 이성은 무시무시한 보좌로부터 그 필연성을 명하고, 동화의 나라에 있는 우리는 그것에 순복한다. 만일 세 형제가 모두 말을 타고 간다면, 거기에는 여섯 마리의 동물과 열여덟 개의 다리가 있을 것이다. 이것이 진정한 합리주의이고, 동화의 나라는 그것으로 가득 차 있다.

그런데 내가 머리를 요정의 울타리 너머로 내밀고 자연세계를 주목하기 시작하자 아주 특별한 것을 목격하게 되었다. 안경을 낀 유식한 인간들이 실제로 발생한 일들-새벽과 죽음 등-에 관해 얘기하는데, 그것들이 마치 합리적이고 필연적인 것처럼 얘기하는 것이었다. 그들은 마치 나무가 열매를 맺는다는 사실이 두 나무와 한 나무를 합치면 세 나무가 된다는 사실처럼 필연적인 것인 양 얘기했다.

그러나 사실은 그렇지 않다. 동화의 나라의 잣대로 보면 양자 사이에는 엄청난 차이점이 있다. 그 잣대는 다름 아닌 상상력의 잣대이다. 당신은 둘과 하나가 합하여 셋이 되지 않는 것은 상상할 수 없다. 그러나 나무가 열매를 맺지 않는 것은 쉽게 상상할 수 있다. 가령, 나무가 황금 촛대를 열매로 맺거나 나무에 호랑이들이 꼬리로 매달려 있는 모습을 상상할 수도 있다.

안경을 낀 그 사람들은 뉴턴이란 인물에 관해 참으로 많이 얘기했는데, 그 인물이 떨어지는 사과에 맞고 나서 어떤 법칙을 발견했다고 한다. 그러나 그들은 참된 법칙인 이성의 법칙과 사과가 떨어지는 단순한 사실 사이를 구별하는 데까지는 이르지 못했다. 만일 사과가 뉴턴의 코를 맞혔다면 뉴턴의 코가 사과를 맞힌 셈이다. 이것이야말로 진정한 필연성이다. 왜냐하면 어느 하나가 일어나지 않으면 다른 하나를 생각할 수 없기 때문이다. 그러나 우리는 사과가 그의 코에 떨어지지 않는 장면은 얼마든지 상상할 수 있다. 그러니까 그것이 바람을 타고 세게 날아가서 다른 사람의 코를 치는 바람에 그를 불쾌하게 만드는 장면을 머릿속에 그릴 수 있다는 말이다.

우리는 동화 속에서, 법칙이 존재하는 정신적 관계의 과학과 이상한 반복만 있고 법칙은 없는 물리적 사실의 과학 사이의 뚜렷한 차이를 견지해 왔다. 우리는 몸에 일어나는 기적은 믿지만 정신적인 불가능성은 믿지 않는다. 우리는 콩 줄기가 하늘까지 올라갔다는 것은 믿는다. 그러나 이러한 사실은 콩이 얼마나 있어야 다섯이 되는가 하는 철학적인 문제에 관한 우리의 확신을 전혀 흔들지 않는다.

여기에 아기방에서 들은 동화에 담겨 있던 특유의 말투와 진실이 있다. 과학적인 사람은 "줄기를 잘라라, 그러면 사과가 떨어질 것이다"라고 말한다. 마치 첫째 개념이 결국 둘째 개념을 이끌어 내는 것처럼 차분하게 말한다. 동화에 나오는 마녀는 "뿔피리를 불어라, 그러면 괴물의 성이 무너질 것이다"라고 말한다. 하지만 그녀는 그 결과가 그 원인에서 분명히 나온 것처럼 말하지 않는다. 틀림없이 그녀는 많은 전사들에게 그런 충고를 해 주었을 테고, 많은 성이 무너지는 것을 목격했음에도 스스로 느끼는 경이감이나 자신의 이성을 잃지 않는다. 그녀는 뿔피리와 무너지는 탑 사이의 필연적인 정신적 연관성을 상상할 때까지 머리를 혼란스럽게 만들지 않는다.

반면에 과학적인 사람들은 나무에서 떨어지는 사과와 땅에 도달한 사과 사이에 필연적인 정신적 연관성을 상상하기에 이르기까지 자기의 머리를 혼란스럽게 한다. 그들은 마치 자기네가 일련의 놀라운 사실들뿐 아니라 그 사실들을 서로 연결시켜 주는 진리를 발견한 것처럼 말한다. 그들은 두 가지 물리적 현상의 연결성이 마치 철학적으로 양자를 연결시킨 것처럼 말한다. 이해할 수 없는 한 가지에 이해할 수 없는 다른 한 가지가 항상 따라오기 때문에, 그 둘이 합쳐지면 이해할 수 있는 것을 만들어 내는 듯이 생각한다. 이는 까만 수수께끼 두 개가 하얀 정답 하나를 만든다고 생각하는 꼴이다.

동화의 나라에서 우리는 '법칙'이란 단어를 피하지만, 과학의 나라에 있는 사람들은 그 단어를 특별히 좋아한다. 그래서 그들은 잊힌 사람들이 알파벳을 어떻게 발음했을지 추측하고는 그것을 그림의 법칙(Grimm's Law)[3]이라고 부를 것이다. 그러나 그림의 법칙은 그림의 동화들보다 훨씬 덜 지성적이다. 그림의 동화들은 어쨌든 동화임이 분명하지만, 그림의 법칙은 법칙이 아니다. 법칙은 우리가 단지 그에 따른 몇 가지 결과를 알아차리는 데 그치지 않고, 일반화와 법 제정의 본질을 알고 있다는 것을 의미한다.

만일 '소매치기는 감옥에 갈 것'이라는 법칙이 있다면, 그것은 감옥의 개념과 소매치기의 개념 사이에 상상 가능한 정신적 연관

---

3. 그림 형제는 19세기 전반에 활동했던 독일인으로서 형은 언어학자였고 동생은 동화 작가였다.

성이 있다는 것을 함축한다. 그리고 우리는 그 개념이 무엇인지를 알고 있다. 우리는 무례한 짓을 하는 사람에게서 왜 자유를 빼앗는지를 얘기할 수 있다. 그러나 어째서 계란이 닭으로 변할 수 있는지는 말할 수 없듯이, 왜 곰이 왕자 요정으로 변할 수 있는지도 말할 수 없다.

개념적으로 보면, 계란과 닭 사이의 거리는 곰과 왕자 사이의 거리보다 더 멀다. 어떤 계란도 그 자체로는 닭을 암시하지 않지만, 일부 왕자들은 곰들을 암시하기 때문이다. 그렇다면 어떤 변형작용이 일어나는 것이므로 그 변형을 과학과 '자연법칙'의 비철학적인 방식이 아니라 동화의 철학적 방식으로 여기는 일이 반드시 필요하다.

우리가 왜 알은 새로 변하는가 또는 왜 열매가 가을에 떨어지는가 하는 질문을 받으면, 우리는 대모 요정이 신데렐라에게 대답하는 방식으로 응답해야 한다. 즉, 신데렐라가 대모에게 왜 쥐가 말로 변하는지 또는 왜 그녀의 옷이 12시가 되면 본래대로 돌아오는지 물었을 때 대모가 대답한 것처럼, 우리는 그것은 '마법'이라고 응답해야 한다. 그것은 '법칙'이 아니다. 우리가 그 일반적 공식을 모르고 있기 때문에 법칙이라고 할 수 없다. 그것은 필연성이 아니다. 그런 일이 실제로 일어날 것으로 기대할 수는 있지만, 언제나 반드시 일어난다고 말할 권한이 우리에게 없기 때문이다. 이는 (헉슬리가 상상했듯이) 우리가 일상적으로 의존할 수 있는 불변의 법칙을 주장하는 것이 아니다. 우리는 그것에 의존하는 게 아니라, 그것에 내기를 건다. 우리가 독이 든 팬케이크나 세계를 파괴시킬 만한 혜성에 목숨을 걸 듯이, 기적이 일어날 희박한 가능성에 목숨을 건다.

우리가 기적을 논의에서 배제시키는 것은, 그것이 불가능한 일이기 때문이 아니라 예외적인 일이기 때문이다. 과학 서적에서 사용되는 '법칙', '필연성', '질서', '성향' 등과 같은 용어들은 우리에게는 없는 내적인 종합 구조를 가정하고 있기 때문에 비지성적인 용어라고 할 수 있다. 대자연을 묘사하는 말로서 내게 항상 만족을 주었던 단어는 동화책에 나오는 '매혹', '주문', 마법'과 같은 것들뿐이다. 이 단어들은 사실의 자의성과 그 신비를 표현해 준다. 어떤 나무가 열매를 키우는 것은 그것이 마법의 나무이기 때문이다. 물이 아래쪽으로 흐르는 것은 마법에 걸렸기 때문이다. 해가 비치는 것도 마법에 걸렸기 때문이다.

나는 이런 것을 환상이나 신비라고 전혀 생각하지 않는다. 우리는 나중에 신비주의에 대해 어느 정도 다룰 것이다. 하지만 사물을 묘사하는 동화의 언어는 한마디로 합리적이고 불가지론적이다. 한 사물이 다른 사물과 뚜렷이 다르다는 것을 나는 명백하게 인식하고 있는데, 이를 언어로 표현하려면 동화의 언어를 사용하는 수밖에 없다. 그리고 공중을 나는 일과 알을 낳는 일 사이에 아무런 논리적 연관성이 없다는 것도 마찬가지다.

'법칙'에 관해 이야기하는 사람은 신비주의자를 한 번도 본 적이 없는 사람이다. 일반적인 과학자는 엄격하게 말해서 감상주의자라고 할 수 있다. 그는 단순한 연상 작용에 흠뻑 젖어 거기에 휩쓸리는 사람으로, 진정한 의미의 감상주의자인 것이다. 그는 새가 공중에 나는 것과 알을 낳는 것을 자주 목격했기 때문에, 실제로는 둘 사이에 아무런 연관성이 없음에도 불구하고 이 두 개념 사이에 어떤 어렴풋한 연관성이 있는 것처럼 느낀다. 버림받은 연인이 잃어버린 사랑으로부터 달을 떼어놓을 수 없는 것처럼, 유물론자도 달을 조수로부터 떼어놓을 수 없다. 당사자가 두 가지를 함께 보았다는 것 말고는, 두 경우 모두 양자 사이에 아무런 연관성이 없다.

감상주의자는 사과꽃 향기를 맡으면 숨겨진 어린 시절이 떠올라 눈물을 흘릴지도 모른다. 그래서 유물론자 교수 또한 (비록 자기의 눈물을 감추지만) 감상주의자라고 할 수 있다. 그의 경우에는 사과꽃이 사과를 연상시켜 주기 때문이다. 그러나 동화나라에서 온 냉정한 합리주의자는, 관념적으로, 사과나무가 심홍색 튤립을 키워서는 안 될 이유를 전혀 알지 못한다. 그의 나라에서는 때때로 그런 일이 일어나기 때문이다.

그러나 이런 초보적인 경이감은 동화에서 끌어온 단순한 상상의 산물이 아니다. 반대로, 동화의 영감이 그로부터 나오는 것이다. 우리 모두 사랑 이야기를 좋아하는 것은 거기에 섹스의 본능이 있기 때문이듯이, 경이로운 이야기를 좋아하는 것은 그것이 예로부터 내려오는 경이로움의 본능을 건드리기 때문이다. 다음과 같은 사실이 그것을 증명해 준다.

우리가 아주 어렸을 때는 굳이 동화가 필요 없었다. 아무 이야기로도 충분했고, 사는 것 자체가 흥미로웠다. 일곱 살짜리 아이는 "톰이 문을 열고는 용이 있는 것을 보았다"는 이야기만 들어도 흥분한다. 하지만 세 살짜리 아이는 "톰이 문을 열었다"는 이야기만 들어도 흥분한다. 소년들은 로맨틱한 이야기를 좋아하지만, 아기들은 현실적인 이야기를 좋아한다. 현실적인 이야기가 로맨틱하다고 생각하기 때문이다. 사실 나는, 현대의 사실주의 소설을 지겨워하지 않고 읽을 만한 사람은 아기밖에 없지 않을까 싶다. 이로 보건대, 아기방의 동화는 태아 시절에 놀라서 껑충 뛰던 즐거운 경험을 반영하고 있다고 하겠다. 이 이야기들에 따르면, 사과가 황금색인 것은 우리가 그것이 초록색임을 발견했던 그 잊힌 순간을 새롭게 상기시켜 줄 뿐이라고 한다. 그 이야기들은 강에 포도주가 흐르는 장면을 들려주는데, 이 또한 우리에게 한순간이나마 강에 물이 흐르던 시절을 기억나게 해 줄 따름이다. 나는 이런 것이 완전히 합리적이고 심지어 불가지론적이기도 하다고 말한 바 있다. 사실 이 점에 있어서 나는 고차원적 불가지론을 찬성하는 입장이다. 이보다 나은 이름은 무지(Ignorance)이다.

우리는 과학서적과 로맨스 소설에서 자기 이름을 잊어버린 사람에 관한 이야기를 읽은 적이 있다. 이 사람은 길거리를 돌아다니며 모든 것을 보고 감상할 수 있다. 다만 자기가 누구인지를 기억할 수 없을 뿐이다. 어쩌면 모든 사람이 그 이야기에 나오는 기억을 잃은 사람일지도 모른다. 모든 사람은 자기가 누구인지를 잊어버렸다. 우리가 우주는 이해할지 몰라도 자아는 결코 이해할 수 없다. 자아는 어떤 별보다 더 멀리 있기 때문이다. '그대는 그대의 주 하나님을 사랑할지어다. 하지만 그대는 그대 자신을 알지 못하리라.' 우리는 모두 우리 자신의 이름을 잊어버렸다는 정신적 재난을 당한 상태에 있다. 우리는 우리가 진정 무엇인지를 잊어버렸다. 우리가 상식, 합리성, 실용성, 실증주의 등으로 부르는 그 모든 것은, 삶의 수평적 차원에서 우리가 잊어버렸다는 사실을 잊고 있다는 것을 의미할 뿐이다. 우리가 영, 예술, 황홀경 등으로 부르는 그 모든 것은, 어느 장엄한 순간에, 우리가 잊고 있다는 사실을 기억한다는 것을 의미할 따름이다.

그런데 우리가 (소설 속의 기억상실증에 걸린 그 인물처럼) 비록 얼빠진 동경심을 품고 거리를 걷고 있다고 해도, 그것은 여전히 동경심이다. 그것은 라틴어로 동경심일 뿐 아니라 영어로도 동경심 (admiration)이다. 경이감은 찬송이란 긍정적인 요소를 갖고 있다. 이는 동화의 나라를 가로지르는 우리의 길에 확실히 표시되어질 다음의 이정표이다.

나는 다음 장에서 낙관주의자와 비관주의자를 지적인 면에서-

그런 면을 갖고 있는 한-다룰 생각이다. 여기서는 도무지 묘사될 수 없는 그 굉장한 감정을 묘사하려고 애쓰는 중이다. 그리고 그 가운데서 가장 강렬한 감정은, 바로 인생은 수수께끼와 같은 만큼 그것이 소중하다고 느끼는 감정이었다. 인생은 일종의 모험이기 때문에 하나의 황홀경이었다. 그것은 일종의 기회이기 때문에 하나의 모험이었다.

동화의 좋은 점은, 공주보다 용이 더 많을 수도 있다는 사실에 영향을 받지 않는다는 것이었다. 그래서 한 편의 동화 속에 있는 것이 참으로 좋았다. 모든 행복의 잣대는 감사인데, 나는 누구에게 감사할지도 모르면서 고마움을 느꼈다. 아이들은 산타클로스가 자기들의 스타킹 속에 장난감이나 사탕을 선물로 넣어 주면 고마움을 느낀다. 그런데 산타클로스가 내 스타킹 속에 두 개의 기적적인 다리를 선물로 넣어 주었을 때 어찌 내가 감사하지 않을 수 있겠는가? 우리는 담배나 슬리퍼를 생일 선물로 받으면 사람들에게 감사한다. 그런데 내가 출생을 생일 선물로 받았을 때 어떻게 아무에게도 감사하지 않을 수 있겠는가?

이러한 생각에 이르자 변호할 수 없다는 느낌과 반박할 수 없다는 느낌이 들었다. 세상은 하나의 충격이었다. 하지만 단지 충격적인 것에 그치지 않았다. 존재 자체가 뜻밖의 일이었다. 그것은 뜻하지 않은 기쁨이었다.

사실 나의 첫 번째 견해들은 모두 소년 시절부터 내 머릿속에 박혀 있던 수수께끼와 같은 말로 표현되었다. 그것은 "최초의 개구리는 무슨 말을 했는가?"라는 질문이었다. 그리고 정답은 "주님, 당신은 어떻게 나를 깡충 뛰도록 만들었습니까!"였다. 이것이 내가 말하고 있는 모든 내용을 간명하게 설명해 준다. 하나님은 개구리를 깡충 뛰도록 만들었다. 그런데 개구리는 뛰는 것을 좋아한다.

이런 것들이 해결된 다음에는 동화 철학의 두 번째 위대한 원리가 등장한다. 이는 누구든지 '그림(Grimm)의 동화들'이나 앤드류 랭 씨[4]의 멋진 모음집을 읽기만 해도 쉽게 알 수 있는 원리다. 현학적 냄새를 풍기기 위해 나는 그것을 조건부 기쁨의 교리(Doctrine of Conditional Joy)라고 부를 것이다.

익살꾼 터치스톤(Touchstone)은 '만약에' 속에 있는 많은 미덕에 관해 얘기했다. 요정의 윤리에 따르면, 모든 미덕은 '만약에' 속에 있다. 동화에 나오는 말투는 항상 이런 식이다. "만약에 네가 '소'라는 말을 하지 않는다면, 황금과 사파이어로 만든 궁전에 살 수 있어." "만약에 네가 왕의 딸에게 양파를 보여 주지 않는다면, 그녀와 함께 행복하게 살게 될 거야." 그 환상적인 꿈은 언제나 한 가지 금지사항에 달려 있다. 아찔할 정도로 어마어마한 것을 용인 받으려면 한 가지 작은 조건을 만족시켜야 한다. 현기증이 날

---

4. Andrew Lang, 1844–1912, 다양한 색깔로부터 이름을 딴 여러 요정 이야기를 수집한 뒤에 그것을 한 권의 책으로 엮은 스코틀랜드의 작가.

만큼 굉장한 모든 것을 마음대로 즐기는 일이 금지된 한 가지 사항에 달려 있는 것이다. 예이츠(W. B. Yeats) 씨는 절묘하고 애절한 요정의 시(詩)에서 요정들을 무법자로 묘사하고 있다. 그들은 고삐 풀린 바람의 말을 타고 순전한 무정부 상태에 뛰어든다.

> 헝클어진 밀물의 마루를 타라,
> 그리고 불꽃처럼 산등성에서 춤을 추어라. [5]

예이츠 씨를 가리켜 요정의 나라를 이해하지 못한다고 말하는 것은 참으로 두려운 일이다. 그런데도 나는 그 말을 하련다. 그는 지적인 반항심으로 가득 차고 아이러니한 아일랜드 남자다. 그는 요정의 나라를 이해할 정도로 어리석지 않다. 요정들은 나와 같은 촌놈을 좋아한다. 멍하니 입을 벌리고 이빨을 드러낸 채 싱글거리며 남이 시키는 대로 하는 유형 말이다. 예이츠 씨는 자기 인종의 의로운 반란에 입각해서 요정의 나라를 읽는다. 그런데 아일랜드의 무법 상태는 이성과 정의에 바탕을 둔 기독교적인 무법 상태이다. 피니어 회원[6]은 자기가 너무도 잘 알고 있는 어떤 것에 대해 반란을 일으키는 중이다. 반면에 요정 나라의 진정한 시민은 자신

---

5. 체스터턴은 이 구절을 즐겨 인용했다. 예이츠의 희곡 '욕망의 나라'에 나오는 이 구절은 "꼭대기 위로 뛰어올라라…"라는 글귀로 시작된다.

6. Fenian. 영국으로부터 아일랜드의 독립을 쟁취하기 위해 19세기 중반에 아일랜드와 미국에서 결성된 비밀 혁명 단체의 회원.

이 전혀 알지 못하는 어떤 것에 순종하고 있는 중이다. 요정의 이야기에서는 이해할 수 없는 행복이 이해할 수 없는 조건에 달려 있다. 상자가 열리자 모든 악이 날아서 나간다. 한 단어가 잊히자 도시들이 망한다. 램프가 켜지자 사랑이 멀리 날아간다. 꽃 한 송이가 꺾이자 인간의 생명들이 버려진다. 사과 하나가 먹히자 하나님의 희망이 사라진다.

이것이 바로 동화의 말투인데, 이는 무법 상태는 분명히 아니고 심지어 자유라고도 할 수 없다. 현대의 야비한 폭정 아래 있는 사람들은 상대적으로 그것을 자유로 생각할 수도 있지만 말이다. 포틀랜드 감옥에서 나온 사람들은 플리트 스트리트(런던 중심가에 있는 신문사 거리)를 자유로운 곳으로 생각할 만하다. 그러나 좀 더 면밀히 살펴보면, 요정들과 저널리스트들 모두 의무의 노예인 것을 알게 되리라. 대모 요정들은 적어도 다른 대모들만큼 엄격한 것 같다.

신데렐라는 동화의 나라에서 마차를 받고 마부는 어딘가로부터 받았지만, 12시까지는 꼭 돌아와야 한다는 명령을 받았다. 아울러 그녀는 유리 구두를 신고 있었는데, 유리가 전래 동화에서 그처럼 흔한 것은 결코 우연이 아닐 것이다. 이 공주는 유리 성에서 살고, 저 공주는 유리 언덕 위에 살며, 어떤 공주는 모든 것을 거울로 보고 있다. 그들은 모두 돌을 던지지만 않는다면 유리 집에서 살 수 있을 것이다. 도처에서 반짝거리는 얇은 유리는, 행복이란 찬란하게 빛나지만 하녀나 고양이에 의해서도 쉽게 부서질 수 있을 만큼 깨지기 쉬운 것이라는 사실을 반영하고 있다. 그리고 이 동화의 정서 또한 내 속에 깊이 스며들어서 온 세계를 향한 나의 정서가 되었다. 나는 예전에도 그랬거니와 지금도 여전히 인생이란 다이아몬드처럼 밝게 빛나지만 유리창처럼 깨지기 쉬운 것이라고 느낀다. 그리고 하늘이 그 끔찍한 크리스털 유리(수정)로 비유되었을 때 내 몸에 전율이 일어났던 것을 기억한다. 하나님이 혹시 우주를 떨어뜨려 박살을 낼까봐 두려워했던 것이다.

그렇지만 깨지기 쉬운 것이 썩기 쉬운 것과 같지 않다는 사실을 기억하라. 유리를 쳐 보라. 그러면 잠시도 견디지 못할 것이다. 그냥 유리를 치지 말아 보라. 그러면 천 년을 견딜 것이다. 요정의 나라에서든 지구에서든 사람의 기쁨도 바로 그런 것처럼 보였다. 행복은 무언가를 하지 않는 것, 곧 어느 순간에든 할 수 있으나 할 이유가 종종 분명하지 않은 어떤 행동을 하지 않는 것에 달려 있었다. 그런데 그것이 나에게는 부당하게 보이지 않았다는 점이 중요하다.

만일 방앗간 집의 셋째 아들이 요정에게 "왜 내가 요정의 궁전에서 물구나무를 서면 안 되는지 그 이유를 설명해 달라"고 말하면, 그 요정은 "그 문제에 관해서라면 요정의 궁전이 무엇인지를 설명해 보렴" 하고 정당하게 응답할 것이다. 만일 신데렐라가 "왜 나는 무도회를 12시에 떠나야만 하지요?" 하고 물으면, 그녀의 대모는 "어째서 네가 거기에 12시까지 있으려는 것이니?" 하고 응답할 것이다. 만일 내가 어떤 사람에게 말하는 코끼리 열 마리와 날개 달린 말 백 마리를 유산으로 남겨 준다면, 약간 유별난 그 선물과 함께 몇 가지 조건이 따라온다고 해서 그가 불평할 수는 없는 노릇이다. 그는 공짜로 받은 선물에 대해 불평해서는 안 된다. 마찬가지로 나에게는 존재 자체가 매우 유별난 유산처럼 보였기 때문에, 나의 시각이 왜 제한되어 있는지 그 이유를 이해하지 못한다고 해서 불평할 수는 없었다. 액자는 그 속의 그림보다 더 이상하지 않았다. 금지사항은 시각만큼 무모하게 보일 수 있다. 그것은 태양만큼 놀랄 만하고, 물만큼 붙잡기 어렵고, 치솟은 나무만큼 환상적이고 굉장할 수 있다.

이런 이유 때문에 (우리는 이를 '대모 요정의 철학'이라고 불러도 좋다) 나는 우리 시대의 젊은이들과 같이 이른바 반항의 정서에 결코 합류할 수 없었다. 나는 악한 규율은 그게 무엇이든 반항했더라면 더 좋을 뻔했다는 생각이 드는데, 이에 관해서는 다음 장에서 다룰 예정이다. 하지만 나는 어떤 규율이든 그것이 이상하다는 이유만으로 거기에 저항하고픈 생각은 없었다. 사유지는 때때로 막대기를 부러뜨리는 것이나 후추 열매의 지불과 같은 엉성한 방법으로 그 소유권이 유지되곤 한다. 그래서 나는 그런 봉건시대를 상상하며 하늘과 땅의 거대한 사유지를 기꺼이 보유하고 싶었다. 그런 생각은, 내가 그런 토지를 보유하도록 허용되었다는 사실보다 더 터무니없는 것은 아니었다.

이 단계에서 나의 의도를 보여 주기 위해 한 가지 윤리적 사례를 제시할까 한다. 일부일처제에 대한 젊은 세대의 불평에 내가 동조할 수 없었던 것은 섹스에 대한 어떤 제한도 섹스 그 자체만큼 뜻밖의 이상한 것으로 보이지 않았기 때문이다. 엔디미온(양치기 왕자로서 인간 남자들 가운데 가장 잘 생겼으며, 달의 여신이 그를 사랑했다)처럼 달과 사랑을 나누도록 허락받은 뒤에, 주피터가 그의 달들을 후궁에 가둬 놓았다고 불평을 늘어놓는 것은 (엔디미온의 신화와 같은 동화를 먹고 자란) 나에게는 통속적인 용두사미의 처신처럼 보였다.

한 여성에게 붙어 있는 일은 한 여성을 보는 것에 대한 최소한의 값이다. 내가 한 번만 결혼할 수 있다는 것을 불평하는 일은, 내가 한 번만 태어났다는 것을 불평하는 일과 같아 보였다. 그런 불평은 본인이 이야기하는 그 굉장한 흥분과 어울리지 않는 것이었다. 그것은 섹스에 대한 과도한 민감성이 아니라 이상한 둔감함을 보여 주었다. 만일 어떤 사람이 에덴동산에 다섯 개의 문으로 동시에 들어갈 수 없다고 불평한다면, 그는 한마디로 바보다. 일부다처제는 성(性)을 제대로 인식하지 못하는 제도이다. 마치 한 사람이 방심한 상태로 다섯 개의 배를 따는 것과 같다.

탐미주의자들은 사랑스러운 것들에 관한 찬가에서 미친 언어의 마지막 한계에 도달했다. "엉겅퀴의 관모는 그들을 울게 만들었다"든가 "반짝이는 딱정벌레는 그들로 무릎을 꿇게 했다"는 표현이 그렇다. 그러나 그들의 감정이 나에게 감명 깊게 다가온 적은 잠시도 없었다. 그들의 즐거움에 대해 어떤 종류의 상징적 희생으로든 값을 치러야겠다는 생각이 그들에게 한 번도 떠오르지 않았기 때문이다. (내가 생각하기에) 사람들은 지빠귀의 노래를 듣기 위해 40일 동안 금식을 할 수도 있다. 사람들은 앵초 한 송이를 찾기 위해 불 가운데로 지나갈 수도 있다. 그러나 이처럼 아름다움을 사랑하는 자들이 지빠귀를 위해 맑은 정신을 유지할 수조차 없었다. 그들은 앵초에 대한 보답으로 기독교적 결혼을 통과하려고 하지 않는다. 물론 우리는 평범한 도덕에서 느끼는 비범한 기쁨을 위해 값을 지불할 수 있다. 오스카 와일드(Oscar Wilde)는 황혼이 귀중하게 여겨지지 않는 것은 우리가 황혼에 대해 값을 지불할 수 없기 때문이라고 말했다. 그러나 오스카 와일드는 틀렸다. 우리는 황혼에 대해 값을 지불할 수 있다. 우리가 오스카 와일드가 되지 않음으로써 그 값을 지불할 수 있는 것이다.

나는 동화들을 아기방의 마룻바닥에 두고 떠났는데, 여태껏 그만큼 분별력 있는 책을 발견하지 못했다. 나는 또한 전통과 민주주의를 수호하는 보모를 떠났는데, 이제까지 그처럼 분별력을 갖춘 급진적이거나 보수적인 현대적 유형을 발견하지 못했다.

동화철학과 현대사상의 충돌

그런데 진짜 중요한 논평은 바로 이것이다. 내가 맨 처음 현대 세계의 정신적 분위기에 진입했을 때, 현대 세계가 나의 보모와 아기방 이야기를 두 가지 점에서 반대하고 있음을 발견했다는 것이다. 나는 현대 세계가 틀리고 보모가 옳았다는 것을 알게 되는데 실로 오랜 시간이 걸렸다. 정말로 신기한 것은 현대사상은 가장 본질적인 두 가지 교리 면에서 나의 어린 시절의 기본 신조와 상충했다는 점이다. 나는 이미 동화가 내 속에 두 가지 확신을 심어 주었다는 것을 설명했다. 첫째, 이 세계는 거칠면서도 경이로운 곳이며, 현재와 상당히 달라질 수도 있었지만 현 상태로도 무척 즐거운 장소라는 확신과 둘째, 이런 거침과 즐거움 앞에서 우리는 당연히 겸손해야 하고, 그토록 기이한 친절의 기이한 제한사항에 마땅히 순복해야 한다는 확신이다.

그러나 나는 현대 세계 전체가 나의 두 가지 심정을 거스르는 방향으로 강하게 흐르고 있다는 것을 발견했다. 그리고 그 충돌로 인한 충격으로 말미암아 갑자기 두 가지 정서가 조성되었고, 그때 이후로 그 정서가 내 가슴을 떠나지 않았으며 오히려 더욱 굳어져서 신념이 되고 말았다. 첫째, 나는 현대 세계 전체가 과학적 숙명론을 얘기하고 있는 것을 발견했다. 말하자면, 모든 것은 처음부터 아무 결함도 없이 개현되어 왔으므로 현재의 모습이 과

거의 모습 그대로라는 것이다. 나무의 잎이 초록색인 것은 과거에 다른 어떤 색도 될 수 없었기 때문이다. 그러나 동화 철학자는, 잎이 주홍색이 될 수도 있었다는 이유로 현재 그것이 초록색인 것을 기뻐한다. 그는 마치 그가 잎을 쳐다보기 직전에 초록색으로 변한 것처럼 느낀다. 눈(雪)에 대해서도 마찬가지다. 눈이 까만색이 될 수도 있었다는 아주 합리적인 근거 때문에 그것이 하얀 색인 것을 즐거워한다. 각 색채는 그 속에 최상급의 뚜렷한 성질을 갖고 있다. 그래서 정원 장미의 붉은 색은 갑자기 쏟은 피와 같이 명확하고도 드라마틱하다. 그래서 그는 방금 무슨 일이 일어났다고 느낀다.

그러나 19세기의 위대한 결정론자들은 조금 전에 무언가 발생했다고 느끼는 이런 순전한 감흥에 대해 강력한 반론을 제기했다. 그들의 견해에 따르면, 이 세계가 시작된 이래 이제까지 아무 일도 일어난 적이 없다는 것이다. 존재가 생긴 이래 아무 일도 발생하지 않았다는 것이다. 심지어 존재가 언제 시작되었는지조차 확실히 알 수 없다고 한다.

내가 발견한 현대 세계는 현대의 칼뱅주의를 지지하기에 안성맞춤이었다. 왜냐하면 모든 사물이 필연성에 의해 현재와 같은 상태가 되었다고 보기 때문이다. 그러나 내가 그들에게 물어본 결과, 사물이 반복되었다는 사실 말고는 사물 속에 불가피한 반복기제가 있다는 증거가 없다는 것을 알게 되었다. 그런데 단순한 반복 현상은, 사물을 좀 더 합리적으로 만들지 않고 좀 더 이상한 것으로 만드는 것 같았다. 그것은 길거리에서 신기하게 생긴 코를 보고 그것을 우연으로 치부했다가, 그와 똑같이 놀라운 모양을 한 코를 여섯이나 더 본 것과 비슷했다. 나는 잠시나마 그 지역에 틀림없이 어떤 비밀 단체가 있을 것이라고 상상할 수도 있었다. 그러니까 트렁크(코끼리의 코)를 갖고 있는 것은 이상하게 보였지만, 모든 코끼리가 트렁크를 갖고 있는 것은 무슨 음모 때문인 것처럼 보였다는 말이다. 나는 지금 하나의 감정, 곧 고집스러운 동시에 미묘한 어떤 감정에 관해 얘기하고 있을 뿐이다.

그러나 자연 속의 반복 현상은 때때로 흥분해서 일어나는 반복 현상으로 보이기도 했다. 화가 난 교장이 똑같은 소리를 여러 차례 반복하는 경우와 같이 잔디는 그 모든 손가락을 동시에 사용하여 나에게 신호를 보내고 있는 듯했다. 하늘을 가득 채운 별들은 자기들을 제발 알아 달라고 반짝이는 듯했다. 태양은 천 번 솟아오르면 내가 자기를 보게 만들 수 있으리라. 우주의 반복 현상은 미친 듯이 외치는 주문의 리듬에 따라 일어났고, 나는 하나의 아이디어를 보기 시작했다.

현대정신을 지배하는 저 높이 치솟은 유물론은 결국 한 가지 잘못된 가정에 근거하고 있다. 그것은 만일 한 사물이 반복 작용을 계속한다면 아마 죽은 상태일 것이라는 가정이다. 시계의 태엽장치가 그런 것처럼 말이다. 만일 우주가 인격적 존재라면 당연히 변할 것이라고 사람들은 생각한다. 만일 해가 살아 있다면 춤을 출 것이라고 생각한다. 이런 생각은 기존에 알려진 사실만 보아도 오류로 드러난다. 인간사(事)에서 일어나는 변화는 대체로 생명이 아니라 죽음에 의해 야기되기 때문이다. 다시 말하면, 힘이나 욕망이 점차 죽어가거나 꺾어지기 때문에 변화가 생긴다. 사람은 약간 쇠약해지거나 피곤해지면 동작을 바꾸게 된다. 걷는 일이 피곤해져서 버스를 타게 되고, 가만히 앉아 있는 일이 지겨워서 걷기 시작하는 것이다.

반면에 활력과 기쁨이 차고 넘쳐서 이즐링턴(Islington)에 가는 것이 전혀 지겹지 않다면, 템스 강이 쉬어니스 항구로 흘러가듯이 정규적으로 이즐링턴으로 갈 수 있을 것이다. 그 사람의 삶의 속도와 황홀경은 죽음 같은 고요함을 지니게 될 것이다. 해는 아침마다 뜨지만 나는 아침마다 일어나지 않는다. 하지만 이런 나의 모습은 활력 때문이 아니라 무기력함 때문이다. 이를 대중적인 말로 표현하자면, 해가 규칙적으로 뜨는 것은 그 일이 결코 지겹지 않기 때문이라고 말하는 게 옳다. 그의 일과는 생명력이 없기 때문이 아니라 생명의 용솟음 덕분에 영위되는 것이다.

내가 말하고자 하는 점은, 어린이들에게서 볼 수 있다. 한 어린이가 특별히 좋아하는 놀이나 웃음거리를 접하면 두 다리를 규칙적으로 차곤 하는데, 이는 생명력이 없어서가 아니라 오히려 차고 넘쳐서 하는 행동이다. 어린이들은 생명력이 충만하고 열정적이며 홀가분한 기분을 갖고 있기 때문에 어떤 것이 변함없이 반복되기를 원하는 것이다. 그들은 언제나 "또 해 줘요"라고 말하고, 어른은 녹초가 되기까지 그것을 반복해서 행한다. 아이들과 달리 어른은 단조로운 행위를 보고 미친 듯이 기뻐할 정도로 강하지가 않기 때문이다. 반면에 하나님은 그런 반복적인 행위를 무척 기뻐할 정도로 강하신 것 같다, 하나님이 아침마다 해를 향해 "또 해봐" 하고 말하는 것은 가능한 일이다. 물론 저녁마다 달에게 "또 해봐" 하고 말하는 것도 마찬가지다.

모든 국화를 빼닮게 만드는 것은 자동적인 필연성이 아닐지도 모른다. 어쩌면 하나님께서 각 국화를 따로따로 만들지만 그것들을 만드는 일이 결코 지겹지 않아서 같은 모양으로 만드는 것인지도 모른다. 하나님은 마치 어린아이처럼 영원히 변함없는 열정을 품고 있을지도 모른다. 우리는 죄를 지어 늙어버렸고, 우리의 하늘 아버지는 우리보다 더 젊기 때문일 것이다.

자연의 반복 현상은 단순히 되풀이되는 현상이 아니라, 무대에서 받는 앙코르 때문일지도 모른다. 하늘은 알을 낳은 새에게 앙코르를 외칠지도 모른다. 인간이 잉태하여 물고기나 박쥐나 기린 대신에 인간 아이를 낳는다면, 그것은 우리가 삶이나 목적이 없는 동물적인 운명에 고착되지 않았기 때문일 수도 있다. 오히려 우리의 작은 비극이 신들을 감동시켰고, 그들은 별에 둘러싸인 관람석에서 그것을 보고 싶어 하고, 각 인간의 드라마가 끝날 때면 사람이 커튼 앞으로 반복해서 불려 나오기 때문일 수도 있다.

반복 현상은 선택에 의해 수백만 년 동안 계속되다가 어느 순간에 중단될지도 모른다. 사람은 대대로 지구 위에 발을 딛고 서 있을지 모르지만, 어느 탄생의 순간이 인간이 마지막으로 출현하는 시점이 될지도 모르는 것이다.

이것이 바로 내가 품은 최초의 확신이었다. 나의 어린 정서가 도중에 현대적 신조를 만나 충격을 받은 뒤에 생긴 확신이다. 과거에도 나는 현재 발생하는 사실들이 매우 멋지다는 의미에서 그것을 기적으로 어렴풋이 느끼고 있었다. 그런데 이제는 그 사실들이 의도적인(willful) 그 무엇이라는, 보다 엄밀한 의미의 기적이라고 생각하기 시작했다. 말하자면, 그런 사실들은 모종의 의지 때문에 반복해서 발생하는 것이거나 그럴 가능성이 있다고 생각하게 된 것이다.

요컨대, 나는 이 세계가 마법을 갖고 있다고 언제나 믿어 왔었다. 이제는 혹시 마법사도 갖고 있을지 모르겠다는 생각이 들었다. 그리고 이 점은 언제나 잠재의식 가운데 존재하던 나의 깊은 감정을 건드렸다. 우리가 몸담고 있는 이 세계는 어떤 목적을 갖고 있으며, 그리고 만일 목적이 있다면 어떤 인격적인 존재가 있을 것이라고. 나는 인생을 무엇보다 하나의 이야기라고 언제나 생각해 왔었다. 만일 어떤 이야기가 있다면, 당연히 이야기꾼도 있을 것이라고 생각했다.

그런데 현대사상은 나의 두 번째 인간 전통과도 충돌했다. 그 사상은 엄격한 제한사항들과 조건들에 대한 요정의 정서에 거슬리는 것이었다. 그 사상이 얘기하기 좋아하는 것은 확장과 큰 규모이다. 누군가 허버트 스펜서[7]를 제국주의자로 불렀다면 그가 노발대발했을 텐데, 아무도 그렇게 부르지 않은 것이 심히 유감스러울 뿐이다. 그는 분명 가장 저급한 유형의 제국주의자였다. 태양계의 엄청난 규모가 사람의 영적인 도그마를 위압해야 마땅하다는 형편없는 관념을 대중화시킨 인물이기 때문이다. 만일 사람이 태양계에 자기의 존엄성을 굴복시켜야 한다면, 고래에게 그러지 말아야 할 이유가 있을까? 단순히 크기로만 볼 때 사람이 하나님의 형상이 아니라고 한다면, 고래가 하나님의 형상일지도 모르지 않는가? 모양 없는 이미지이긴 하지만, 인상주의 초상화라고 부를 수도 있지 않을까? 사람이 우주에 비해 작다고 주장하는 것은 쓸데없는 짓이다. 아니, 사람은 언제나 가장 가까이 있는 나무보다도 더 작지 않았던가?

그런데 무모한 제국주의를 주창하는 허버트 스펜서는 우리가 어쨌든 천문학적인 우주에 의해 정복당하고 거기에 복속되었다고 주장할 것이다. 그가 사람과 그들의 이상에 대해 말한 내용은 (아일랜드 자치안에 반대한) 오만한 연합론자가 아일랜드 사람과 그들

---

7. Herbert Spencer, 1820–1903, 진화론 철학자.

의 이상에 관해 말하는 것과 정확히 일치한다. 그는 실로 인류를 한 작은 민족으로 변모시켰다. 아울러 그의 악한 영향은 가장 활발하고 영예로운 훗날의 과학 저자들 가운데서도 엿볼 수 있다. 그중에서도 특히 주목을 끄는 것은 H. G. 웰즈 씨의 초기 소설들이다. 다수의 도덕주의자들은 과장된 방식으로 지구를 사악한 것으로 표현했다. 그러나 웰즈 씨와 그 학파는 하늘을 사악한 것으로 만들었다. 우리는 우리에게 멸망을 가져올 별들을 향해 눈을 치켜떠야 한다면서 말이다.

그런데 내가 말하는 이 확장은 그 모든 것보다 훨씬 악했다. 나는 이미 유물론자는 미친 사람처럼 감옥에 갇혀 있다고 말한 바 있다. 단일한 생각의 감옥에 갇혀 있다는 뜻이다. 이 사람들은 그 감옥이 대단히 크다고 계속 말하는 것을 아주 감동적으로 생각하는 모양이었다. 이 과학적 우주의 엄청난 규모는 그들에게 신기한 느낌과 안도감을 주지 못했다. 우주는 끝없이 운행을 계속했고, 그 광대한 성운 가운데 어느 부분을 막론하고 진정 흥미를 끄는 구석은 없었다. 이를테면, 용서나 자유의지와 같은 것이 전혀 없었다는 말이다. 그 우주의 비밀이 지닌 장엄함이나 무한성도 거기에 아무것도 더하지 못했다. 이는 마치 레딩 감옥에 갇혀 있는 죄수에게, 이제 감옥이 나라의 절반을 차지하게 되었다는 소식을 들어서 기쁠 것이라고 말하는 것이나 다름없다. 간수가 그 죄수에게 보여 줄 것이라고는 음침한 불빛만 있고 인간적인 것은 하나도 없는, 더욱더 길어진 돌로 만든 복도밖에 없을 것이다. 마찬가지로, 이처럼 우주를 확장하는 자들이 우리에게 보여 줄 것이라고는 음침한 햇빛만 있고 신적인 것이 하나도 없는, 끝없이 이어지는 복도밖에 없을 것이다.

동화의 나라에는 진정한 법, 곧 위반될 수 있는 법이 있었다. 법이란 것은 그 정의상 위반될 수 있는 것이다. 그러나 이 우주 감옥이란 기계장치는 깨뜨려질 수 없는 것이다. 우리가 그 장치의 일부이기 때문이다. 우리는 일할 능력이 없는 존재든지 일하도록 운명 지어진 존재든지 둘 중 하나였다. 신비적인 조건이란 개념은 완전히 사라졌다. 그래서 법을 확고히 지킬 수도 없고 그것을 위반하는 재미도 없다. 이 거대한 우주에는 우리가 시인의 우주에서 칭송했던 그런 신선함과 경쾌한 반란 같은 것이 전혀 없었다. 이 현대적 우주는 문자 그대로 하나의 제국이다. 광대하지만 자유롭지 않은 제국과 같다는 뜻이다. 인간은 점점 더 큰 창문 없는 방들, 바빌로니아의 전망을 가진 큰 방들로 들어갔다. 아주 자그마한 창문이나 한 줄기의 바깥공기도 찾아볼 수 없는 그런 방으로 들어간 것이다.

그들의 지옥 같은 장소는 거리적으로 계속 확장하는 듯이 보였다. 그러나 내가 보기에 모든 좋은 것들은 뾰족한 끝을 갖고 있다. (가령, 칼이 그러하다.) 그래서 큰 우주를 자랑하는 소리가 나의 정서에 맞지 않아서 그에 대해 약간 논쟁을 하기 시작했다. 그랬더니 그들의 전반적인 입장이 예상했던 것보다 더 피상적이라는 사실을 금방 알게 되었다. 이 사람들에 따르면, 우주는 한 가지 깨지지 않은 규율을 갖고 있었기에 단일한 물체라고 한다. 그리고 단일한 물체인 동안에는 존재하는 유일한 것이기도 하다(고 그들은 말하리라).

그렇다면 우리가 굳이 그것을 크다고 말할 만한 이유가 있을까? 그 우주와 비교할 만한 것이 전혀 없는데 말이다. 따라서 그것을 작다고 하는 것도 그만큼 타당할 것이다. 누군가는 "나는 수많은 별들과 다채로운 피조물이 즐비한 이 광대한 우주를 좋아한다"라고 말할 수 있다. 그런데 이와 관련하여 어떤 사람이 "나는 상당한 수의 별들과 내가 보고 싶은 만큼의 동식물을 가진 이 아담한 우주를 좋아한다"라고 말하지 말란 법이 있는가? 후자는 전자만큼 좋은 묘사다. 이 둘은 모두 정서의 문제다. 해가 지구보다 더 크다는 것을 기뻐하는 일은 단순한 정서일 뿐이다. 해가 현재의 크기보다 더 크지 않은 것을 기뻐하는 일도 그에 못지않게 건전한 정서이다. 사람은 세계의 광대함에 대해 나름의 감정을 품을 수 있다. 그런데 왜 세계의 왜소함에 대해 나름의 감정을 품어서는 안 되는 것인가?

바로 내가 어쩌다가 그런 감정을 품게 되었다. 누구든지 무언가를 좋아할 때는 그것을-심지어는 코끼리나 근위병까지도-축소해서 부르기 마련이다. 왜냐하면 어떤 것이 아무리 크다 해도 그것을 완전한 것으로 생각할 수 있으면, 그것을 작은 것으로도 생각할 수 있기 때문이다. 만일 군인 스타일의 콧수염이 칼을 연상시키거나 (코끼리의) 엄니가 꼬리를 연상시키지 않는다면, 그 물체는 헤아릴 수 없는 것인 만큼 참으로 거대할 것이다. 하지만 당신이 근위병을 상상할 수 있는 순간에는 작은 근위병을 상상할 수 있다. 당신이 정말로 코끼리를 보는 순간에 그것을 '자그마하다'고 부를 수 있다. 당신이 어떤 사물의 상(像)을 만들 수 있다면, 그것을 작은 조상(造像)으로도 만들 수 있다.

　이 사람들은 우주를 하나의 통합된 덩어리라고 고백했지만, 그들은 그런 우주를 좋아하지 않았다. 반면에 나는 우주를 아주 놀랄 만큼 좋아했기 때문에 그것을 애칭으로 부르고 싶었던 것이다. 실제로 나는 종종 그렇게 불렀다. 그런데도 우주는 전혀 상관하지 않는 것 같았다. 솔직히 말하면, 생명력에 관한 이 어렴풋한 도그마는 우주를 크다고 부르기보다 작다고 부를 때 더 잘 표현되는 것처럼 나는 느꼈다. 무한하다는 것은 일종의 무심함과 통하는데, 이는 생명의 소중함과 위험을 접할 때 내가 느끼는 맹렬하고 경건한 관심과 정반대되는 것처럼 보였기 때문이다. 그들은 지루한 낭비를 보여 준 반면에, 나는 일종의 신성한 절약을 느꼈다. 절약이 터무니없는 낭비보다 훨씬 더 낭만적이기 때문이다. 그들에게 별들은 반 페니씩 끝없이 벌어들이는 소득에 불과했지만, 나는 황금빛 태양과 은빛 달을 볼 때 마치 초등학생이 금화 1파운드와

은화 1실링을 갖고 있을 때 느끼는 그런 감정을 느꼈다.

이런 잠재의식적인 신념은 특정한 이야기들의 색조와 음조와 아주 잘 통한다. 그래서 나는 마법의 이야기들만이, 인생은 즐거움이자 일종의 유별난 특권이라고 느끼는 내 의식을 표현해 줄 수 있다고 말했던 것이다.

또한 우주를 아늑한 곳으로 느끼는 나의 다른 정서를 잘 표현해 주는 작품은 내가 어린 시절에 늘 읽었던 『로빈슨 크루소』이다. 이 책의 영원한 생명력은 그것이 한계 상황을 시적으로 노래하고 있고, 아니 심지어는 신중함의 로맨스까지 기뻐하고 있다는 사실에 있다. 크루소는 바다에서 구출한 소수의 편의도구만 들고 작은 바위 위에 앉은 사람이다. 이 책에서 최고의 대목은 파선에서 건져낸 물건들의 목록이다. 거기에 나오는 최고의 시는 바로 재고목록인 셈이다. 각 부엌 도구는 크루소가 바다에 빠뜨릴 수도 있었다는 이유로 이상적인 도구가 된다. 하루 중 공허하거나 지긋지긋한 시간에 석탄 그릇이나 책꽂이 등 무엇이든 응시하면서 그 물건을 가라앉는 배에서 외딴 섬으로 건져낸 것이 얼마나 다행인가 하고 생각하는 일은 참으로 좋은 훈련이다. 하지만 그 모든 물건을 가까스로 구출했다는 것을 기억하는 일은 그보다 더 나은 훈련이다. 그 모든 것을 난파선으로부터 구했으니 얼마나 뿌듯한가!

각 사람은 예외 없이 한 가지 끔찍한 일을 겪었다. 그것은 빛을 보지 못하는 아기, 곧 미숙아가 될 뻔한 위험에 처했었다는 점이다. 나의 어린 시절에는 사람들이 위축되거나 망해 버린 천재에 관해 많이 얘기했다. 당시는 많은 사람을 가리켜 '위대한 인물이 될 뻔한 사람'이었다고 말하는 것이 흔했다. 하지만 나에게는, 거리에서 마주치는 사람은 누구나 '위대하게 되지 못할 뻔한 사람'이라는 것이 더욱 확고하고 놀라운 사실로 다가온다.

그런데 나는 (무척 어리석은 상상 같지만) 만물의 질서와 수가 마치 크루소의 배에 있던 낭만적인 잔존물인 것처럼 느껴졌다. 여기에 두 종류의 성(性)과 한 개의 태양이 있다는 것이, 거기에 두 자루의 총과 한 자루의 도끼가 있다는 사실과 같았다. 그 가운데서 아무것도 잃어서는 안 된다는 것이 아주 절박한 문제였다. 그리고 거기에 아무것도 더할 수 없다는 점도 무척 흥미로웠다.

나무들과 행성들은 파선에서 건져낸 물건과 같아 보였다. 내가 알프스의 마터호른 산을 보았을 때, 그것이 혼란 중에 간과되지 않았었다는 사실이 기뻤다. 별들에 대해서는 그것들이 마치 사파이어인 것처럼 (밀턴의 에덴에서는 그렇게 불린다) 경제적인 가치를 느꼈다. 나는 언덕들을 잘 저장해 두었다. 우주는 단일한 보석이고, 흔히 보석을 비할 데 없고 돈으로 살 수 없는 것이라고 얘기하는 게 자연스런 말투지만, 이 보석은 문자 그대로 정말 그러하다. 이 우주는 진정 비길 데가 없고 값을 계산할 수도 없는 것이다. 또 다른 우주는 있을 수 없기 때문이다.

결론

　이로써 부족하나마 말로 표현할 수 없는 걸 표현하려고 애쓰는 일을 끝낼 수밖에 없다. 이것이 인생에 대한 나의 궁극적인 태도이자 교리의 씨를 뿌리게 될 토양이기도 하다. 이것은 내가 미처 글을 쓰기 전에 어렴풋하게 생각했던 것이고, 내가 미처 생각하기도 전에 느꼈던 것이다. 이제 좀 더 이야기를 쉽게 진행하기 위해 그 내용을 다시금 요약해 볼까 한다. 나는 다음과 같이 확신했다.

　첫째, 이 세계는 스스로의 존재 이유를 설명하지 않는다. 세계는 초자연적으로 설명될 수 있는 기적인지도 모른다. 또는 자연적으로 설명될 수 있는 요술일지도 모른다. 그런데 요술이라는 설명이 나를 만족시키려면 내가 지금껏 들었던 자연적인 설명들보다 낫지 않으면 안 된다. 사물은, 옳든 그르든, 마법에 걸린 것 같다. 둘째, 마법은 의미를 지니고 있음에 틀림없고, 의미는 그것을 뜻하는 누군가가 있어야 한다고 나는 느끼게 되었다. 이 세계는 예술 작품과 같은 인격적인 면이 있다. 그게 무슨 의도든지 간에 강렬한 의도가 거기에 담겨 있다. 셋째, 나는 그것이 아름다운 목적이라고 생각했다. 거기에는, 가령, 용들과 같은 결함이 있음에도 불구하고, 그 옛적의 설계는 아름다웠다고 느낀 것이다. 넷째, 이 세계에 대해 감사하려면 겸손과 절제의 모양을 지녀야 한다는 것이다. 우리는 맥주와 포도주를 너무 많이 마시지 않음으로써 그것들

을 주신 하나님께 감사해야 한다. 우리는 또한 우리를 만든 게 무
엇이든 간에 그 대상에게 순종의 빚을 지고 있다. 그리고 마지막
으로, 내 마음 속에 다음과 같은 참으로 이상하고 모호한 느낌이
스며들었다. 모든 좋은 것은 최초의 파산에서 살아남아 보존된 신
성한 잔유물이라는 느낌이었다. 사람은, 크루소가 자기의 물건을
건졌듯이, 자기의 좋은 것들을 파선에서부터 건져내었던 것이다.
이 모든 것을 내가 느꼈음에도 불구하고, 이 시대는 그런 걸 느끼
도록 격려해 주지 않았다. 그리고 그 기간 내내 나는 기독교 신학
에 관해 생각해 본 적이 없었다.

O R T H O D O X Y

"내가 시종일관 확실하게 믿고 있는 최초의 철학과 최후의 철학은

아기방에서 배운 것이다."

—

"나는 인생을 무엇보다 하나의 이야기라고 언제나 생각해 왔었다.

만일 어떤 이야기가 있다면,

당연히 이야기꾼도 있을 것이라고 생각했다."

세계의 깃발

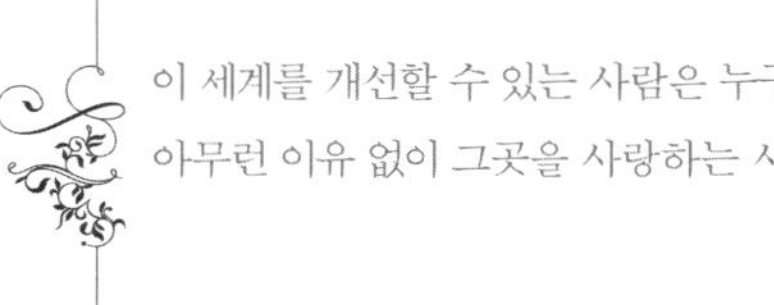

이 세계를 개선할 수 있는 사람은 누구인가?
아무런 이유 없이 그곳을 사랑하는 사람이다.

내가 소년이었을 때는 신기한 두 사람이 여기저기 뛰어다녔는데, 사람들은 그들을 가리켜 낙관주의자와 비관주의자라고 불렀다. 나는 이 단어들을 늘 사용하긴 했으나 그 의미에 대해 특별한 생각을 품었던 적이 없다는 사실을 기꺼이 고백하고 싶다. 분명한 것이 하나 있다면, 그 단어들은 스스로 표명하는 그 의미를 지닐 수 없다는 점이다. 일반적인 설명에 따르면, 낙관주의자는 이 세계를 최대한 좋은 것으로 생각하는 반면에 비관주의자는 최대한 나쁜 것으로 생각한다고 말했기 때문이다. 이 두 가지 진술은 분명 굉장한 난센스이므로 다른 설명을 두루 찾지 않으면 안 되었다.

　낙관주의자란, 모든 것이 다 옳고 틀린 것은 하나도 없다고 생각하는 사람을 가리키는 말일 수 없다. 그건 마치 모든 것이 오른쪽이고 왼쪽은 하나도 없다고 말하는 것처럼 무의미한 소리이기 때문이다. 그래서 전반적으로 나는 이런 결론에 도달하게 되었다. 낙관주의자는 비관주의자를 제외한 모든 것을 좋게 생각한다는 것과 비관주의자는 자기 자신을 제외한 모든 것을 나쁘게 생각한다는 것이다. 여기에서 어느 자그마한 소녀가 내린 것으로 알려져 있는, 다음과 같은 신비롭고도 시사적인 정의를 빠뜨린다면 아주 불공정한 처사일 것이다. "낙관주의자는 당신의 눈을 주시하는 사람이고, 비관주의자는 당신의 발을 주시하는 사람이다." 내가 보기에 이것이 최고의 정의가 아닌가 하는 생각이 든다. 그 속에는 일종의 알레고리컬한 진리도 들어 있다. 매 순간 우리가 땅에 붙어 있다는 사실만 생각하는 우울한 사상가와 우리의 시력과 길의 선택을 주로 생각하는 즐거운 사상가를 구별하는 일은 유익할지도 모르기 때문이다.

　그러나 낙관주의와 비관주의 사이에서 양자택일을 하라는 것은 심각한 문제이다. 여기에 깔린 가정은, 어떤 사람이 마치 주택을 물색하고, 새로운 아파트를 둘러보는 것처럼 이 세계를 비판하고 있다고 보는 것이다. 만일 한 사람이 자신의 능력을 완전히 갖춘 채 모종의 다른 세계에서 이 세계로 이사했다면, 한여름의 숲이 제공하는 이점이 미친개들이 날뛰는 문제점을 상쇄할 수 있는지 논의할 수 있을 것이다. 이는 마치 하숙집을 찾는 사람이 전화기가 있는 것과 바다 전경이 없는 것을 견줘 보는 일과 비슷하다. 그러나 아무도 실제로 그런 입장에 있지 않다. 사람은 과연 이 세계에 속하는 일이 좋은지 묻기도 전에 이미 여기에 속해 있다. 그가 군대에 징병되기 오래전에 이미 깃발을 위해 싸웠고 종종 영웅적인 승리를 거두기도 한 것이다. 본질적인 문제를 요약하자면, 그는 어떤 동경심을 품기 한참 전에 이미 충성심을 갖고 있다고 할 수 있다.

지난 장에서 이 세계를 이상하면서도 매력적인 곳으로 느끼는 원초적 감정은 동화에 가장 잘 표현되어 있다고 말했다. 독자는 내가 묘사하는 다음 단계를, 흔히 소년의 성장 과정에서 다음에 접하는 호전적인 문학의 탓으로 돌리고 싶을지도 모르겠다. 우리 모두는 건전한 도덕을 싸구려 소설 덕분에 얻는다. 무슨 이유로든지, 과거에도 그랬거니와 지금까지도, 인생에 대한 우리의 태도는 비판과 승인의 견지가 아니라 군사적 충성심의 견지에서 더 잘 표현될 수 있다. 내가 우주를 받아들이는 것은 낙관주의가 아니라 애국심에 더 가까운 태도로, 이것은 일차적인 충성심의 문제이다. 이 세계는 결코 브라이튼에 있는 하숙집, 즉 형편없어서 떠나야 할 그런 곳이 아니다. 이곳은 작은 탑에 달린 깃발이 펄럭이고 있는 우리 가족의 요새이고, 형편없으면 없을수록 우리가 더욱더 떠나서는 안 되는 곳이다. 말하자면, 이 세계는 너무 슬퍼서 사랑할 수 없는 곳도 아니고, 너무 기뻐서 사랑하지 않을 수 없는 곳도 아니다. 당신이 어떤 것을 사랑할 때는 기쁘기 때문에 그것을 사랑할 만하고, 슬프기 때문에 그것을 더 사랑할 만한 법이다. 잉글랜드에 대한 모든 낙관적인 생각과 모든 비관적인 생각은 똑같이 잉글랜드에 대한 충성심을 불러일으킬 만한 사유가 된다. 마찬가지로, 낙관주의와 비관주의는 똑같이 우주를 사랑하는 애국자가 될 만한 근거가 되는 것이다.

가령, 우리가 어떤 절박한 문제-예컨대, 핌리코(런던 시내에 있는 중심가)-에 직면해 있다고 가정해 보자. 우리가 핌리코에게 가장 좋은 것이 무엇인지를 생각해 보면, 우리 생각의 실마리가 왕좌에 앉은 인물이나 신비주의자와 전제주의자로 향하게 되는 것을 발견한다. 그런데 핌리코를 비난하는 것만으로는 충분하지 않다. 그럴 경우에는 그가 자살을 하거나 첼시로 이사를 갈 것이기 때문이다. 다른 한편, 핌리코를 칭찬하는 것만으로도 충분하지 않다. 그럴 경우에는 그 지역이 현 상태로 그냥 남아 있을 것이고, 그것은 끔찍한 일일 것이기 때문이다.

이 둘을 피하는 유일한 길은 누군가 핌리코를 사랑해 주는 일인 것 같다. 그것을 사랑하되 세상적인 이유가 아니라 초월적인 유대감으로 사랑하는 것이다. 만일 핌리코를 사랑하는 남자가 생긴다면, 핌리코는 상아탑과 황금빛 뾰족탑으로 솟아오를 것이다. 핌리코는 여성이 사랑을 받을 때 그렇듯이 스스로를 단장할 것이다.

장식품은 끔찍한 모습을 가리기 위한 것이 아니고 이미 사랑스러운 모습을 장식하기 위한 것이기 때문이다. 엄마가 아이에게 푸른 넥타이를 주는 것은 그게 없으면 꼴사납기 때문이 아니다. 연인이 여성에게 목걸이를 주는 것은 목을 가리게 하기 위함이 아니다. 만일 사람들이 핌리코가 그들의 것이란 이유로 엄마가 자식을 사랑하듯 마음껏 사랑하면, 핌리코는 한두 해 내에 플로렌스보다 더 아름다운 곳이 될 것이다.

일부 독자는 이것을 순전히 상상의 산물이라고 말할 것이다. 그런 반응에 대해 나는 이것이 인류의 실제 역사라고 답하는 바이다. 사실은 이런 방법으로 여러 도시들이 위대한 곳이 되었다. 가장 어두운 문명의 뿌리로 돌아가 보라. 그러면 그런 곳이 어떤 신성한 돌이나 신성한 우물을 중심으로 진을 치고 있음을 발견하게 되리라. 사람들이 먼저 어느 장소에 경의를 표했다가 그로 인해 훗날 영광을 얻었던 것을 볼 수 있다. 사람들은 로마가 위대했기 때문에 사랑한 것이 아니다. 그들이 로마를 사랑했기 때문에 로마가 위대해진 것이다.

낙관주의와 비관주의

18세기의 사회계약론은 우리 시대에 아주 특별한 비판에 직면했다. 그 이론들이 역사상 모든 정부의 배후에 동의와 협력의 아이디어가 있다고 주장한 것은 분명히 옳았다. 그러나 사람들이 의식적인 이익 교환을 통해 직접 질서나 윤리를 정립하려고 했다고 주장한 것은 확실히 틀렸다.

도덕이란 것은 한 사람이 다른 사람에게 "네가 나를 치지 않으면 나도 너를 치지 않겠다"라고 말하는 것으로 시작되지 않았다. 이런 계약이 있었다는 흔적은 전혀 찾을 수 없다. 하지만 두 사람이 "우리가 이 거룩한 곳에서 서로 치고받아서는 안 된다"라고 말했다는 흔적은 분명히 존재한다. 그들은 그들의 종교를 지킴으로써 도덕을 얻은 셈이었다. 그들은 용기를 함양하지 않았다. 신전을 위해 싸우다 보니 용기 있는 사람이 되었던 것이다. 그들은 정결함을 함양하지 않았다. 제단을 위해 스스로를 정결케 하다 보니 깨끗하게 되었던 것이다.

유대인의 역사는 잉글랜드 사람에게 알려진 유일한 초기 문서이므로, 이런 사실은 그 문서에 근거해서도 충분히 입증될 수 있다. 그 내용이 인류의 공통분모인 것으로 밝혀진 이른바 십계명은 순전히 군사적인 명령이었다. 어떤 광야를 가로질러 운반되는 어느 궤짝(언약궤)을 보호하려고 내린 군대의 규약이었다. 무정부 상태는 그 신성함을 위협했기 때문에 사악한 것이었다. 그리고 그들이 하나님을 위해 거룩한 날(Holy day)을 만들었을 때 비로소 사람을 위한 공휴일(holiday)을 만들었다는 것을 알게 되었다. 이처럼 어떤 장소나 물건을 숭상하는 일이 창조적 에너지의 근원임을 인정한다면, 우리는 아주 특이한 사실로 넘어갈 수 있다.

올바른 낙관주의는 일종의 우주적 애국심밖에 없다는 점을 다시 상기해 보자. 그러면 비관주의자의 문제는 무엇인가? 그는 우주적인 반(反)애국자라고 말함으로써 이에 답변할 수 있다고 나는 생각한다. 그러면 반애국자의 문제는 무엇인가? 이에 대해서는, 부당한 적대감을 품지 않은 채, 그는 솔직한 친구라고 말하는 것으로 답변할 수 있다고 나는 생각한다. 그러면 솔직한 친구의 문제는 무엇인가? 여기서 우리는 실제 인생, 그리고 변치 않는 인간 본성과 마주치게 된다.

솔직한 친구의 나쁜 점은 한마디로 그가 솔직하지 않은 것이라고 감히 말하고 싶다. 그는 무언가를 숨기고 있다. 그는 불쾌한 것을 말하는 데서 우울한 쾌감을 느끼고, 도와주고 싶을 뿐 아니라 몰래 상처를 주고 싶은 마음도 품고 있다. 바로 이런 점 때문에 어떤 종류의 반애국자는 건강한 시민들에게 짜증나는 존재라고 생각한다. 나는 (물론) 열광적인 주식중개인과 지나치게 감상적인 여배우만을 짜증나게 하는 그런 반(反)애국심을 거론하는 것이 아니다. 분명히 말하자면, 그런 것이 애국심이다. 어떤 사람이 나타나서 "만일 애국자라면 보어 전쟁(Boer War)[1]이 끝날 때까지 그 전

---

1. 1899–1902, 남아프리카에 거주하는 네덜란드계 백인인 보어인과 영국인 사이에 벌어진 전쟁.

쟁을 공격해서는 안 된다"라고 말한다면, 그것은 대꾸할 만한 가치가 없는 소리다. "좋은 아들이라면 엄마가 절벽에서 떨어질 때까지 엄마에게 경고하면 안 된다"라고 말하는 셈이기 때문이다.

그러나 정직한 사람들을 정말로 화나게 만드는 반애국자가 존재하는데, 이런 사람에 대해서는 내가 이미 설명한 것 같다. 그는 바로 솔직하지 못한 솔직한 친구라고. 그는 "우리가 망하게 되어 나는 유감이오"라고 말하면서도 전혀 유감스럽게 생각하지 않는 사람이다. 그리고 조금도 과장하지 않고 말하자면, 그는 반역자라고 말할 수 있다. 왜냐하면 군대를 강화하도록 그에게 허락된 그 꼴사나운 지식을 사람들이 군대에 합류하지 못하도록 만류하는 데 이용하고 있기 때문이다. 그는 군사 고문으로서 비관적이 되도록 허용되기 때문에 신병을 징집하는 중사로서도 비관적이 되고 있는 것이다. 이와 마찬가지로, (우주적인 반애국자인) 비관주의자는 그녀의 자문들에게 주어진 자유를 이용하여 국민들을 그 깃발로부터 멀어지도록 유인하고 있다. 그가 설사 사실만 진술한다고 인정하더라도, 그의 감정이 어떠한지 그리고 그의 동기가 무엇인지를 아는 일도 반드시 필요하다. 토튼햄에서 천이백 명이 천연두로 쓰러졌을 수 있다. 그러나 이 진술이 누구의 입에서 나왔는지를 우리가 알 필요가 있다. 그는 신들을 저주하기 원하는 위대한 철학자인가, 아니면 그 사람들을 돕고 싶어 하는 평범한 성직자인가? 이것은 중요한 문제다.

비관주의자의 악은 그가 신들과 사람들을 질책하는 점이 아니라, 자기가 질책하는 것을 사랑하지 않는다는 점에 있다. 그에게는 사물에 대한 일차적이고 초자연적인 충성심이 없다.

그러면 보통 낙관주의자라고 불리는 사람의 악은 무엇인가? 낙관주의자는 이 세계의 명예를 변호하고 싶은 나머지 변호할 수 없는 것을 변호하는 것이 문제이다. 그는 이 우주의 맹목적인 애국자이다. 그래서 "옳든 그르든 내 우주야"라고 말할 것이다. 그는 사물을 개혁하는 일에는 마음이 덜 끌릴 것이다. 그 대신 모든 사람을 확신에 찬 말로 달래면서, 맨 앞자리에 앉아 모든 공격에 대해 공식적 답변을 내놓고 싶어 할 것이다. 그는 세상을 씻는 것이 아니라 오히려 세상을 회칠할 것이다. 이 모든 것은 (이는 어떤 낙관주의 유형에게 해당되는데) 우리를 정말로 흥미로운 심리학의 한 논점으로 이끌어 준다.

우리는 무엇보다 인생에 대한 원초적 충성심이 있어야 한다고들 말한다. 문제는 그것이 '자연적인 충성심일까, 아니면 초자연적인 충성심일까' 하는 점이다. 당신이 원한다면, 그것이 '합리적인 충성심일까, 아니면 비합리적인 충성심일까' 라고 달리 표현할 수도 있다. 그런데 놀라운 것은 나쁜 낙관주의(회칠하는 것, 모든 것을 엉성하게 변호하는 것)가 합리적 낙관주의와 함께 온다는 점이다. 합리적인 낙관주의는 침체를 낳는다. 반면에 개혁으로 이끄는 것은 비합리적인 낙관주의다.

이에 대해 다시 한 번 애국심과 비교하여 설명해 볼까 한다. 자기가 사랑하는 곳을 망칠 가능성이 가장 높은 사람은 어떤 이유 때문에 그곳을 사랑하는 사람이다. 그 장소를 개선하게 될 사람은 아무런 이유 없이 그곳을 사랑하는 사람이다. 만일 어떤 사람이 핌리코의 어떤 특징을 사랑한다면(그럴 가능성이 별로 없지만), 그는 핌리코 자체에 반대하면서까지 그 특징을 옹호하게 될 것이다. 그러나 그가 그냥 핌리코 자체를 사랑할 경우에는, 그곳을 황폐하게 만든 후 새로운 예루살렘으로 변모시킬 수도 있다. 물론 나는 그 개혁이 과도하게 진행될 가능성이 있다는 것을 부인하지 않는다. 다만 개혁을 주도하는 인물은 신비주의적인 애국자임을 말하고 싶을 뿐이다.

사실 쇼비니즘적인 자기만족에 빠지는 경우는 어떤 현학적 이유로 애국심을 품는 사람들 사이에서 가장 흔히 볼 수 있다. 최악의 맹목적인 애국자는 잉글랜드를 사랑하는 게 아니라 잉글랜드에 관한 이론을 사랑한다. 만일 우리가 잉글랜드가 제국이기 때문에 이 나라를 사랑한다면, 인도인을 지배하게 된 우리의 성공을 과대평가하고 있을지도 모른다. 그러나 우리가 잉글랜드가 그저 한 국민이기 때문에 사랑한다면, 우리는 어떤 문제든지 극복할 수 있다. 비록 인도인이 우리를 지배할지라도 그것은 여전히 한 국민일 것이기 때문이다.

그러므로 애국심 때문에 역사를 왜곡하는 자들은 그 애국심이 역사에 의존하고 있는 경우일 뿐이다. 자기가 잉글랜드 사람이기 때문에 잉글랜드를 사랑하는 사람은 이 나라가 어떻게 발생되었든지 전혀 상관하지 않을 것이다. 그러나 자기가 앵글로 색슨이기 때문에 잉글랜드를 사랑하는 사람은 자신의 환상 때문에 모든 사실을 부인할 수도 있다. 그는 (칼라일과 프리만[2])처럼) 노르만의 영국 정복(1066년)을 가리켜 색슨 정복이었다는 식으로 마침내 주장할지도 모른다. 그는 어떤 이유 때문에 아주 불합리한 소리를 할 수도 있다는 뜻이다.

프랑스가 호전적이기 때문에 그 나라를 사랑하는 사람은 1870년의 군대에 대해 변명할 것이다. 그러나 프랑스가 프랑스이기 때문에 사랑하는 사람은 1870년의 군대를 개선시킬 것이다. 이것이 바로 프랑스 국민이 했던 일이다. 이런 의미에서 프랑스야말로 살아 있는 역설을 보여 주는 좋은 본보기다. 프랑스만큼 순전히 추상적이고 독단적인 애국심을 품은 나라는 없다. 아울러 프랑스만큼 근본적이고 전면적인 개혁을 이룩한 나라도 없다.

당신의 애국심이 초월성을 지니면 지닐수록, 당신의 정치도 그만큼 더 실제적인 면모를 지니게 된다. 이 점을 잘 보여 주는 가장 일상적인 예로는 여성들을 들 수 있다. 그들의 이상하고도 강한 충성심 말이다. 일부 멍청한 사람들은 '여성들이 모든 것을 동원해

---

2. Edward Augustus Freeman, 1823-1892, 그는 옥스퍼드 대학교의 역사학 교수였다. 「노르만 정복의 역사」라는 책에서 그 정복이 영국 국민의 성격에 근본적인 변화를 일으키지 못했다고 주장했다.

서 자기네 사람을 지지해 주기 때문에, 그들은 눈이 멀어 아무것도 보지 못한다'는 생각을 품기 시작했다. 그런 사람들은 어느 한 여성도 제대로 알지 못한 자들이다.

물불을 가리지 않고 자기네 남자를 옹호하는 여성들이 (남자와 개인적으로 교제할 때는) 섬뜩할 정도로 그들의 얄팍한 변명과 우둔한 머리를 명석하게 간파한다. 한 남자의 친구는 그를 좋아하되 그를 있는 그대로 두지만, 그 남자의 아내는 그를 사랑하며 그를 다른 인물로 변모시키려고 늘 애쓴다.

신조를 철저히 믿는 신비주의적인 여성들이 정작 비판을 할 때는 철저한 냉소주의자가 된다. 새커리[3]는 『펜더니스』라는 작품에서 펜더니스의 어머니를 통해 이 점을 잘 표현했다. 그녀는 자기 아들을 신으로 숭배하지만, 그가 남자로서 잘못될 수 있다고 생각했던 인물이다. 그녀는 그의 가치는 과대평가하면서도 그의 미덕은 과소평가하고 있다. 신봉자는 자유롭게 비판하는 일이 가능하고, 광신자는 얼마든지 회의주의자가 될 수 있다. 사랑은 눈이 멀지 않았다. 결코 그렇게 될 수 없는 법이다. 사랑은 묶여 있다. 그리고 묶여 있으면 있을수록 그만큼 덜 눈이 먼다.

---

3. William Makepeace Thackeray, 1811–1863, 19세기 영국을 대표하는 소설가.

세상을 개혁하려면

이제까지 정리한 내용은 이른바 낙관주의와 비관주의와 진보 등에 관해 내가 정립한 입장이다. 우리는 우주적 차원의 개혁을 실시하기 전에 먼저 우주적인 충성 맹세를 해야 한다. 사람은 먼저 인생에 관심을 갖고 있어야만 나중에 자신의 인생관에 대해 무관심해질 수 있는 법이다. "내 아들아, 나에게 그대의 마음을 주오." 그 마음은 올바른 것에 고착되어 있어야 한다. 우리가 고정된 마음을 품고 있는 순간에 자유로운 손을 갖고 있는 셈이다.

이제 나는 뻔한 비판 한 가지를 예상하지 않을 수 없다. 누군가 이렇게 말할 것이다. 이성적인 사람은 상당한 만족감과 인내심을 품은 채 이 세계를 선과 악이 섞인 곳으로 받아들일 것이라고. 그러나 내가 주장하고 싶은 것은 그런 태도야말로 결함이 있다는 것이다. 물론 이런 태도가 이 시대에 아주 흔하다는 것을 나는 알고 있다. 이는 쇼펜하우어의 비명보다 더 날카로운 신성모독의 성격을 갖고 있는 매튜 아놀드[4]의 조용한 시구에 잘 표현되어 있다.

우리가 사는 인생, 아 이게 인생이라면
거창한 결과에 풍성함은 없으니,

---

4. Matthew Arnold, 1822–1888, 영국의 시인, 비명가, 교육자.

견딜 만하나 가치는 없는 듯

세상의 허례허식이여, 출생의 고통이여.

이런 정서가 우리 시대에 가득하다는 걸 나는 알고 있으며, 실은 그것이 우리 시대를 얼어붙게 한다고 생각한다. 믿음과 혁명이라는 우리의 거대한 목적을 위해 우리에게 정작 필요한 것은, 이 세계를 타협의 일환으로 차갑게 수용하는 태도가 아니라 오히려 세계를 뜨겁게 미워하고 뜨겁게 사랑할 수 있는 방법이다. 우리는 기쁨과 분노가 서로 상쇄되어 그냥 자족하는 상태를 낳는 것을 원하지 않는다. 그보다 더 강렬한 기쁨과 더 강렬한 불만족을 원한다. 우리는 우주를 우리가 습격해야 할 괴물의 성(城)으로 느끼는 동시에 저녁에는 돌아갈 수 있는 우리의 오두막으로 여길 수 있어야 한다.

평범한 사람이 이 세상과 그럭저럭 잘 지낼 수 있다는 것은 아무도 의심하지 않는다. 그러나 우리가 원하는 것은 세상과 그럭저럭 지낼 수 있는 힘이 아니라 세상을 마음껏 즐길 수 있는 힘이다. 과연 그는 세상을 변화시킬 만큼 그것을 미워하는 동시에, 변화시킬 만하다고 생각할 만큼 그것을 사랑할 수 있을까? 그저 묵인해야 한다고 느끼지 않으면서 그 어마어마한 선(善)을 바라볼 수 있을까? 절망감을 느끼지 않으면서 그 어마어마한 악(惡)을 쳐다볼 수 있을까? 요컨대, 비관주의자인 동시에 낙관주의자일 뿐 아니라, 열광적인 비관주의자요 열광적인 낙관주의자가 될 수 있을까? 그는 세상을 위해 죽을 수 있을 만큼 이방적인 사람이요, 세상에 대해 죽을 수 있을 만큼 기독교적인 사람인가? 이런 조합의 견지에서 보면, 합리적인 낙관주의자는 실패하는 데 비해 비합리적인 낙관주의자가 성공한다는 게 나의 주장이다. 그는 온 우주를 위해 그것을 완전히 부숴버릴 준비가 되어 있는 사람이다.

나는 이런 것을 성숙한 논리적 순서에 따라 표현하지 않고 발생한 순서에 따라 진술하고 있다. 그리고 이 견해는 시간이 흐르면서 더욱 명료해지고 날카롭게 다듬어졌다. 입센(Ibsen)의 긴 영향권 아래서, 자기 자신을 죽이는 것이 정당한 일인지 여부를 둘러싸고 논쟁이 일어났다. 진지한 현대인들은 권총으로 자살한 사람을 '불쌍한 친구'라고 불러서는 안 된다고 우리에게 말했다. 왜냐하면 그는 부러워할 만한 사람이었고, 워낙 탁월한 인물이라서 권총으로 자살한 사람이기 때문이라는 것이었다. 윌리엄 아처 씨[5]는 황금시대가 되면 슬롯머신 속에 페니가 있을 테고, (따라서) 사람들이 1페니를 위해 자살할 수도 있을 것이라고 주장하기까지 했다. 이런 면에서 나는 스스로 자유주의자요 인도주의자라고 자처하는 많은 이들과 적대관계에 있다는 것을 알게 되었다.

자살은 하나의 죄일 뿐 아니라 대표적인 죄이기도 하다. 그것

---

5. William Archer, 1856–1924. 입센의 희곡 작품을 번역하고 소개한 연극 비평가이자 열렬한 교권 반대자.

은 존재 자체에 관심을 두기를 거부하는 궁극적이고 절대적인 악이다. 즉, 인생에 대한 충성 맹세를 거부하는 행위이다. 한 사람을 죽이는 사람은 한 사람을 죽이는 것이다. 그러나 자기 자신을 죽이는 사람은 모든 사람을 죽이는 것이다. 그 자신과 관련되는 한, 온 세상을 지워버리는 것이다. 그의 행위는 (상징적인 의미를 고려할 때) 성폭행이나 불같은 분노보다 더 나쁘다. 그것은 모든 건물을 파괴하고 모든 여성을 모욕하기 때문이다.

도둑은 다이아몬드로 만족하지만 자살은 그렇지 않다. 이 점이 자살한 자의 죄다. 그는 천상의 도시의 빛나는 보석으로도 매수될 수 없다. 도둑은 훔친 물건의 주인에게는 못하더라도 그 물건에는 찬사를 보낸다. 그러나 자살은 땅 위의 모든 것을 훔치지 않음으로써 그것들을 모욕한다. 그는 모든 꽃을 위해 살기를 거부함으로써 그 꽃들을 더럽힌다. 우주에 있는 미미한 피조물 가운데 그의 죽음이 비웃지 않는 것이 없다. 한 사람이 스스로 나무에 매달려 죽을 때는 잎들이 화가 나서 떨어지고 새들이 분노에 차서 날아가 버릴지도 모른다. 그들은 모두 개별적인 모욕을 당했기 때문이다.

물론 그 행동에 대한 병적인 정서적 변명이 있을 수 있다. 성폭행의 경우에도 종종 그렇거니와 다이너마이트의 경우에는 거의 항상 그런 편이다. 그러나 사물에 관한 명료한 생각과 지적인 의미에 관한 한, 아처 씨의 자살을 충동하는 자동기계보다는 몸에 말뚝이 박혀 죽고 십자로에 묻히는 것에 훨씬 더 합리적이고 철학적인 진실이 있다. 자살 자체를 따로 묻어버리는 것은 의미 있는 일이다. 사람이 짓는 이 범죄는 다른 범죄들과 다르다. 그것은 범죄 행위 자체를 불가능하게 만들기 때문이다.

이와 비슷한 시기에 나는 어떤 자유주의 사상가의 경박한 글을 읽었다. 그는 자살자는 순교자와 똑같다고 말했다. 이 말의 공공연한 오류는 이 문제를 명료하게 처리하는 데 도움이 되었다. 당연히 자살자는 순교자의 정반대편에 있는 사람이다. 순교자는 자기 밖의 어떤 것에 매우 관심이 많아서 자신의 개인적인 삶을 잊어버린다. 반면 자살자는 자기 밖의 어떤 것에도 관심이 없어서 모든 것의 끝장을 보고 싶어 한다. 전자는 무언가 시작되기를 원하고, 후자는 모든 것이 끝나기를 원한다. 달리 말하면, 순교자가 숭고한 것은 바로 (그가 비록 세계를 포기하거나 모든 인류를 혐오할지라도) 생명과의 궁극적인 연줄을 고백하기 때문이다. 그는 자기의 마음을 자기 바깥에 둔다. 그는 무언가를 살게 하려고 죽음을 택한다. 자살이 비열한 것은 자살자에게 존재와의 이런 연줄이 없기 때문이다. 그는 단순한 파괴자일 뿐이며 영적으로 우주를 파괴한다.

그런 다음에 나는 말뚝과 십자로를 기억했고, 기독교가 자살에 대해 이 같은 혹독한 태도를 보였다는 이상한 사실을 알게 되었다. 기독교는 순교자를 굉장히 격려하는 태도를 보여 주었기 때문이다. 역사적 기독교는 순교와 금욕을 황량하고 비관적인 지점까지 끌고 갔다는 비난을 받았는데, 이는 전혀 근거 없는 비난은 아니다. 초기 기독교 순교자들은 끔찍이도 기뻐하면서 죽음에 대해 이야기했다. 그들은 몸의 아름다운 의무를 모독했고, 무덤의 냄새를 꽃밭의 향기와 같이 멀리서 맡았다. 이 모든 것이 많은 이들에게 비관주의를 찬송하는 시(詩)처럼 보였다.

그러나 기독교가 실제로 비관주의자를 어떻게 생각했는가 하는 것은 십자로에 선 말뚝을 보면 알 수 있다. 이것이 기독교가 이 논의에 진입할 때 함께한 긴 수수께끼 열차의 첫째 칸이었다. 그리고 이와 더불어 내가 모든 기독교 사상의 특징으로 특별히 언급해야 할 것이 있다. 순교와 자살에 대한 기독교의 태도는 오늘날의 도덕이 자주 주장하는 것과는 확실히 다르다는 것이다. 그것은 정도의 문제가 아니었다. 어딘가에 선(線)을 그어 놓고 기쁘게 자기를 죽이는 것은 선 안에 속하고, 슬프게 자기를 죽이는 것은 선 바깥에 속하는 그런 것이 아니었다. 기독교 정서는 자살을 순교가 지나쳐서 생긴 결과로 생각하지 않았다. 기독교 정서는 열렬하게 하나를 지지했고 맹렬하게 다른 하나를 반대했다. 매우 닮아 보이는 이 두 가지는 천국과 지옥의 양끝에 각각 위치하고 있었다. 한 사람은 자기의 생명을 내던졌다. 그는 몹시 선해서 그의 마른 뼈가 전염병에 걸린 도시를 치유할 수 있을 정도였다. 다른 사람도 자기의 생명을 내던졌다. 하지만 그는 너무나 악해서 그의 뼈가 자기 형제들을 오염시킬 수 있을 정도였다. 나는 지금 이런 맹렬함이 옳았다고 말하는 것이 아니다. 하지만 왜 그토록 맹렬했던 것일까?

여기에서 나는 처음으로, 방황하던 나의 발이 이미 밟아서 다져진 길로 들어섰다는 것을 알았다. 기독교가 이처럼 순교와 자살을 상반되는 것으로 느낀 것은, 혹시 나와 똑같은 이유에서일까? 기독교 역시 내가 느낀 대로 느꼈지만 이 점-먼저 사물에 대한 충성심과 사물의 파괴적 개혁이 필요하다는 것-을 표현할 수 없었던(그리고 없는) 것일까? 그때 나는, 내가 열심히 묶으려고 한 이 두 가지를 묶은 것은 사실상 기독교를 비난하는 입장이었음을 기억했다. 기독교는 한편으론 우주에 대해 너무 낙관적이라는 비난과 다른 한편으론 세계에 대해 너무 비관적이라는 비난을 동시에 받았다. 이 우연의 일치는 나를 갑자기 가만히 서 있게 만들었다.

현대의 논쟁석상에서, 이런저런 신조는 한 시대에는 신봉할 수 있지만 다른 시대에는 그럴 수 없다고 말하는 어리석은 습관이 생겼다. 어떤 도그마가 12세기에는 믿을 만했지만 20세기에는 믿을 수 없는 것이라는 말을 우리가 종종 듣는다. 그럴 바에는 차라리 어떤 철학은 월요일에는 믿을 수 있어도 화요일에는 믿을 수 없다거나 우주가 3시 반에는 적당한 상태였으나 4시 반에는 그렇지 않았다는 당신의 우주관을 얘기하는 편이 낫겠다.

한 사람이 믿을 수 있는 것은 시계나 세기(世紀)가 아니라 그의 철학에 달려 있다. 만일 어떤 사람이 불변하는 자연법칙을 믿고 있다면, 그는 어느 시대를 막론하고 어떤 기적도 믿을 수 없다. 만일 어떤 사람이 법칙 뒤에 있는 어떤 의지를 믿는다면, 그는 어느 시대를 막론하고 어떤 기적도 믿을 수 있다. 논의의 편의상 마술에 의한 치료의 경우를 생각해 보자. 12세기의 유물론자가 그것을 믿을 수 없었던 것은 20세기의 유물론자가 믿을 수 없는 것과 똑같다. 마찬가지로 20세기의 크리스천 사이언스 신봉자는 12세기의 그리스도인만큼이나 그것을 믿을 수 있다. 그것은 한 사람이 갖고 있는 사물에 대한 이론의 문제일 뿐이다. 그러므로 어떤 역사적 답변을 다루든지 중요한 점은, 그것이 우리 시대에 주어졌는지 여부가 아니고, 그것이 우리의 질문에 대한 답변으로 주어졌는가 하는 점이다. 그리고 언제, 어떻게 기독교가 이 세상에 들어왔는지를 생각하면 할수록, 나는 바로 이 질문에 답하기 위해 그것이 왔다는 느낌이 더욱 강해졌다.

내면의 빛을 믿는 사람들

기독교에 근거 없는 찬사를 던지는 사람은 보통 물렁물렁하고 자유분방한 그리스도인이다. 그들은 기독교가 오기 전에는 어떤 신앙심이나 연민도 존재한 적이 없었다는 식으로 얘기하는데, 중세 사람이 들었다면 그 편견을 바로잡아 주려고 안달했을 것이다. 기독교의 놀라운 점은 단순함이나 자제심, 내향성과 성실성을 전파한 최초의 종교라는 데 있다고 그들은 주장한다. 만일 내가 기독교의 놀라운 점은 기독교를 전파한 최초의 종교라는 데 있다고 말하면, 그들은 (그게 무슨 뜻이든지 간에) 나를 무척 편협한 인간으로 생각할 것이다.

기독교의 특이성은 그것이 특이하다는 점이었다. 하지만 단순함과 성실성은 특이한 것이 아니고 온 인류가 추구하는 자명한 이상이다. 기독교는 오랜 얘기가 오간 뒤에 설파된 최후의 자명한 이치가 아니라 어떤 수수께끼에 대한 정답이었다. 불과 며칠 전에 나는 청교도풍의 훌륭한 주간 신문에서 다음과 같은 글을 읽었다. 기독교에게서 도그마의 갑옷을 벗기면 (마치 한 사람에게서 뼈의 갑옷을 벗기는 것처럼) 그것은 기껏해야 퀘이커교도가 말하는 내면의 빛(Inner Light)의 교리에 불과한 것으로 판명될 것이라는 글이었다. 내가 만일 기독교가 세상에 들어온 것은 특히 내면의 빛의 교리를 파괴하기 위함이었다고 말한다면, 그건 좀 과장된 말일 것이다. 하지만 진실에 아주 가까운 말이리라.

마르쿠스 아우렐리우스 같은 최후의 스토아 철학자들이야말로 내면의 빛을 믿는 사람들이었다. 그들의 위엄과 권태, 타인에 대한 슬픈 외적 돌봄, 그들 자신에 대한 불치의 내적 돌봄 등은 모두 내면의 빛에 기인했으며, 오로지 그 음울한 조명 덕분에 존재했다. 내성적인 도덕가들이 항상 그렇듯이, 마르쿠스 아우렐리우스가 사소한 일의 성취 여부를 강조한다는 점을 주목하라. 왜냐하면 그가 도덕적 혁명을 일으킬 만큼의 미움이나 사랑을 품지 않았기 때문이다. 그는 단순한 삶을 사는 우리의 귀족들과 같이 아침에 일찍 일어난다. 이런 이타적인 행동이 원형극장의 게임을 중단시키거나 잉글랜드 사람에게 그들의 땅을 돌려주는 것보다 훨씬 더 쉽기 때문이다.

마르쿠스 아우렐리우스야말로 가장 참기 어려운 인간 유형이다. 그는 일종의 이타적인 이기주의자다. 이타적인 이기주의자란 열정을 품을 만한 구실 없이 자만심을 품은 사람을 일컫는다. 모든 형태의 계몽사상 가운데 최악의 사상은 다름 아닌 이 사람들이 '내면의 빛'이라고 부르는 것이다. 모든 끔찍한 종교 가운데 가장 끔찍한 종교는 내면의 신을 숭배하는 종교이다. 이런 사람을 아는 자는 누구나 그것이 어떻게 작동하는지를 안다. "고등 사상 센터"(Higher Thought Centre)에서 온 사람을 아는 자라면 그것이 어떻게 작동하는지를 알 것이다. 존스가 자기 내면의 신을 숭배할 것이라는 말은 결국 존스가 존스를 숭배할 것이라는 뜻이다. 존스로 하여금 내면의 빛 대신에 해나 달 등 다른 무엇이든지 예배하게 하라. 존스로 하여금 내면에 있는 신이 아니라 길거리에서 만나는 고양이든지 악어를 숭배하게 하라.

기독교가 세상에 들어온 것은 무엇보다도 사람은 내면을 들여다볼 뿐 아니라 바깥을 바라보아야 한다고, 경이감과 열정을 품은 채 신적인 동반자와 신적인 우두머리를 바라보아야 한다고 격렬하게 주장하기 위함이었다. 그리스도인이 되면 다음과 같은 즐거움을 맛볼 수 있다. 사람은 내면의 빛과 함께 홀로 내버려진 존재가 아니라는 것과 해처럼 아름답고 달처럼 청명하며 군기 달린 군대처럼 무서운 저 바깥의 빛을 명백히 인식하는 즐거움이다.

만일 존스가 해와 달을 숭배하지 않으면 그에게도 똑같은 일이 일어날 것이다. 만일 숭배한다면, 그는 그것들을 닮게 되는 성향이 있다. 말하자면, 해가 곤충을 산 채로 태우기 때문에 그 역시 곤충을 산 채로 태우게 될 것이다. 그는 해가 사람들에게 일사병을 준다고 생각하기 때문에 그도 이웃에게 홍역을 주게 될 것이다. 달이 사람들을 미치게 만든다고 알려져 있기 때문에, 그는 자기 아내를 미치게 만들 것이다.

외적인 낙관주의가 지닌 이런 꼴사나운 면모는 고대 세계에서도 그 모습을 드러냈었다. 스토아학파의 이상주의가 비관주의의 약점을 보여 주기 시작했던 즈음에, 예로부터 내려오던 고대인의 자연 숭배는 낙관주의의 엄청난 약점을 보여 주기 시작했다. 자연 숭배는 사회가 어릴 동안에는 무척 자연스러운 것이다. 달리 말하면, 범신론(Pantheism, 자연 숭배)은 그것이 목양신(Pan)을 숭배하는 한 괜찮다는 뜻이다.

그러나 자연은 경험과 죄가 재빠르게 간파할 수 있는 또 다른 면을 갖고 있다. 목양신이 금방 악마의 본성을 드러냈다고 말하는 것은 결코 경솔한 진술이 아니다. 자연 종교에 대한 유일한 반론은, 그 종교가 언제나 부자연스럽고 비정상적으로 된다는 점이다. 사람은 아침에는 자연이 순진하고 사랑스럽다는 이유로 자연을 사랑한다. 그리고 밤이 되어서도 여전히 자연을 사랑한다면, 그것은 자연의 어두움과 잔인함 때문이다. 그는 동틀 녘에는 스토아학파의 현인이 그랬듯이 깨끗한 물로 씻지만, 어두운 밤이 되면 배교자 줄리안(Julian the Apostate)이 그랬듯이 뜨거운 황소의 피로 목욕을 한다. 단지 건강만을 추구하면 언제나 건강하지 못한 그 무엇으로 귀결된다. 물리적인 자연을 직접적 순종의 대상으로 삼으면 안 된다. 그것은 즐겨야 할 대상이지 숭배할 대상이 아니다. 별과 산도 진지하게 여겨서는 안 된다. 그렇게 여길 경우에는 우리 역시 이방의 자연 숭배가 끝난 그 지점에서 끝나고 말 것이다. 지구가 친절하기 때문에 우리는 지구의 모든 잔인함을 모방할 수 있다. 성(性)이 건전하기 때문에 우리는 모두 성에 대해 미칠 수 있다. 단순한 낙관주의는 그에 어울리는 광기의 종착역에 도달했다. 모든 것이 좋다고 하던 그 이론은 나쁜 모든 것을 탐닉하는 상태로 전락했다.

다른 한편으로, 이상주의적인 비관주의자들은 스토아학파의 남은 자들에 의해 대변되었다. 마르쿠스 아우렐리우스와 그 친구들은 우주에 신이 존재한다는 관념을 모두 내버리고 오로지 내면에 있는 신만 바라보았다. 그들은 자연 속에서 미덕을 찾겠다는 희망을 버렸고, 사회에서 어떤 미덕을 찾을 수 있으리란 희망도 거의 없었다. 또한 바깥 세계를 파멸시키거나 혁명적으로 바꿀 만큼의 관심도 없었다. 그들은 도시를 불태울 만큼 도시를 사랑하지도 않았다. 그래서 고대 세계 역시 우리가 겪고 있는 것과 똑같은 황량한 딜레마에 빠져 있었다. 이 세계를 정말로 즐기는 사람들은 그것을 해체하느라고 바빴고, 덕스러운 사람들은 세계를 무너뜨릴 정도의 관심이 없었다. (우리의 딜레마와 똑같은) 이런 딜레마 속에서 기독교가 갑자기 진입하여 독자적인 답변을 내놓았고, 세계가 마침내 그것을 정답으로 수용했다. 당시에도 정답이었거니와 지금도 정답이라는 것이 내 생각이다.

그 답변은 마치 칼을 휘두르는 것과 같았다. 그것은 잘라 버렸고, 어느 의미로든 감상적으로 묶어 놓지 않았다. 그것은 순식간에 하나님을 우주로부터 분리시켰다. 요즈음 일부 그리스도인이 기독교로부터 제거하기 원하는 하나님의 초월성과 독특성이야말로 누구든지 그리스도인이 되고자 했던 유일한 이유였다. 그 특성은 기독교가 불행한 비관주의자는 물론이고 더 불행한 낙관주의자에게도 제공하는 답변의 핵심이었다.

여기서 나의 관심사는 그들 특유의 문제점인 만큼 이 위대한 형이상학적 주장에 대해 간단하게만 언급할까 한다. 사물의 원리를 창조하거나 유지하는 일에 대한 묘사는 말로 표현되어야 하기 때문에 모두 은유적일 수밖에 없다. 그러므로 범신론자는, 마치 하나님이 상자 속에 있는 것처럼 그분이 만물 속에 있다고 말하지 않을 수 없다. 그래서 진화론자(evolutionist)는 바로 그 이름 속에 카펫과 같이 펼쳐진다는 개념을 담고 있는 것이다. 종교적 용어든 비종교적인 용어든 모든 용어는 이런 비판을 받을 소지가 있다. 우리가 제기할 유일한 질문은 모든 용어가 쓸모없는 것인가 아니면 그런 어구를 갖고도 사물의 기원에 관한 독특한 관념을 표현할 수 있는가 하는 것이다. 나는 그럴 수 있다고 생각한다. 진화론자도 그렇게 생각하고 있음에 틀림없다. 그렇지 않다면 아예 진화에 관해 이야기하지도 않을 것이다. 그리고 모든 기독교 유신론의 뿌리 어구는, 마치 예술가가 창조자이듯이 하나님은 창조자라는 것이다.

시인은 자기의 시로부터 매우 분리되어 있기에 시를 자기가 '내던진' 사소한 것이라고 말한다. 시를 발표하는 행동을 통해 그것을 내던져 버렸다는 뜻이다. 모든 창조와 출산은 곧 분리(breaking off)의 행위라는 이 원리는, 모든 성장은 뻗어나가는 것이라는 진화의 원리와 마찬가지로 우주를 가로질러 일관성 있게 작용하고 있다. 여인은 한 아이를 출산하는 중에도 한 아이를 잃는다. 모든 창조는 분리이다. 출생은 죽음만큼이나 엄숙한 이별이다.

기독교의 으뜸가는 철학적 원리는, 신적인 창조 행위에서의 이런 분리야말로(시인을 시로부터, 엄마를 갓 낳은 아기로부터 단절시키는 것과 같은) 절대 에너지가 세계를 창조했던 바로 그 행위에 대한 참된 묘

사라는 것이다. 대다수의 철학자에 따르면, 하나님은 세계를 창
조함으로써 그것을 노예로 삼았다고 한다. 기독교에 따르면, 하
나님은 세계를 창조함으로써 그것을 자유롭게 해 주었다고 한다.
이런 의미에서 하나님은 시를 썼다기보다 희곡을 썼다고 할 수 있
다. 그분으로서는 완벽한 희곡을 계획했으나 필연적으로 그 연극
을 인간 배우들과 무대 매니저들에게 맡길 수밖에 없었는데, 이들
이 그 후에 그것을 엉망진창으로 만들어 버린 것이다. 이 공리(公
理)의 진실성에 관해서는 나중에 논의할 생각이다.

여기서 내가 지적하고 싶은 것은, 그것이 우리가 이 장에서 논의
한 딜레마를 놀랄 만큼 부드럽게 통과했다는 사실이다. 이런 식으
로 우리는 우리 자신을 비관주의자나 낙관주의자로 전락시키지
않고도 행복한 존재인 동시에 분개하는 존재가 될 수 있다. 이 체
계 위에서는 존재의 깃발을 버리지 않고도 존재의 모든 세력을 상
대로 싸울 수 있다. 우리는 우주와 평화롭게 지내면서도 세계와
싸움을 벌일 수 있다. 성(聖) 조지[6]는 여전히 용과 싸울 수 있다.
그 괴물이 거대한 도시들이나 영원한 언덕들보다 더 커진다 해도
말이다. 설사 괴물이 이 세계만큼 커진다 해도 그는 세계의 이름
으로 죽임을 당할 수 있다. 성 조지는 위급한 상황에서의 승산이
나 균형을 고려할 필요가 없었고, 다만 원초적인 설계의 비밀만 생

---

6. St. George. 기독교 순교자. '성 조지와 용' 전설에 나오는 주인공으로서 용을 살해하고 공
주를 구출한다.

각했을 뿐이다. 그는 설사 용이 모든 것이라 할지라도 그에게 자기의 칼을 휘두를 수 있다. 비록 그의 머리 위에 있는 텅 빈 하늘이 용의 열린 턱의 거대한 아치라 할지라도 말이다.

결론: 나의 깨달음

그 후에 도무지 묘사할 수 없는 경험이 뒤따랐다. 마치 나 자신이 출생 이래 두 개의 다루기 힘든 거대한 기계들, 서로 다른 모양을 갖고 서로 연결되지 않은 기계들과 함께 어정버정하고 있는 듯했다. 그것은 바로 세계와 기독교 전통이었다.

나는 세계에서 다음과 같은 구멍을 찾아냈다. 그것은 우리는 어떻게든 세상을 신뢰하지 않으면서 세상을 사랑하는 길을 찾아야 하고, 어떻게든 세상적인 존재가 되지 않으면서 세상을 사랑해야 한다는 사실이었다. 또한 나는 기독교 신학에서 단단한 대못같은 두드러진 특징을 발견했는데, 그것은 하나님은 인격적인 분이고 세계를 그 자신에게서 분리했다는 도그마적인 주장이었다. 도그마의 대못이 세계에 있는 그 구멍에 딱 들어맞았다. 이 둘은 본래 그렇게 들어맞게끔 되어 있었던 것이 분명하다. 그 후에 이상한 일이 일어나기 시작했다. 두 기계의 두 가지 부품이 하나씩 등장하여 서로 합쳐지자, 다른 모든 부품들이 섬뜩할 정도로 정확하게 맞아 떨어졌다. 나는 그 기계 곳곳에 있는 볼트들이 하나씩 찰칵하면서 제자리에 맞춰지는 안도의 소리를 들을 수 있었다. 한 부분을 옳게 맞추자 나머지 모든 부분들이, 마치 시계마다 줄줄이 정오를 알리듯이, 정확히 맞아 들어갔다. 이 본능은 이 교리로, 저 본능은 저 교리로 줄줄이 응답을 받았다.

비유를 바꾸자면, 나는 마치 높은 요새 하나를 점령하기 위해 적국에 진격한 사람과 같았다. 그리고 그 요새가 함락되자 온 나라가 항복했고 내 뒤에서 딱딱하게 변했다. 온 땅이 그 옛날 내 어린 시절의 첫 경기장과 같이 환하게 밝아졌다. 4장에서 내가 어둠 속에서 추적했다가 실패로 끝난 어린 시절의 모든 맹목적인 공상들이 갑자기 투명해져서 눈에 보이기 시작했다. 장미는 모종의 선택에 의해 빨간색을 띠게 되었다고 내가 느낀 것이 옳았다. 그것은 하나님의 선택이었기 때문이다. 잔디는 필연적으로 그런 색이어야 했다고 말하기보다는, 차라리 엉뚱한 색깔이라고 말하는 게 낫다는 나의 생각이 옳았다. 그것은 다른 어느 색깔도 될 수 있었기 때문이다.

행복이 무모한 듯한 한 가지 조건에 달려 있다는 것이 결국 무언가를 의미한다는 나의 느낌은 옳았다. 그것은 바로 타락의 교리를 뜻했기 때문이다. 심지어는 내가 변호하기는커녕 묘사할 수조차 없었던, 형태가 없는 어렴풋한 괴물 같은 관념들도 거대한 여상주(女像柱)와 같은 신조들이 되어 조용히 제자리에 들어갔다.

우주가 광대한 빈 공간이 아니라 작고 아늑한 곳이라는 나의 상상도 이제 그 의미심장한 뜻이 밝혀졌다. 어떤 예술 작품이든 그것을 만든 예술가의 눈에는 작게 보이는 법이기 때문이다. 하나님에게는 별도 다이아몬드처럼 작고 귀엽게 보일 것이다. 그리고 내 머릿속에서 떠나지 않았던 생각, 곧 좋은 것은 단지 이용되어야 할 도구에 그치지 않고 크루소의 배에서 살아남은 물건처럼 잘 지켜야 할 유물이라는 생각도 마찬가지였다. 기독교에 따르면, 우리는 실로 세계가 시작되기 전에 가라앉은 황금빛 배의 선원들이었다가 그 파선에서 살아남은 자들이기에, 그 유물은 본래 지혜로웠던 그 무엇을 암시해 주는 것이었기 때문이다.

그런데 정말로 중요한 문제는 그것이 낙관주의를 품을 만한 이유를 완전히 뒤집어 놓았다는 점이다. 그리고 이렇게 뒤집히는 순간은 마치 뼈가 소켓에 다시 들어맞을 때처럼 편안함을 느끼는 순간이었다. 나는 비관주의의 자명한 신성모독을 피하기 위해 자주 낙관주의자로 자처하곤 했었다. 그러나 우리 시대의 모든 낙관주의는 우리가 이 세계에 잘 들어맞는다는 것을 항상 증명하려고 애썼기 때문에 잘못된 것인 동시에 실망스러운 것이었다.

기독교적 낙관주의는 우리가 이 세계에 들어맞지 않는다는 사실에 그 바탕을 두고 있다. 과거에 나는, 사람은 하나님에게 고기를 구하는 다른 여느 동물과 같은 하나의 동물이라고 독백함으로써 행복해지려고 애썼다. 하지만 이제는 사람이 하나의 괴물이라는 것을 알았기 때문에 정말로 행복했다. 내가 모든 것을 묘하게 느꼈던 것은 옳았다. 나 자신은 모든 것보다 더 못한 동시에 더 나은 존재였기 때문이다.

낙관주의자의 즐거움은 모든 것의 자연스러움에 바탕을 두기 때문에 산문적 성격을 갖고 있었다. 반면에 그리스도인의 즐거움은 초자연적인 것에 비추어 모든 것의 부자연스러움에 기초하고 있기 때문에 시적인 성격을 갖고 있었다. 현대 철학자는 나에게 거듭해서 내가 올바른 자리에 있다고 말했는데, 나는 그것을 묵인하면서도 여전히 우울함을 느꼈었다. 그러나 내가 그릇된 자리에 있다는 소리를 들었을 때, 내 영혼은 봄날의 새처럼 기뻐하며 노래를 불렀다. 이 지식은 어린 시절의 어두운 집 안에 있던 잊힌 방들을 찾아내어 그곳을 밝게 비추어 주었다. 이제야 나는 왜 잔디가 거인의 초록색 수염만큼이나 늘 이상하게 보였었는지, 왜 내가 집에 있으면서도 향수병을 앓았었는지 그 이유를 알게 되었다.

ORTHODOXY

"비관주의자의 악은 그가 신들과 사람들을 질책하는 점이 아니라,

자기가 질책하는 것을 사랑하지 않는다는 데 있다."

—

"기독교가 세상에 들어온 것은

무엇보다도 사람은 내면을 들여다볼 뿐 아니라

바깥을 바라보아야 한다고,

경이감과 열정을 품은 채

신적인 동반자와 신적인 우두머리를 바라보아야 한다고

격렬하게 주장하기 위함이었다."

기독교의 역설

어떻게 하면 사자와 어린양이
그 고유의 사나움과 연약함을 지키면서 공존할 수 있을까?

우리가 몸담은 이 세계의 진정한 문제는 그것이 불합리한 세계라는 점이 아니고, 심지어는 합리적인 세계라는 점도 아니다. 가장 흔한 문제는 이 세계가 거의 합리적이긴 하지만 무언가 조금 부족하다는 점이다. 삶은 비논리적인 실체가 아니다. 하지만 논리학자에게는 삶이 하나의 함정과 같다. 그것은 실상보다 조금 더 수학적이고 규칙적인 것처럼 보인다. 거기에 정확성이 있는 건 분명하지만 실은 부정확성도 감춰져 있다. 엉뚱한 면모가 도사리고 있는 것이다. 이게 무슨 뜻인지를 보여 주는 한 가지 조잡한 예를 들어 보겠다. 달에서 온 어떤 수학적인 피조물이 사람의 몸을 계산한다고 가정해 보자. 그는 금방 몸의 본질적인 특징이 이중성에 있다는 점을 알아차릴 것이다. 한 사람은 오른편이 왼편을 그대로 빼닮은 두 사람이다. 오른편에 한 팔이, 왼편에 한 팔이 있고 오른편에 한 다리가, 왼편에 한 다리가 있다는 것을 알아챈 다음에 계속 작업한 결과 양편에 똑같은 수의 손가락과 똑같은 수의 발가락, 한 쌍의 눈과 한 쌍의 귀와 한 쌍의 콧구멍과 심지어 한 쌍의 돌출부로 구성된 뇌까지 발견하게 될 것이다. 그 후에 한편에 심장이 있음을 알고는 당연히 다른 편에도 또 다른 심장이 있을 것으로 추론할 것이다. 바로 그 시점에서, 그가 분명히 옳다고 느낀 그 지점에서 그는 틀리게 된다.

이처럼 1인치 차이로 정확성에서 살짝 벗어나는 것이 모든 것에 담긴 위험한 요소이다. 그것은 우주에 있는 일종의 은밀한 반역처럼 보인다. 사과나 오렌지는 스스로 둥글다고 불릴 만큼 둥글지만, 실은 전혀 둥글지 않다. 지구는 단순한 천문학자로 하여금 그것을 구(球, globe)라고 부르도록 유인하기 위해 오렌지 같은 모양을 하고 있다. 잔디의 날은 뾰족한 점으로 모아지기 때문에 칼날을 좇아 날이라고 불린다. 하지만 실은 그렇지 않다. 사물의 모든 곳에 계산이 불가능한 은밀한 요소가 도사리고 있다. 이러한 사실은 처음에는 합리주의자의 눈을 피하지만 마지막 순간에 가서는 들통이 난다. 지구의 거대한 곡선을 보면 매 인치마다 그처럼 곡선으로 되어 있을 것으로 쉽게 추론할 수 있다. 사람이 양편에 뇌를 갖고 있으므로 양편에 심장을 갖고 있을 것으로 생각하는 게 합리적으로 보인다. 그런데 과학적인 사람들은 편평한 나라를 너무도 좋아하기 때문에 지금까지도 북극을 발견하기 위해 탐험대를 조직하고 있는 중이다. 그리고 그들이 그것을 찾으려고 애쓸 때는 보통 엉뚱한 편으로 향하게 된다.

실질적인 통찰이나 영감은 이처럼 감춰진 기형이나 뜻밖의 사실을 추측할 수 있는지 여부에 의해 가장 잘 판가름이 난다. 달에서 온 그 수학자가 만일 두 팔과 두 귀를 본다면 당연히 두 개의 어깨뼈와 두 개의 반쪽짜리 뇌를 추론해 낼 것이다. 그런데 그가 사람의 심장이 바로 그 자리에 있다는 것을 추측해 냈다면, 나는 그를 수학자 이상의 그 무엇이라고 불러야 할 것이다.

이것이 바로 내가 기독교를 옹호하면서 줄곧 주장해 온 것이다. 기독교는 논리적 진리를 추론할 뿐 아니라 갑자기 비논리적이 될 때는, 말하자면 비논리적인 진리를 발견했다. 기독교는 사물에 관해 바른말을 할 뿐 아니라 사물이 그릇된 길로 가면 (이런 식으로 말해도 좋다면) 따라서 그릇된 말을 한다. 그것의 계획은 은밀한 불규칙성에 잘 들어맞고 예상하지 못한 것을 예상한다. 또한 단순한 진리에 대해서는 단순하지만, 미묘한 진리는 고집스럽게 주장한다. 기독교는 사람이 두 손을 갖고 있다는 것을 인정하지만, 두 개의 심장을 갖고 있다는 자명한 추론은 (모든 현대주의자들이 그렇다고 울부짖을지라도) 인정하지 않을 것이다. 이번 장의 목적은, 우리가 기독교 신학에 이상한 점이 있다고 느낄 때마다 우리는 진리 안에 이상한 점이 있음을 발견하게 될 것임을 보여 주는 것이다.

복잡한 정확성이 주는 무력감

이러이러한 신조를 우리 시대에는 믿을 수 없다는 식의 무의미한 소리가 사람들의 입에 오르내린다고 언급한 바 있다. 물론 시대를 막론하고 믿을 수 있는 것이 있다. 그런데 아주 이상하게도, 어떤 신조를 믿을 때, 단순한 사회에서보다 복잡한 사회에서 더 확고하게 믿을 수 있다고 말하는 것은 일리가 있다. 만일 한 사람이 버밍햄에서 기독교가 진리임을 발견한다면, 머시아[1]에서 그것을 진리로 발견한 경우보다 더 믿을 만한 이유를 갖고 있는 셈이다. 우연의 일치가 더 복잡할수록 우연의 일치일 가능성은 더 줄어드는 법이다. 만일 미들로디언(Midlothian, 스코틀랜드의 옛 주)의 중심부에 눈송이가 떨어진다면, 그건 하나의 우연일지 모른다. 그러나 눈송이가 햄프턴 코트에 있는 미로의 정확한 모양에 맞추어 떨어진다면, 그것은 기적이라고 불러야 할 것이다. 나는 기독교 철학에 관해 생각한 이래 그 철학을 그와 같은 기적으로 생각하게 되었다. 우리가 몸담은 현대 세계의 복잡한 면모는 신앙의 시대(중

---

1. Mercia, 잉글랜드 중남부에 있던 앵글로색슨족의 고대 왕국으로 6세기에 발견되었다.

세)의 어떤 명백한 문제보다도 신조의 진실성을 더 확실하게 증명해 준다.

내가 기독교가 진리임을 보기 시작한 것은 노팅 힐과 배터시아에서였다. 기독교는 매우 정교한 교리들을 갖고 있기 때문에, 기독교를 믿지는 않고 흠모하기만 하는 이들에게 그토록 많은 고민을 안겨 주는 것이다. 일단 누구든지 어떤 신조를 믿으면, 과학자들이 과학의 복잡성을 자랑스러워하듯이 그 신조의 복잡성을 자랑스러워하기 마련이다. 이는 그 교리가 얼마나 풍성한지를 보여 준다. 만일 그 신조가 옳다면, 그것이 정교하게 옳다고 말하는 것은 하나의 찬사이다. 어떤 막대기가 우연히 어떤 구멍에 들어맞거나 어떤 돌이 우묵한 곳에 들어맞을 수 있다. 하지만 열쇠와 자물쇠는 둘 다 무척 복잡하기 때문에 만일 어떤 열쇠가 어떤 자물쇠에 딱 들어맞는다면, 그게 바로 진짜 열쇠라는 걸 당신은 안다.

그런데 기독교의 복잡한 정밀성은 이제 내가 수행할 진리의 축적을 묘사하는 일을 대단히 어렵게 만든다. 한 사람이 자기가 전적으로 확신하는 것을 변호하는 일은 무척 어려운 작업이다. 부분적으로만 확신할 때는 그 일이 비교적 쉬운 편이다. 그에 관한 이런저런 증거를 발견했기에 그는 부분적으로 확신하는 것이고, 그는 그것을 자세히 설명할 수 있다. 그러나 무언가가 어떤 철학 이론을 증명해 줘도 우리는 그 이론을 진심으로 확신하지는 못한다. 모든 것이 그 이론을 증명해 줘야만 우리는 비로소 확신하게 된다. 그리고 더 많은 증거가 이 확신으로 수렴되는 것을 발견할수록, 갑자기 그것을 요약해 보라는 요청을 받으면 더욱더 당황하게 된다. 가령, 어떤 사람이 평범한 지성인에게 충동적으로 "어째서 당신은 야만보다 문명을 더 좋아하는 것이죠?"라고 물으면, 지성인은 사물 하나하나를 둘러보면서 다음과 같이 모호하게 응답할 수 있을 뿐이다. "왜냐고요? 저기에 책장이 있고… 석탄 그릇에 석탄이 있고… 피아노도 있고… 경찰도 있잖아요." 문명을 지지하는 전반적인 입장은 바로 그것을 지지하는 입장이 복잡하다는 것이다. 문명은 실로 많은 일을 했다. 그런데 응답하기가 버거울 만큼 많은 증거가 있으면 응답 자체가 불가능하게 된다.

그러므로 모든 온전한 신념 주변에는 일종의 커다란 무력감이 있다. 그 믿음이 너무도 크기 때문에 그것을 행동으로 옮기는 데는 기나긴 시간이 필요하다. 그리고 이상하게도 이러한 주저하는 태도는 주로 어디에서 시작해야 할지 모르는 무관심에서 나온다. '모든 길은 로마로 통한다.' 바로 이 점이 많은 사람이 결코 거기에 가지 않는 한 가지 이유이다.

나는 기독교의 신념을 변호하는 경우에, 순무라든가 택시 같은 사례로 논증을 시작하고 싶다. 그런데 내 의도를 뚜렷이 밝히려고 한다면, 지난 장에서 개진한 신비로운 우연의 일치나 오히려 비준에 대한 것을 이어가는 편이 더 지혜로울 것으로 생각한다.

내가 그때까지 기독교 신학에 관해 들었던 모든 내용은 나를 그로부터 소외시켜 버렸었다. 나는 열두 살 때는 이방인이었고, 열여섯 살에 이르러는 완전한 불가지론자가 되었다. 열일곱 살을 지나는 사람들 가운데 그처럼 단순한 물음을 스스로 던지지 않고 지나가는 사람이 있을지 의심스럽다. 나는 사실 우주적인 신에 대한 막연한 경외심과 기독교의 창시자에 대한 큰 역사적 관심을 품고 있었다. 하지만 나는 그분을 '사람'으로 간주했던 것이 분명하다. 그분이 자기를 비판하는 일부 현대 비평가들보다 우위에 있었다고 생각하긴 했지만 말이다.

자가당착에 빠진 기독교 비판

나는 우리 시대의 과학 서적과 회의주의 문헌, 그리고 여기저기 널려 있어서 눈에 띄는 영어 서적은 모조리 읽었다. 하지만 다른 것은 일체 읽지 않았다. 다른 입장을 가진 철학에 관해서는 전혀 읽지 않았던 것이다. 물론 싸구려 소설도 읽었는데, 당시에는 몰랐지만 그것들은 건전하고 웅대한 기독교 전통에 서 있는 것이었다. 기독교 변증에 관한 글은 단 한 줄도 읽은 적이 없었다. 지금도 가능하면 적게 읽는다. 나를 정통 신학으로 되돌아가게 해 준 것은 헉슬리와 허버트 스펜서와 찰스 브래들로[2]와 같은 인물들이었다. 그들은 내게 의심에 대한 최초의 의심을 심어 주었다. 우리의 할머니들은 토머스 페인[3]과 자유주의 사상가들이 마음을 어지럽게 했다고 말했는데, 그건 상당히 옳은 말이었다. 그들은 실제로 그렇게 만든다. 그들은 내 마음을 끔찍하게 동요시켰다. 이성주의자는 나로 하여금 이성이 도대체 무슨 쓸모가 있는지 의심하게 만들었다. 내가 허버트 스펜서를 다 읽었을 때는 (처음으로) 진화라는 것이 과연 일어나기나 했는지 의심하기까지 했다. 내가 로버트 잉거솔[4]의 무신론 강좌 시리즈를 다 읽었을 때는 무서운 생각이 내 머리를 스치고 지나갔다. '그대는 나에게 그리스도인이 되라고 설득하다시피 했도다.' 나는 절박한 상태에 빠졌다.

이처럼 위대한 불가론자들이 자기들의 의심보다 더 깊은 의심을 불러일으키는 현상은 여러 방법으로 설명될 수 있다. 그 가운데 한 가지만 예로 들까 한다. 내가 헉슬리에서 브래들로에 이르는 비기독교인 또는 반기독교인의 신앙에 대한 설명을 읽고 또 읽었을 때, 내 마음속에 기독교는 아주 비범한 것임에 틀림없다는 두려운 생각이 생생하게 자라나기 시작했다. (내가 알기로) 기독교는 가장 이글거리는 악덕들을 갖고 있을 뿐 아니라 일관성이 없어 보이는 악덕들을 묶어 주는 신비한 능력도 갖고 있었기 때문이다.

2. Charles Bradlaugh, 1833–1891, 빅토리아 여왕 시대의 자유사상가.

3. Tomas Paine, 1737–1809, 18세기 자유사상가 혁명의 옹호자. 미국혁명과 프랑스 대혁명에 참여했다. 『인간의 권리』의 저자이기도 하다.

4. Robert Ingersoll, 1833–1899, 미국의 법률가이자 유명한 불가지론자.

기독교는 서로 상충되는 이유들 때문에 사방에서 공격을 받았다. 한 합리주의자가 기독교는 지나치게 동쪽으로 나갔다고 증명하자마자, 다른 합리주의자가 나서서 그것은 지나치게 서쪽으로 나갔다고 매우 명료한 이유를 들어 입증했다. 기독교의 모나고 공격적인 모양에 대한 나의 분노가 가라앉자마자, 나는 또다시 나약하고 관능적인 원형 모양을 주목하고 그것을 비난하도록 부추김을 받았다. 혹시 내가 말하고자 하는 것이 마음에 와 닿지 않는 독자가 있을지 몰라서 이런 회의주의자의 공격에 담긴 자가당착적인 점을 보여 주는 몇 가지 예를 기억나는 대로 들어 볼까 한다.

이를테면, 나는 기독교를 비인간적인 비관론이라고 공격하는 소리에 큰 감동을 받았다. 당시에 나는 순수한 비관주의를 용서받지 못할 죄라고 생각했기 때문이다(실은 지금도 그렇게 생각한다). 위선적인 비관주의는 오히려 호감이 가는 사회적인 성취물이다. 다행스러운 사실은 거의 모든 비관주의가 위선적이라는 점이다. 그런데 이 사람들의 말대로 만일 기독교가 순전히 비관적이고 생명에 거슬리는 것이라면, 나는 성 베드로 성당을 폭파할 준비가 되어 있었다.

그러나 놀라운 점은 바로 이것이다. 그들이 1장에서는 기독교가 너무 비관적임을 내게 (완전히 만족스러울 정도로) 확실히 증명해 주었는데, 2장에서는 기독교가 너무나 낙관적임을 내게 증명해 주기 시작했다는 점이다. 기독교를 비난하는 전자의 입장은 그것이 병적인 눈물과 공포를 동원하여 사람들로 하여금 자연의 품에서 기쁨과 자유를 추구하지 못하도록 막는다는 것이었다. 반면에 후자의 입장은 기독교가 허구적인 섭리를 들어 사람들을 위로하고 그들을 즐거운 보육원에 둔다는 것이었다. 한 위대한 불가지론자는 왜 자연은 충분히 아름답지 않고, 자유로워지기 어려운가 하고 물었다. 또 다른 위대한 불가지론자는 기독교적 낙관주의에 대해, 그것은 자연이 꼴사납고 또 자유롭게 되는 것이 불가능하다는 사실을 우리에게 숨기는 '경건한 손으로 싼 가짜 겉옷'에 불과하다고 비판했다. 한 합리주의자가 기독교를 악몽과 같다고 말하자 즉시 다른 합리주의자는 기독교를 바보의 낙원이라고 부르기 시작했다.

이 점이 나를 어리둥절하게 만들었다. 그런 비난들이 일관성이 없어 보였기 때문이다. 기독교가 하얀 세계를 덮은 까만 가면인 동시에 까만 세계를 덮은 하얀 가면일 수는 없었다. 그리스도인의 상태가 그토록 편안함을 느끼는 동시에 불편함을 그냥 견디는 바보일 수는 없었다. 만일 기독교가 인간의 시각을 속였다면, 어느 한쪽으로 속여야 마땅하다. 그러니까 초록색 안경과 장미색 안경을 동시에 낄 수는 없다는 말이다. 나는 당시의 모든 젊은이가 그랬듯이 스윈번[5]이 기독교 신조의 서글픔에 대해 퍼부은 비웃음을

---

5. Algernon Charles Swinburne, 1837-1909, 영국의 데카당파 시인, 평론가. 속물주의에 대한 반항을 표현한 이교적이고 관능적인 시들을 발표했다.

굉장히 기뻐하며 지껄였었다.

> 아 창백한 갈릴리인이여, 그대는 과연 세계를 정복했고
> 세계는 그대의 입김으로 잿빛이 되었도다.

그런데 내가 동일한 시인의 이방사상에 대한 설명을 읽어본즉, [『애틀랜타』(Atlanta)에서] 이 세계는 갈릴리 사람이 입김을 불어넣은 뒤가 아니라 그 이전이 더 심한 잿빛이었다는 것을 알게 되었다. 이 시인은 사실상 인생 자체가 칠흑 같은 어둠이었음을 추상적으로 주장했다. 그러면서도 어떤 식으로든 기독교가 그것을 어둡게 만들었다고 했다. 기독교를 비관주의라고 비난했던 장본인이 일종의 비관주의자였던 셈이다. 그래서 나는 무언가 틀림없이 잘못되었다는 생각이 들었다. 아니, 어쩌면 저 사람들이 종교와 행복의 관계를 판단할 수 있는 최고의 심판관이 아닐지도 모른다는 생각이 한순간 머리를 스치고 지나갔다. 그들의 이야기로 보건대, 그들은 종교와 행복 중 어느 것도 갖고 있지 않으니까 말이다.

그렇다고 해서 내가 그들의 비난이 틀렸다거나 그런 비난을 일삼는 자들은 바보라고 서둘러 결론을 내렸다는 것은 아니다. 오히려 기독교는 그들이 알고 있는 것보다 더 이상하고 더 악한 것이 틀림없다고 나는 추론했다. 한 사물이 두 가지 상반되는 악을 갖고 있을 수 있으나, 만일 그렇다면 그것은 분명히 아주 괴상한 것

이다. 한 사람이 어느 장소에서는 너무 뚱뚱하고 다른 장소에서는 너무 날씬할 수도 있다. 하지만 그렇다면 그는 이상야릇한 모습을 갖고 있을 것이다. 그 시점에서 나는 기독교의 이상야릇한 모습에 관해서만 생각했다. 그러니까 합리주의 정신에 담긴 이상야릇한 모습은 추정하지 않았던 것이다.

동일한 종류에 속하는 또 다른 사례가 있다. 나는 기독교에 대한 강한 반론을 소위 '그리스도인'이라는 사람들은 겁 많고, 금욕적이고, 나약한-특히 저항과 싸움에 대한 그들의 태도에서-인물이라는 비판에서 찾았다. 19세기의 위대한 회의주의자들은 대체로 사내다운 인물들이었다. 대범한 브래들로와 과묵한 헉슬리는 확실히 남성다운 면모를 갖고 있었다. 이에 비해 기독교의 권면은 무척 연약하고 인내심을 너무 강조하는 면이 있는 것 같았다. 한쪽 뺨을 맞으면 다른 뺨까지 대라는 복음의 역설, 제사장은 절대로 싸우지 않았다는 사실 등 기독교가 남자를 지나치게 순한 양처럼 만들려고 한다고 비난할 만한 소지는 백 가지도 넘었다. 나는 그런 글을 읽었고 또 믿었다. 만일 내가 그와 다른 글을 전혀 읽지 않았다면 계속해서 그것을 믿었을 것이다.

그런데 나는 그와 전혀 다른 글을 읽게 되었다. 나의 불가지론 매뉴얼의 다른 페이지를 열었는데, 그것으로 인해 내 머리가 완전히 뒤집히고 말았다. 이번에는 기독교가 너무 적게 싸우기 때문이 아니라 너무 많이 싸운다는 이유로 그것을 미워해야 한다는 것을 알았다. 기독교는 전쟁의 어머니처럼 보였다. 기독교는 온 세계를 피로 물들게 만들었다. 나는 그리스도인이 결코 화를 내지 않는다는 이유로 그에게 화를 내야만 했었는데, 이제는 그의 분노가 인류 역사상 가장 끔찍한 짓을 했기 때문에 그에게 화를 내야 한다고 들었다. 그리스도인의 분노가 온 땅을 가득 적시고 그 연기가 해에게까지 치솟았기 때문에 그래야 한다고. 기독교가 온순하고 무저항 일색이라고 기독교를 비난했던 사람들이 이제는 십자군의 폭력과 용맹을 문제로 삼아 그것을 비난하고 있었다. 그것은 (웬일인지) 싸우지 않았던 고백자 에드워드[6]와 싸웠던 사자왕 리처드[7]를 모두 갖고 있었던 가련한 옛 기독교의 잘못이었다.

쾌이커교도(평화주의자)들은 유일하게 그리스도인다운 사람들이었다(고 우리는 들었다). 그런데 크롬웰과 앨바[8]의 대량 학살 역시 기독교 특유의 범죄였다고 한다. 이게 무슨 뜻인가? 언제나 전쟁을 금하는 동시에 언제나 전쟁을 저지른 이 기독교는 도대체 무엇인가? 싸우려 하지 않는다고 욕먹었다가 돌아서선 항상 싸우려 한다고 욕먹고 있으니 도대체 어찌된 일인가? 이 엄청난 학살과 이 괴상한 온순함은 과연 어떤 수수께끼 같은 세계에서 태어난 것인

---

6. Edward the Confessor, 1002?–1066, 노르만 정복에 의한 왕국 성립 이전의 앵글로색슨계 최후의 영국 왕.

7. Richard Coeur, 1157–1199, 3차 십자군 전쟁을 이끈 영국의 리처드 1세.

8. Duke of Alva, 1508–1582, 네덜란드에서 스페인에 반대하여 일어난 반란군을 엄격하게 처벌할 것을 주장하고 가혹한 정책을 실행한 인물로서 반란자 18,000명의 학살에 실질적인 책임이 있는 인물로 추정되고 있다.

가? 기독교의 모습은 매 순간 더 괴상한 모양으로 변해 갔다.

나는 이제 세 번째 입장을 다루려고 하는데, 이는 기독교 신앙에 대한 진정한 반론인 만큼 셋 중 가장 강력한 것이다. 기독교에 대한 진정한 한 가지 반론은 그것이 하나의 종교에 불과하다는 것이다. 세상은 온갖 부류의 사람들로 가득 차 있는 광대한 곳이고, 기독교는 그 가운데서 한 부류에 국한되는 종교일 뿐이다(이렇게 말하는 게 타당하리라). 즉, 처음에 팔레스타인에서 시작되었다가 유럽에서 끝난 종교라는 것이다. 내가 젊었을 때는 이 주장에 상당히 감명을 받았고, 윤리 단체들에서 전파된 교리에 마음이 무척 끌렸다. 그것은 인간 양심의 무소부재에 바탕을 둔, 온 인류로 구성된 무의식적인 거대한 교회가 하나 있다는 교리를 일컫는다. 신조는 사람들을 분열시켰지만 적어도 도덕은 그들을 하나로 묶어 주었다고 했다. 영혼은 가장 낯설고 가장 먼 땅과 먼 시대를 추구하고 있을지 몰라도 여전히 인류의 본질적인 윤리적 상식을 찾을 수 있을 것이다. 가령, 동양의 나무 아래서 공자를 찾고 나서 "그대는 도둑질하지 말지니라"고 쓸 수도 있다. 또는 가장 원시적인 사막에서 가장 어려운 상형문자를 해독한 후 그것이 "어린아이들은 진실을 말해야 한다"는 뜻인 줄 알게 될 수도 있다.

나는 이처럼 모든 사람이 도덕의식을 갖고 있다는 면에서 만인이 형제라는 교리를 믿게 되었다. 그리고 다른 것들과 더불어 지금도 그렇게 믿고 있다. 그래서 나는 모든 시대와 제국들이 이런 정의와 이성의 빛을 완전히 놓쳤다는 기독교의 주장에 대해 무척 불쾌감을 느꼈다. 그런데 그때 깜짝 놀랄 만한 것을 발견했다. 플라톤에서 에머슨(Emerson)에 이르기까지 인류는 한 교회라고 말했던 바로 그 사람들의 입에서 도덕은 완전히 변했다는 말과 한 시대에 옳은 것이 다른 시대에는 틀리다는 소리를 들었던 것이다.

예컨대, 내가 제사용 제단을 요청하면, 우리에게는 그런 게 전혀 필요 없다는 말을 들었다. 우리의 형제들이 인류를 위해 인류 보편적인 관습과 이상의 형태로 명백한 신탁과 한 가지 신조를 주었기 때문이라고 한다. 하지만 내가 인류의 보편적인 관습의 하나가 제단을 갖는 것이었다고 부드럽게 지적하면, 불가지론자인 나의 선생들은 딱 돌아서서 인간은 언제나 어둠과 야만인의 미신 가운데 있었다고 말했다. 그들이 날마다 기독교를 비웃는 이유는, 기독교가 한 민족의 빛이었고 다른 모든 민족은 어둠 가운데 죽게 내버려 두었다는 기독교의 엉뚱한 주장 때문임을 나는 알았다.

그런데 나는 그들이 과학과 진보가 한 민족의 발견이었고 다른 모든 민족이 어둠 가운데 죽었다는 것을 그들 스스로 자랑스러워했다는 것도 알게 되었다. 기독교에 대한 그들의 주된 모욕거리는 사실상 그들 자신에 대한 주된 칭찬거리였다. 이 같은 그들의 두 가지 주장은 무척 불공평한 것처럼 보였다. 우리가 어떤 이방인이나 불가지론자를 생각할 때는 모든 사람이 한 가지 종교를 갖고 있었다는 것을 기억해야 한다. 반면에 우리가 어떤 신비주의자나 유심론자를 생각할 때는 어떤 이들이 얼마나 터무니없는 종교를 갖고 있었는지만 생각하면 된다.

우리가 에픽테투스[9]의 윤리를 신뢰할 수 있는 것은 그동안 윤리가 변하지 않았기 때문이다. 그러나 우리가 보쉬에[10]의 윤리를 신뢰하면 안 되는 것은 그동안에 윤리가 변했기 때문이다. 윤리는 이천 년 동안은 변하지 않았는데 불과 이백 년 동안 변했다.

이런 점이 경각심을 불러일으키기 시작했다. 기독교가 어떤 악이든 포용할 정도로 나쁘게 보이기보다는, 어떤 막대기든 기독교를 두들겨 패기에 적당할 만큼 좋게 보였다. 이처럼 사람들이 상대방을 반박하는 데 지나치게 신경을 쓰는 나머지 자가당착에 빠지는 것을 상관하지 않다니, 이 얼마나 놀라운 모습인가? 이와 똑같은 모습을 나는 사방에서 보았다. 여기서 그것을 상세하게 논의함으로 지면을 할애할 수는 없다. 그럼에도 혹시 내가 이 세 가지 사례를 불공정하게 선택했다고 생각하는 사람이 있을지 몰라서, 몇 가지 사례를 간단하게 더 살펴보도록 하겠다.

어떤 회의주의자들은 기독교의 큰 범죄를 가족에 대한 공격으로 지목하는 글을 썼다. 말하자면, 여성들을 가정과 자녀들로부터 끌어내어 은둔처에서 고독과 관조의 삶을 살도록 만들었다는

---

9. Epictetus, 55?-135?, 그리스의 스토아학파 철학자.

10. Jacques Benigne Bussuet, 1627-1704, 프랑스의 주교이자 모럴리스트이며, 프랑스에서 가장 위대한 웅변가 중 한 사람. 교황권에 맞서서 프랑스 교회의 권리를 변호했다.

것이다. 그러나 (약간 더 진보한) 다른 회의주의자들은 기독교의 큰 죄는 가정과 결혼을 우리에게 강요한 것이라고 말했다. 여성을 지겨운 살림살이와 자녀 양육에 묶어 놓았고 고독과 관조의 삶을 살지 못하도록 막았다는 것이다. 그러니까 전자와는 정반대의 비판을 한 셈이다. 또는 신약의 서신이나 결혼 예식에 나오는 특정 어구가 여성 지능의 멸시를 보여 준다고 말하는 반기독교인도 있다. 그러나 나는 오히려 반기독교인들이 여성의 지능을 멸시하는 모습을 보았다. 그들이 유럽 대륙에 있는 교회는 '여자들만' 다닌다고 크게 비웃었기 때문이다.

또 다른 예를 들자면, 그들은 기독교가 베옷을 걸치고 말린 완두콩만 먹는, 헐벗고 배고픈 종교라고 비난했다. 그런데 다음 순간에는 기독교가 반암(斑岩)으로 만든 신전과 황금 예복 등 사치스러움과 의식주의를 추구하는 종교라고 비난했다. 너무 수수하다고 욕을 먹는 동시에 너무 화려하다고 욕을 먹은 셈이다. 그리고 기독교는 성(性)을 너무 많이 억제한다고 항상 비난을 받아왔는데, 맬서스주의자[11]인 브래들로는 기독교가 오히려 성을 너무 적게 억제한다고 생각했다. 기독교는 종종 단정한 품위가 있는 동시에 종교적인 낭비벽이 있다고 비난받는다.

무신론자가 쓴 어떤 팸플릿을 읽어 보니 한 군데에서는 "십인십색"이라는 식으로 기독교의 불일치를 책망하고, 다른 대목에서는 "이 세상이 타락하지 못하게 막는 것은 의견의 차이다"라고 말하면서 기독교의 통일성을 책망하는 것이 눈에 들어왔다. 자유사상 가인 내 친구는 동일한 대화에서 기독교가 유대인을 멸시한다고 비난하더니, 조금 뒤에는 너무 유대적이라는 이유로 기독교를 멸 시하는 소리를 내뱉었다.

당시에 나는 무척 공정해지고 싶었고, 지금도 그렇다. 나는 기 독교에 대한 공격이 모두 틀렸다고 결론내린 것은 아니었다. 만일 기독교가 틀렸다면 정말로 매우 틀린 것이 분명하다는 결론에 도 달했을 뿐이다. 그처럼 온갖 혐오스러운 모습이 어느 하나에 결집 되어 있을 수는 있으나, 그렇다면 그것은 매우 이상하고 유일무이 한 사례임이 틀림없다.

구두쇠면서 동시에 돈을 낭비하는 사람들이 있긴 하지만 매우 드물다. 호색적인 동시에 금욕적인 사람이 있긴 하지만 매우 드물 다. 그런데 만일 온갖 터무니없는 모순으로 똘똘 뭉쳐진 이런 덩 어리가 정말로 존재한다면, 즉 근엄하면서도 잔인하고, 매우 멋있 으면서도 초라하기 그지없고, 무척 소박하면서도 안목의 정욕에 영합할 정도로 화려하고, 여성의 적이면서도 그들의 피난처이고, 엄숙한 비관주의자이면서도 멍청한 낙관주의자인 이런 악이 만일 존재한다면, 그 속에는 아주 특출하고 유일무이한 그 무엇이 분명

---

11. 영국의 경제학자이자 인구통계학자인 맬서스(Malthus, 1766–1834)를 추종하는 사람. 맬 서스주의는 사회악의 원인을 인구과잉으로 보기 때문에 식량에 맞게 인구를 억제해야 하며 그 방법으로 성욕의 억제를 주장한 이론.

히 있을 것이다. 합리주의자인 내 선생들은 그처럼 예외적인 타락의 실체에 대해 아무런 설명도 내놓지 않았기 때문이다.

기독교는 (이론적으로 말하자면) 그들의 눈에 그저 평범한 신화와 유한한 인간이 범한 한 가지 잘못으로 비쳤을 뿐이었다. 그들은 이 왜곡되고 부자연스런 악을 이해하는 데 필요한 열쇠를 나에게 주지 않았다. 이런 악의 역설은 초자연적인 수준까지 올라갔다. 그것은 실로 교황의 무오성에 버금갈 정도로 초자연적인 것이었다. 한 번도 옳았던 적이 없는 역사적 기관은 한 번도 틀릴 수 없는 기관만큼이나 보기 드문 기적이 아닐 수 없다. 곧바로 내 머릿속에 떠오른 생각은, 기독교는 천국이 아니라 지옥에서 온 것이라는 설명 말고는 달리 그것을 설명할 길이 없다는 것이었다. 나사렛 예수가 만일 그리스도가 아니라면, 그는 분명 적그리스도(Antichrist)였음에 틀림없다는 생각이 문득 들었다.

그 후 어느 고요한 시간에 이상한 생각이 천둥번개처럼 내 머리를 때렸다. 내 머릿속에 또 다른 설명이 갑자기 떠올랐던 것이다. 가령, 우리가 모르는 어떤 인물이 많은 사람의 입방아에 오르내리는 것을 들었다고 하자. 일부 사람은 그의 키가 너무 크다고 하고 다른 이들은 너무 작다고 말하고, 일부는 그가 너무 뚱뚱해서 싫다고 하고 또 다른 일부는 너무 말라서 불쌍하다고 말하고, 일부는 그가 너무 검다고 생각하고 다른 일부는 너무 희다고 여기는 소리를 듣고 나서 우리가 어리둥절해졌다고 하자. 이에 대해 (이미 인정한 바 있듯이) 그가 괴상한 모습을 갖고 있는 듯하다고 말하는 것이 한 가지 설명 방법이다. 하지만 또 다른 설명 방법이 있다. 그가 알맞은 모습을 갖고 있는 듯하다고 말하는 것이다. 굉장히 키가 큰 사람들은 그를 키가 작은 사람으로 느낄 것이다. 아주 작은 사람들은 그를 큰 사람으로 느낄 것이다. 갈수록 살찌고 있는 옛 친구들은 그가 충분히 살이 찌고 있지 않다고 생각할 테고, 갈수록 날씬해지고 있는 멋쟁이들은 그가 우아한 몸매를 벗어나 덩치가 커지고 있다고 생각할 것이다. (창백한 머리카락을 갖고 있는) 스웨덴 사람은 그를 까만 사람이라고 부를 테고, 니그로는 그를 금발이 돋보이는 사람으로 간주할 것이다.

어쩌면 이 비범한 것이 실제로는 평범한 것일지도 모른다는 생각이 들었다. 아니, 적어도 그 중심은 정상적인 것일 수도 있다는 말이다. 말하자면, 기독교는 온전한 데 비해 그 모든 비판가들이 이런저런 모양으로 미쳤을지도 모른다는 생각이 든 것이다.

이 생각을 시험하기 위해 그 비판가들 가운데 혹시 병적인 면을 갖고 있는 사람이 없을까 하고 자문해 보았다. 그리고는 이 열쇠가 자물쇠에 딱 들어맞는다는 점을 발견하고는 깜짝 놀랐다. 예를 들어, 현대 세계가 기독교를 비난할 때 신체적 금욕과 예술적 화려함을 동시에 공격하는 일은 이상하기 그지없는 것이었다. 현대 세계 자체가 극단적인 몸의 사치와 예술적 화려함의 부재를 함께 묶는 것은 참으로 괴상한 현상이었다. 현대인은 베켓[12]의 예복이 너무 사치스럽고 그의 음식은 너무 형편없다고 생각했다. 그러나 현대인은 역사상 유례가 없을 정도로 꼴사나운 옷을 입고 진수성찬을 먹는, 참으로 이례적인 모습을 보여 줬다. 너무나 복잡한 현대생활을 영위하는 현대인이 교회가 너무 단순하다는 것을 발견했다. 너무나 시시한 현대생활을 영위하는 현대인이 교회가 너무 멋있다는 것을 발견했다. 평범한 금식과 잔치를 싫어했던 사람이 갑자기 앙트레에 빠졌다. 정장을 싫어했던 사람이 터무니없이 비싼 바지를 입었다. 만약 거기에 광기가 조금이라도 있다면, 그것은 흘러내리는 예복이 아니라 그 바지에 있었다. 만약 거기에 광기가 조금이라도 있다면, 그것은 빵과 포도주가 아니라 그 사치스러운 앙트레에 있었던 것이다.

나는 모든 사례를 하나씩 점검한 결과 그 열쇠가 이제까지 잘 들어맞는다는 것을 알게 되었다. 왜 스윈번이 그리스도인의 불행에 짜증을 냈고, 실은 그들의 행복에 더 많은 짜증을 냈는지는 쉽게 설명될 수 있었다. 그것은 기독교가 지닌 합병증 때문이 아니라 스윈번이 가진 합병증 때문이었다. 그리스도인의 절제가 그를 슬프게 한 것은 그가 건강한 사람보다 더 쾌락을 추구하는 인물이기 때문이고, 그리스도인의 신앙이 그를 화나게 만든 것은 그가 건강한 사람보다 더 비관적인 인물이기 때문이었다. 마찬가지로, 맬

---

12. Thomas Becket. 영국의 성직자, 정치가, 순교자.

서스주의자들이 본능적으로 기독교를 공격한 것은 기독교에 어떤 반(反) 맬서스적인 요소가 있기 때문이 아니라, 맬서스주의에 약간은 반(反) 인간적인 요소가 있기 때문이었다.

기독교에서 찾은 역설적 진리

그럼에도 불구하고, 나는 기독교가 이치에 맞고 중립적인 입장을 갖고 있다고 느낄 수 없었다. 그 속에는 세속주의자의 피상적인 비판을 정당화시킬 만한 강조점과 심지어 광적인 요소도 있는 게 사실이었다. 어쩌면 기독교가 현명할지도 모른다는 생각이 들었다. 나는 점점 더 그것이 현명하다고 생각하기 시작했다. 기독교가 단지 세상적으로 현명하고, 그저 절제를 잘하고 존경할 만한 모습을 갖고 있는 것이 아니라는 생각이었다. 기독교의 맹렬한 십자군과 온유한 성자들이 어쩌면 서로 균형을 맞추고 있는 것인지도 모른다. 그럼에도 십자군은 매우 맹렬했고 성자들은 모든 예절의 수준을 뛰어넘을 정도로 매우 온유했다.

바로 이런 식으로 추측을 하던 시점에 나는 순교와 자살에 관한 내 생각을 더듬었다. 이 문제를 보니, 온전한 정신과 매한가지인 두 개의 비정상적인 입장들 사이의 조합이 거기에 있었다. 이는 또 다른 모순에 해당했으며, 내가 이미 진리로 발견한 것이었다.

이것은 회의주의자들이 틀린 것으로 여겼던 역설적인 진리의 하나였다. 하지만 나는 그 진리를 옳은 것으로 발견했었다. 그리스도인들이 열광적으로 순교를 사랑하거나 자살을 미워했다고 해도, 내가 기독교를 꿈꾸기 오래전에 그것들에 대해 품었던 열정보다 그들이 더 강하게 느꼈던 적은 없었다. 그때 정신작용의 가장 어렵고도 흥미로운 단계가 열렸고, 나는 이 아이디어를 거대한 신학 사상을 따라 희미하게 추적하기 시작했다. 그 아이디어는 내가 낙관주의자와 비관주의자의 문제를 다룰 때 훑어본 것이었다. 즉, 우리는 두 개의 합성이나 타협을 원하지 않고 절정에 이른 그 두 가지를 모두 원한다는 것. 말하자면, 사랑과 분노가 모두 불타는 상태를 원한다는 뜻이다.

여기서 나는 윤리와 관련해서만 그 아이디어를 추적할까 한다. 그런데 이 조합의 아이디어가 진정 정통신학의 중심에 있다는 사실을 굳이 독자에게 상기시킬 필요는 없을 것이다. 정통신학은 그리스도가 요정처럼 하나님과 사람으로부터 동떨어진 존재가 아닐 뿐더러, 켄타우로스처럼 반쪽은 인간, 반쪽은 동물의 존재도 아니고, 100퍼센트 사람인 동시에 100퍼센트 하나님이라고 주장했기 때문이었다. 이제 내가 발견한 대로 이 개념을 추적해 볼까 한다.

온전한 정신을 가진 모든 사람은 온전한 상태가 일종의 평형 상태임을 알 수 있다. 즉, 어떤 사람은 미쳐서 너무 많이 먹거나 너무 적게 먹을 수 있다. 일부 현대인은 모호한 진보와 진화의 개념을 들고 나타나서 아리스토텔레스의 중용(또는 균형)을 깨려고 한다. 그들은 우리가 본래 점차적으로 배를 굶든지 아침마다 조금씩 더 많은 식사를 하되 영원히 그렇게 하게끔 되어 있다는 식으로 주장하는 것 같다. 그러나 중용의 자명한 이치는 모든 생각하는 사람들에게 여전히 타당하다. 그런즉 이 사람들은 자기들의 균형 말고는 어떤 균형도 깨뜨리지 못한 셈이다. 그런데 우리 모두 균형을 지켜야 한다는 것을 시인하더라도, 진정한 관심사는 어떻게 그 균형이 지켜질 수 있는가 하는 문제다. 이것이 바로 이방사상이 풀려고 애썼던 문제였다. 그리고 나는 바로 기독교가 이 문제를 아주 이상한 방식으로 풀었다고 생각한다.

이방사상은 미덕이 균형 속에 있다고 선언했다. 반면에 기독교는 그것이 갈등, 즉 상반된 듯한 두 가지 정열의 충돌 속에 있다고 단언했다. 물론 이 둘은 정말로 서로 모순되는 것은 아니었으나, 양자를 동시에 견지하는 일은 어려웠다. 여기서 잠시 순교와 자살의 실마리를 따라가 보고, 이어서 용기의 사례를 다루어 보자.

용기의 문제보다 이성적인 현인들의 머리를 더 혼란스럽게 만든 것은 일찍이 없었다. 용기는 그 자체가 거의 모순적인 용어다. 그것은 죽을 준비를 갖추면서도 살고 싶은 강한 욕망을 뜻한다. "자기의 목숨을 잃고자 하는 사람은 그것을 구할 것이다"라는 말은 성자와 영웅을 위한 신비로운 말이 아니다. 그것은 선원이나 등산객을 위한 일상적인 충고이다. 그러므로 등반 가이드나 훈련

교범에 인쇄되어도 좋을 말이다. 이 역설이 바로 용기의 원리이다. 심지어 이것은 상당히 세속적이거나 잔인한 용기에도 적용된다. 바다에 의해 차단된 사람은 절벽 위에서 생명을 잃을 위험을 감수할 경우에만 생명을 구할 수 있을 것이다. 그는 계속 죽음을 향해 조금씩 나아가야만 죽음에서 벗어날 수 있을 것이다. 적군에게 둘러싸인 군인이 길을 뚫고 나가고 싶다면, 죽음을 개의치 않는 이상한 태도와 살고자 하는 강한 욕망을 서로 묶을 필요가 있다. 그는 생명에 집착하기만 해서는 안 된다. 그럴 경우 겁쟁이가 되어 거기서 벗어날 수 없을 것이기 때문이다. 또한 그는 죽음만 기다리고 있어서도 안 된다. 그럴 경우 자살하는 셈이어서 거기서 벗어날 수 없을 것이기 때문이다. 그는 생명에 지극히 무관심한 정신으로 생명을 구하려고 해야만 한다. 말하자면, 물처럼 생명을 간절히 원하되 포도주처럼 죽음을 마시지 않으면 안 된다. 이제까지 철학자들 가운데 이 낭만적인 수수께끼를 유창하게 설파한 인물은 한 명도 없었던 것으로 알고 있고, 나 역시 그렇게 하지 못했다.

그러나 기독교는 그 이상의 일을 했다. 기독교는 그 한계를 자살한 인물의 무덤과 영웅의 무덤 안에 표시했다. 그럼으로써 삶을 위해 죽는 사람과 죽음을 위해 죽는 사람 사이의 거리를 보여 준 것이다. 그리고 기독교는 그때 이후로 유럽인의 창 위로 기사도에 담긴 신비의 깃발을 높이 쳐들었다. 즉, 생명을 경멸하는 중국인의 용기를 든 게 아니라, 죽음을 경멸하는 기독교의 용기를 높이 들었던 것이다.

그때서야 나는 이 이중적인 열정이야말로 곳곳에서 기독교가 제시하는 윤리의 열쇠임을 알기 시작했다. 도처에서 이 신조는 두 가지 격렬한 감정의 고요한 충돌로부터 중용의 태도를 만들어 냈다. 이를테면, 겸손(modesty)을 생각해 보라. 이는 순전한 자만과 순전한 굴종 사이의 균형점이다. 평균적인 이방인은 평균적인 불가지론자와 같이 이런 식으로 말할 것이다. 자기는 자족하고 있지만 오만한 자기만족에 빠지지는 않아서 자기보다 나은 사람도 많고 못한 사람도 많다는 것과 얼마 안 되는 공적이지만 자신이 갖고 있다는 것을 알게 되리라고 말이다. 이것은 그가 의기양양하게 걷겠지만 거만하게 굴지는 않을 것이라는 뜻이다. 이는 남자답고 합리적인 입장이지만, 우리가 낙관주의와 비관주의의 타협안에 반대할 때 살펴보았던 그 반론을 받을 여지가 있다.

그것은 바로 매튜 아놀드가 말하는 '체념'(resignation)이다. 이는 두 가지를 섞어 놓은 것인 만큼 그 둘을 희석시킨 것이나 마찬가지다. 둘 중 어느 편도 완전한 힘을 발휘하거나 완전한 색깔을 내놓지 못한다. 이 적당한 자만심은 나팔을 부는 것처럼 마음을 치켜 올리지는 않는다. 당신은 이를 위해 진홍색과 황금빛 옷을 입을 수는 없다. 반면에, 이 온건한 합리주의적 겸손은 영혼을 불로 정화시켜 크리스털처럼 투명하게 만들지 못한다. 또한 (엄격한 겸손과 같이) 사람을 어린아이와 같은 모습으로 만들지도 못한다.

그 겸손은 그로 하여금 위를 쳐다보고 경이로움을 목격하게 만들지 못한다. 엘리스가 '이상한 나라의 엘리스'가 되려면 작게 자라야 하기 때문이다. 따라서 그것은 자만하게 되는 시심과 겸손하게 되는 시심을 모두 잃고 만다. 기독교는 이와 똑같은 이상한 방편을 사용하여 이 양자를 모두 구하려고 애썼다.

기독교는 두 아이디어를 분리시킨 뒤에 두 가지를 모두 과장했다. 어떤 면에서 사람은 과거 어느 때보다 더 오만해져야 했다. 다른 면에서는 과거 어느 때보다 더 겸손해져야 했다. 내가 사람인 한, 나는 피조물의 우두머리이다. 내가 사람인 한, 나는 죄인들의 우두머리이다. 비관주의를 낳았던 모든 겸손, 즉 자신의 운명에 대해 모호하거나 초라한 견해를 갖게 했던 그 모든 겸손은 사라져야 했다. 우리는 인간이 짐승보다 나은 게 없다고 하는 전도서의 울부짖음이나 사람은 들의 모든 짐승 가운데 가장 슬픈 존재라고 했던 호머의 끔찍한 외침을 더 이상 들어서는 안 되었다. 사람은 동산을 이리저리 거니는 하나님의 형상이었다. 사람은 모든 짐승보다 뛰어난 존재였다. 그리고 사람이 슬펐던 것은 그가 짐승이 아니라 부서진 신(god)이기 때문이었다. 그리스인은 사람들을 가리켜 마치 땅에 매달리듯이 그 위를 기어 다니는 존재라고 말했었다. 그런데 사람은 정복하듯이 땅을 밟도록 되어 있었다. 기독교가 말하는 인간의 존엄성은 오로지 해와 같이 빛나고 공작의 깃털과 같이 이름다운 왕관으로만 표현될 수 있었다.

그러나 이와 동시에 기독교는 금식과 놀라운 순종, 성 도미니크[13]의 잿빛 유해와 성 베르나르[14]의 흰 눈(雪) 등으로만 표현될 수 있는, 인간의 왜소함에 관한 사상도 품을 수 있다. 인간이 자신의 자아에 관해 생각해 보면, 거기엔 쓸쓸한 단념과 쓰라린 진실을 얼마든지 불러일으킬 만한 추억과 공허함이 있었다. 거기서 현실적인 신사는 스스로를 놓아 줄 수 있었다. 자신을 그 자신에게 놓아 주는 한은 말이다. 거기에는 행복한 비관주의자를 위한 열린 놀이터가 있었다. 그 사람이 자기 존재의 원초적인 목적을 모독하지만 않는다면 얼마든지 스스로를 비난하도록 내버려 두라. 스스로를 바보라고, 심지어 저주받은 바보라고 부르도록 내버려 두라(이는 칼뱅주의자의 소리이긴 하지만). 그러나 그가 바보는 구원할 만한 가치가 없다는 식으로 말해서는 안 된다. 사람은 무가치한 존재일 수 있다는 식으로 말해서도 안 된다. 여기서 다시금, 기독교는 심히 상반되는 이 두 가지를 묶어 놓되 그 둘을 격렬한 상태 그대로 견지하는 일을 성공적으로 수행했다. 교회는 이 두 가지에 대해 긍정적이었다. 인간은 자신을 지나치게 경시하는 것도, 자신의 영혼을 지나치게 중시하는 것도 거의 불가능하다.

또 다른 사례로, 매우 야박한 이상주의자들이 꽤 쉽게 생각하는

---

13. St. Dominic, 1170?–1221, 에스파냐의 사제이며 도미니크수도회의 창설자.

14. St. Bernard, 996–1081, 프랑스의 사제, 길 잃은 여행자와 순례자를 위해 알프스 산중에 구호소를 세우고 그들을 돌보았다. 등산가의 수호성인.

자비(charity)에 대한 복잡한 문제를 생각해 보자. 자비는 겸손과 용기처럼 하나의 역설이다. 대놓고 말하면, 자비는 용서할 수 없는 행위를 용서하거나 사랑할 수 없는 사람을 사랑하는 것 중 하나를 의미한다. 만일 우리가 (자만심의 경우에 그랬듯이) 분별 있는 이 방인이 이런 주제에 대해 어떻게 생각할까 하고 자문해 보면, 우리는 아마 밑바닥에서부터 시작하게 될 것이다. 분별 있는 이방인이라면 자기가 용서할 수 있는 사람들과 용서할 수 없는 사람들이 있다고 말할 것이다. 가령, 포도주를 훔친 노예에 대해서는 그냥 웃고 넘어갈 수 있다. 하지만 자기의 은인을 배반한 노예는 죽음에 처할 수 있고, 죽은 후에도 저주를 받을 수 있다. 그 행위가 용서받을 수 있는 한, 그 사람도 용서를 받을 수 있다. 이것은 합리적이고 참신하기까지 하다. 하지만 어디까지나 희석된 태도에 불과하다. 그것은 무죄한 자 속에 있는 위대한 아름다움과 같은 불의에 대한 혐오가 들어설 여지를 남겨놓지 않는다. 그리고 자비로운 자의 매력과 같은 사람들을 위한 순전한 부드러움이 들어설 자리도 남겨놓지 않는다.

기독교는 이전과 같이 이 지점에 들어왔다. 놀랍게도 칼을 들고 와서 그것들을 하나씩 갈라놓았다. 범죄를 죄인으로부터 분리시켰다. 우리는 죄인을 일곱 번씩 일흔 번이라도 용서해야 하지만, 범죄는 결코 용서해서는 안 된다. 포도주를 훔친 노예가 부분적으로는 분노를, 부분적으로는 친절을 불러일으키는 것으로는 충분하지 않았다. 우리는 도둑질에 대해 이전보다 훨씬 더 분노해야 하지만, 도둑에 대해서는 이전보다 훨씬 더 친절해야 한다. 분노의 자리와 터무니없을 만큼 큰 사랑의 자리가 모두 있어야 한다.

기독교적 역설의 업적

나는 기독교에 대해 생각하면 할수록 기독교가 규율과 질서를 확립했고, 그 질서의 주된 목적은 선한 것이 마구 퍼지도록 할 자리를 만들어 주는 것임을 더욱 발견했다. 정신적 자유와 감정적인 자유는 보이는 것만큼 단순하지 않다. 이 자유들은 거의 사회적 자유와 정치적 자유만큼이나 법과 조건 사이의 신중한 균형이 필요하다. 처음에는 모든 것을 자유롭게 느끼기 시작하는 평범한 심미적 무정부주의자가 결국에는 느끼는 것 자체를 막는 역설적 상황에 빠지게 된다. 그는 가정의 테두리를 벗어나서 시를 쫓는다. 그러나 가정의 테두리를 느끼는 것이 중단되면서 더 이상 '오디세이'를 느끼지 못하게 된다. 그는 민족적 편견과 애국심으로부터 자유롭지만 애국심에서 벗어남으로써 '헨리 5세'로부터 벗어난 셈이다. 이런 문학가는 한마디로 모든 문학의 바깥에 있다. 그 어떤 편협한 사람보다 죄수에 더 가깝다.

만일 당신과 세계 사이에 벽이 있다면, 당신이 스스로를 벽 안에 갇혀 있다고 묘사하든 벽 밖으로 쫓겨났다고 묘사하든 거의 차이가 없다. 우리가 원하는 것은 모든 정상적인 정서 바깥에 있는 보편성이 아니다. 우리는 모든 정상적인 정서 안에 있는 보편성을 원한다. 한 사람이 감옥에서 벗어나는 것처럼 자유로운 것과 한 사람이 어떤 도시에서 벗어나는 것처럼 자유로운 것에는 큰 차이가 있다. 나는 원저 성으로부터 자유롭지만(즉, 나는 거기에 강제로 갇혀 있지 않다), 그 건물에 대해 자유로운 상태에 있는 것은 아니다. 어떻게 하면 사람이 섬세한 감정들에 대해 자유로운 가운데 그것을 손상시키거나 학대하지 않고 안정된 공간에서 잘 처리할 수 있을까? 이것이 바로 병행하는 두 열정에 관한 기독교적 역설이 이룩한 업적이다. 신과 악마 사이의 전쟁, 세계의 반란과 멸망에 관한 근본적인 도그마를 인정한다면, 그들의 낙관주의와 비관주의는 순수한 시로서 폭포수처럼 풀어놓아질 수 있을 것이다.

성 프란체스코는 모든 선을 찬미하는 면에서 월터 휘트먼(Walter Whitman)보다 더 열광적인 낙관주의자일 수 있다. 성 제롬은 모든 악을 비난하는 면에서 쇼펜하우어보다 더 어둡게 세계를 묘사할 수 있다. 이 두 가지 열정은 모두 제자리에 보존되어 있었기 때문에 자유로운 상태였다. 낙관주의자는 전쟁에 나갈 때 연주되는 신나는 행진곡과 황금색 트럼펫, 그리고 보라색 깃발에 온갖 찬사를 쏟아부을 수 있다. 그러나 그 싸움을 불필요한 것이라고 말해서는 안 된다. 비관주의자는 넌더리나는 행진이나 피 묻은 상처를 얼마든지 부정적으로 묘사할 수 있다. 그러나 그 싸움을 절망적인 것이라고 말해서는 안 된다. 이는 자만, 저항, 연민 등 다른 모든 도덕 문제에도 그대로 적용된다. 교회는 주요 교리를 정의함으로써 서로 모순되는 듯이 보이는 것들을 나란히 보존했을 뿐 아니라 그것들이 무정부주의자에게만 가능했던 예술적 폭력의 형태로 표출되도록 허용하기까지 했다. 온유함은 광기보다 더 드라마틱하게 변했다. 역사적 기독교는 고도의 이상한 도덕적인 반전으로 떠올랐다. 말하자면, 네로의 범죄가 악덕인 것과 같이 기독교는 미덕에 해당되는 것이 되었다는 뜻이다. 분노의 영과 자비의 영은 플랜태저넷 왕가의 가장 위대한 첫 번째 왕[15]을 개처럼 매질했던 수도사의 잔인함에서부터 공개적인 사형 집행 장소에서 피투성이인 죄수의 머리에 입을 맞췄던 성 카타리나[16]의 숭고한 연민에 이르기까지 참으로 끔찍하고 매력적인 형태들을 취하였다. 시(詩)는 작문될 수 있는 것처럼 행동으로 실현될 수도 있다.

이처럼 영웅적이고 기념비적인 윤리적 태도는 초자연적인 종교와 함께 완전히 사라져 버렸다. 그들은 겸손했기에 스스로를 보여줄 수 있었다. 하지만 우리는 너무 교만해서 두드러질 수가 없다.

---

15. 영국 중세의 왕가인 플랜태저넷 왕가(1154-1399)에 속한 국왕 헨리 2세(1154-1189)는 캔터베리 대주교인 토머스 베켓을 살해했고, 그 사건으로 공개 고해성사에 회부되었다.

16. St. Catherine. 체스터턴은 시에나의 성녀 카타리나(1347-1380)의 일생에 나오는 한 에피소드를 언급하고 있다. 그녀는 감옥에 갇힌 기사 니콜라스 디 톨도를 위로하고 참수대까지 그를 따라가 그의 잘려진 머리를 자기 손으로 직접 받았다.

우리의 윤리 선생들은 감옥의 개혁을 위해 그럴듯한 글을 쓴다. 그러나 캐드베리 씨[17]와 같은 유명한 자선가가 레딩 감옥에 들어가서 석회가 뿌려지기 전에 교수형을 당한 시체를 포옹하는 모습은 볼 수 없을 것 같다. 우리의 윤리 선생들은 백만장자의 힘을 비판하는 글을 온건하게 쓴다. 그러나 록펠러 씨와 같은 현대의 폭군이 웨스트민스터 사원에서 공개적으로 매질을 당하는 모습은 볼 수 없을 것 같다.

그러므로 세속주의자들의 이중적인 비판은 누워서 스스로에게 침을 뱉는 격이며, 오히려 기독교 신앙에 진정한 빛을 던져 주고 있다. 물론 역사적 교회가 독신을 강조하는 동시에 가족을 강조한 것은 사실이다. 아울러 (이렇게 표현해도 좋다면) 자식을 갖는 것을 열렬히 지지하는 동시에 자식을 갖지 않는 것도 지지했다. 기독교는 성 조지의 방패 위에 있는 빨간색과 하얀색처럼, 두 개의 강렬한 색깔을 나란히 보유했다. 하지만 바람직하게도 핑크색은 언제나 미워했다. 기독교는 철학자들의 나약한 편의주의를 상징하는 두 색깔의 배합을 미워한다. 검은색이 하얀색으로 변해 가는 것, 곧 더러운 회색이 되는 것을 미워한다. 처녀성에 관한 교회의 이론은 이와 같이 상징적으로 진술될 수 있다. "하얀색은 단순히 색이 없을 뿐 하나의 색깔이다." 내가 여기서 주장하는 것은, 대부

---

17. George Cadbury, 1839–1922, 코코아 제조업자이자 자선사업가. 자유당원이자 데일리 뉴스의 경영자이기도 했다. 체스터턴은 이 신문에 정기적으로 기고했다.

분의 경우에 기독교는 두 색깔을 그 순수한 상태로 공존하게 만들려고 노력해 왔다고 표현될 수 있다. 그것은 적갈색이나 보라색과 같은 혼색이 아니다. 오히려 보기에 따라 색깔이 변하는 양색 비단과 같다. 양색 비단을 보는 데는 틀린 각도가 없고 거기에는 십자모양의 패턴이 있다. 이것은 기독교를 향해 순종과 학살의 종교라고 비난하는 반기독교인의 상충된 비판에서도 그대로 적용된다. 교회가 일부 사람에게는 싸우라고 하고, 또 다른 일부에게는 싸우지 말라고 말한 것은 엄연한 사실이다. 그리고 싸운 자들은 천둥번개와 같았고 싸우지 않은 자들은 동상과 같았던 것도 사실이다. 이 모든 것은 교회가 한편으로는 교회의 초인들(Supermen)을 이용하고, 다른 한편으로는 톨스토이주의자들을 이용하기를 선호했다는 것을 의미할 뿐이다.

새로운 균형점의 발견

전투적인 삶에는 무언가 선한 것이 있음이 틀림없다. 그토록 많은 선량한 사람들이 군인이 되는 것을 즐겨왔기 때문이다. 무저항의 사상에도 무언가 선한 것이 있음이 분명하다. 그토록 많은 선량한 사람들이 퀘이커교도가 되는 것을 즐기는 듯 보이기 때문이다. (이와 관련해서) 교회가 행한 일이라고는 이 선한 것들 중 어느 하나도 다른 하나를 축출하지 못하도록 막는 일이었다.

　수도사의 도덕관념을 품은 톨스토이주의자들은 수도사가 되었다. 퀘이커교도들은 종파가 되지 않고 하나의 클럽이 되었다. 수도사들은 톨스토이가 하는 말을 그대로 따라했다. 전쟁의 잔인함과 복수의 무익함을 유창한 언사로 탄식한 것이었다. 그러나 톨스토이주의자들은 온 세상을 운행할 수 있을 만큼 옳지는 않다. 그리고 신앙의 시대에는 그들에게 세상을 운영할 수 있는 권한이 허락되지 않았다. 이 세계는 제임스 더글라스 경[18]의 최후의 돌격이나 잔 다르크의 기치를 잃지 않았다. 아울러 때로는 이런 순수한 온유함과 순수한 맹렬함이 만났고, 양자의 접합을 정당화했다. 모든 선지자들이 선포한 역설이 성취된 셈이었다. 그리고 성루이(St. Luis)의 영혼 속에는 사자가 어린양과 함께 누워 있었다. 그런데 이 텍스트(이사야 11장-역주)가 너무 가볍게 해석되고 있다는 사실을 기억하라. 특히 톨스토이식 해석에서는 사자가 어린양과 함께 누우면 사자가 어린양처럼 된다고 확신한다. 그러나 이것은 어린양이 만든 잔혹한 합병과 제국주의이다. 그것은 사자가 어린양을 먹어 치우는 대신에 어린양이 사자를 흡수하는 것과 다름없다. 진짜 문제는 이것이다. 과연 사자는 어린양과 함께 누우면서

---

18. Sir James Douglas, 1286?-1330. 1319년에 잉글랜드를 침략하여 많은 도시를 약탈한 스코틀랜드인. 그는 에드워드 3세와 평화 조약을 맺은 뒤에 성지(팔레스타인) 순례를 시작했으나 안달루시아에서 무어인들과 싸우다가 죽임을 당했다.

도 자신의 왕 같은 사나움을 그대로 보유할 수 있을까? 이것이 바로 교회가 풀려고 했던 문제이자 교회가 이룩한 기적이다.

이것이 내가 삶의 숨은 변칙성을 추측하는 일이라고 불렀던 것이다. 이는 사람의 심장이 중앙에 있지 않고 왼쪽으로 치우쳐 있는 것을 아는 것이다. 이는 지구가 둥글다는 것을 알 뿐 아니라 정확히 어느 지점이 편평한지를 아는 것이기도 하다. 기독교 교리는 삶의 변칙성을 간파했다. 즉, 삶의 법칙을 발견했을 뿐 아니라 예외적인 것들도 내다보았던 것이다. 기독교가 자비를 발견했다고 말하는 사람들은 기독교를 과소평가하는 것이다. 누구든지 자비를 발견할 수 있기 때문이다. 실은 모든 사람이 그걸 발견했다. 그러나 자비로운 동시에 엄격하게 되기 위한 계획을 발견하는 일은 인간 본성이 지닌 이상한 필요를 미리 내다보는 일이었다. 왜냐하면 큰 죄를 마치 작은 죄인 것처럼 용서받고 싶은 사람은 없기 때문이다. 누구든지 우리가 아주 비참해지거나 아주 행복해져서는 안 된다고 말할 수는 있다. 그런데 아주 행복해지는 것을 불가능하게 만들지 않으면서 어디까지 비참해질 수 있는지를 알아내는 일은 심리학이 발견한 것이다. 누구든지 "뽐내지도 말고 비굴해지지도 말라"고 말할 수는 있다. 그것이 하나의 한계선이었을 것이다. 그러나 "여기서는 당신이 뽐내도 무방하고 저기서는 비굴해져도 좋다"고 말하는 것은 해방의 소리였다. 이것은 기독교 윤리에 관한 중대한 사실로서, 바로 새로운 균형점의 발견이었다.

이방사상은 대칭으로 균형을 잡아서 똑바로 선 대리석 기둥과 같았다. 기독교는 주춧대를 건드리면 흔들거리면서도 거기서 파생된 것들이 서로 균형을 잡아 주기 때문에 천년 동안 보좌에 놓여 있었던, 울퉁불퉁하고 거대한 낭만적인 바위와 같았다. 고딕 성당에서는 기둥들이 모두 달랐지만 그 모두가 필요했다. 각 받침기둥은 우발적이고도 환상적인 받침기둥처럼 보였다. 각 지지대는 임시변통의 지지대였다. 마찬가지로 기독교 세계에서도 그처럼 우발적으로 보이는 요소들이 균형을 잡았다. 대주교였던 베켓은 황금색과 심홍색의 예복 아래 고행자가 입는 거친 모직 셔츠를 입고 있었다. 그러한 복장의 조합에 대해서는 많은 이야기를 할 수 있는데, 그는 거친 모직 셔츠의 혜택을 받았고, 길거리에 있는 사람들은 황금색과 심홍색 예복의 혜택을 받았기 때문이다. 이는 적어도 남을 의식해서 겉으로는 단조로운 검은색을 입고 가슴 가까이는 황금으로 치장하는 오늘날 백만장자의 모습보다 훨씬 낫다.

하지만 이런 균형이 베켓의 경우처럼 한 사람의 몸에 항상 있었던 것은 아니다. 그 균형은 종종 기독교 세계의 몸 전체에 퍼져 있었다. 한 사람이 북방의 눈 위에서 기도하고 금식한 덕분에 남방 도시들에서 거행된 축제에서 꽃이 만발할 수 있다. 광신자들이 시리아의 모래 위에서 물을 마신 덕분에 사람들은 잉글랜드의 과수원에서 사과즙을 여전히 마실 수 있다. 바로 이 점이 기독교 세계를 이방제국에 비해 훨씬 복잡하게 만드는 것인 동시에 흥미롭게 만드는 것이다. 마치 프랑스의 아미앵 성당이 그리스의 파르테논보다 더 훌륭하진 않지만 더 흥미로운 것과 같다. 만일 누구든지 이에 대한 현대의 증거를 원한다면, 기독교 아래서 유럽이 (통일체로 존재하는 동안에) 여러 개의 국가들로 쪼개졌다는 사실을 생각해 보라. 애국심이야말로 한 가지 강조점과 그와 상반되는 또 다른 강조점의 의도적인 균형 잡기를 잘 보여 주는 완벽한 본보기다. 이방 제국은 본능적으로 이렇게 말했을 것이다. "너희는 모두 로마 시민이 되어 서로 닮아가라. 독일인은 좀 덜 느리고 덜 공손해지고, 프랑스인은 좀 덜 실험적이고 덜 재빨라져라." 그러나 기독교 세계인 유럽은 본능적으로 이렇게 말한다. "독일인은 느리고 공손하도록 그대로 두고 프랑스인은 더욱 재빠르고 실험적이 되도록 하라. 우리는 이 양 극단에서 평형 상태를 만들어 낼 것이다. 독일이라고 불리는 부조리함이 프랑스라고 불리는 광기를 바로잡아 주리라."

정통신앙, 온전한 정신

마지막으로 가장 중요한 점은, 바로 이것이 기독교 역사를 비판하는 모든 현대 비판가들에게 그토록 이해할 수 없는 것을 설명해 준다는 것이다. 나는 지금 사소한 신학적 문제를 놓고 벌인 거대한 전쟁과 어느 몸짓이나 말 한마디 때문에 생긴 감정의 폭발을 염두에 두고 있다. 그것은 불과 1인치의 문제밖에 되지 않지만, 당신이 균형을 잡을 때는 그 1인치가 모든 것이 된다. 교회가 불규칙적인 평형 상태에 관한 위대하고 모험적인 실험을 계속하려면, 어떤 것에 대해서는 털끝만큼도 방향을 틀어서는 안 됐다. 일단 한 가지 사상이 힘을 잃게 내버려 두면, 다른 사상이 지나치게 힘을 얻게 될 것이다. 그리스도인 목자가 이끄는 것은 양떼가 아니라 황소와 호랑이 떼, 끔찍한 이념들과 맹렬한 교리들이었으며, 그 각각은 거짓 종교로 변하여 세계를 황폐하게 만들 수 있을 만큼 강력한 위력을 갖고 있었다.

교회가 구체적으로 아주 위험한 사상들을 위해 거기에 들어갔다는 사실을 기억하라. 기독교는 사자를 길들이는 존재였다. 성령을 통한 잉태, 신적 존재의 죽음, 죄의 용서, 예언의 성취 등과 같은 개념은 누구나 볼 수 있듯이 단 한 번의 손길로 신성모독적이거나 사나운 것으로 변질될 수 있는 개념들이다. 가장 작은 연결고리가 지중해의 고안자들에 의해 떨어지자 옛 비관주의의 사자가 잊힌 북방의 숲속에서 그의 쇠사슬을 부수어 버렸다. 이와 같은 신학적 평준화의 문제는 나중에 얘기할 예정이다. 여기서는 교리에서 자그마한 실수만 저질러져도 인간의 행복에 거대한 실책이 초래될 수 있다는 점을 유념하는 것으로 충분하다. 상징주의의 본질에 관해 작성된 잘못된 문장 하나가 유럽에 있는 최고의 동상들을 모두 부술 수도 있었다. 정의(正義)를 내리는 작업에서 단 한 번의 미끄러짐이 모든 춤을 중단시킬 수 있고, 모든 크리스마스트리를 시들게 하거나 모든 부활절 계란을 깨어 버릴 수도 있다. 사람이 일반적인 인간의 자유를 누리기 위해서라도 교리는 엄밀한 한계 내에서 정의되지 않으면 안 된다. 세상을 태평스럽게 만들기 위해서라도 교회는 주의를 기울이지 않으면 안 된다.

이는 참으로 몸을 전율케 하는 정통신앙의 로맨스이다. 사람들은 정통신앙을 무겁고 따분하고 안전한 그 무엇으로 말하는 어리석은 습관에 빠져 버렸다. 하지만 이제까지 정통신앙만큼 위험하고 흥미진진한 것은 없었다. 그것은 한마디로 온전한 정신이었다. 온전한 정신을 갖는 것은 미치는 것보다 더 드라마틱하다. 그것은 미친 듯이 질주하는 말들 뒤에서 몸을 이쪽으로 구부리고 저쪽으로 기울이면서 순간순간 조각상의 우아함과 산술적인 정확성을 겸비한 한 사람의 평형 상태와 같다.

교회는 초창기에 어느 군마(軍馬)와 함께 가든지 아주 맹렬하고 빠르게 뛰었다. 하지만 교회가 통속적인 광신주의처럼 한 가지 아이디어를 따라 미친 듯이 질주했다고 말하는 것은 전혀 비역사적이다. 교회는 엄청난 걸림돌을 피하기 위해 오른쪽, 왼쪽으로 몸을 틀었다. 어느 순간에는 기독교를 지극히 세상적인 것으로 만들려는, 세상의 권세를 힘입은 거대한 아리안주의의 함정을 피했다. 그 다음 순간에는 기독교를 지극히 비세상적인 것으로 만들었을 오리엔탈리즘을 피하기 위해 몸을 구부렸다. 정통 교회는 고분고분한 길을 취하거나 관습을 그냥 수용한 적이 한 번도 없었다. 정통 교회는 마음에 드는 존재가 된 적이 없었다는 말이다.

차라리 아리안주의자들의 현세적인 권세를 그냥 받아들이는 편이 더 쉬웠을 것이다. 칼뱅주의가 지배하던 17세기에는 예정론의 지옥에 떨어지는 편이 더 쉬웠을 것이다. 미치광이가 되는 일은 쉽다. 이단이 되는 것도 쉽다. 현 시대를 그냥 따라가는 편이 언제나 쉬운 법이다. 어려운 것은 자신의 것을 잃지 않고 지키는 일이다. 속물이 되는 일이 쉬운 것처럼 현대주의자가 되는 일은 언제나 쉽다. 기독교 세계의 역사적인 길목에 즐비하게 이어진 풍조와 종파를 따라 그 오류와 과장의 함정에 빠지는 것, 그것은 정말로 간단한 일이었을 것이다. 넘어지는 일은 언제나 간단하다. 우리가 넘어질 수 있는 각도는 수없이 많지만 설 수 있는 각도는 단 하나뿐이기 때문이다. 영지주의에서 크리스천 사이언스에 이르는 온갖 풍조 가운데 어느 하나에 빠지는 일은 식은 죽 먹기와 같았을 것이다. 그러나 그 모든 것을 피하는 일은 현기증이 나는 모험이었다. 나는 하늘의 마차가 천둥소리를 내며 시대를 가로질러 날고, 둔한 이단들이 배를 깔고 엎드리고, 야성적인 진리는 비틀거리면서도 똑바로 서 있는 환상을 보았다.

ORTHODOXY

"넘어지는 일은 언제나 간단하다.

우리가 넘어질 수 있는 각도는 수없이 많지만

설 수 있는 각도는 단 하나뿐이기 때문이다."

—

"이방사상은 대칭으로 균형을 잡아서 똑바로 선 대리석 기둥과 같았다.

기독교는 주춧대를 건드리면

흔들거리면서도 거기서 파생된 것들이 서로 균형을 잡아 주기 때문에

천년 동안 보좌에 놓여 있었던,

울퉁불퉁하고 거대한 낭만적인 바위와 같았다."

영원한 혁명

하나님이 우리에게 주신 것은 팔레트의 물감들이다.
당신은 그분의 비전에 따라 그림을 그릴 준비가 되어 있는가?

사람들은 다음과 같은 주장을 제기해 왔다. 첫째, 우리의 인생에 대한 어느 정도의 믿음은 그것을 개선하는 데도 필요하다. 둘째, 사물의 실상에 대한 어느 정도의 불만족은 만족감을 얻기 위해서라도 필요하다. 셋째, 이처럼 필요한 만족과 필요한 불만족을 품으려면 스토아학파의 평형 상태를 갖는 것으로는 충분하지 않다. 단순한 단념은 매우 가벼운 쾌락도 없고 견딜 수 없는 고통도 없기 때문이다. 그냥 가볍게 웃고 참으라는 충고에 대해서는 중요한 반론이 존재한다. 다름 아니라, 만일 당신이 그것을 참는다면, 가볍게 웃는 게 아니라는 것이다. 그리스의 영웅들은 웃지 않는다. 그러나 석누조(石漏槽, 사람이나 동물의 형상을 한 괴물 조각-역주)는 웃는다. 이는 기독교적인 것이기 때문이다. 그리고 그리스도인이 즐거울 때는 (아주 엄밀한 의미에서) 소름끼치게 즐거운 법이다. 그의 즐거움은 정말로 소름이 끼친다.

신경질적이고 점잖은 사람들(예컨대, 오늘날 손풍금에 반대하는 사람들)이 예루살렘의 떠돌이들이 소리 지르는 것을 반대했던 바로 그 순간에, 그리스도는 고딕 건축이 일어날 것을 예언했다. 그는 "만일 이 사람들이 침묵하면 이 돌들이 소리를 지르리라"고 말했다. 그분의 정신에 이끌려서 시끄러운 합창과 같이 중세 성당의 정면에 소리 지르는 얼굴들과 열린 입들이 생겨난 것이다. 그 돌들이 소리를 지르고 있으니, 그 예언은 그대로 성취된 셈이다.

이런 것을 시인한다면, 단지 논의를 위해서라도 우리는 자연인-스코틀랜드 사람이 '늙은이'(The Old Man)라고 부르는-의 사상을 하나의 실마리로 취해도 좋을 듯하다. 이제 우리 앞에 분명하게 놓인 다음 질문을 던질 수 있다. "어느 정도의 만족은 사물을 더 좋게 만들기 위해서라도 필요하다. 그런데 사물을 더 좋게 만든다는 말은 무슨 뜻인가?" 이 문제에 관한 현대적 논의는 대부분 우리가 이미 광기의 상징이자 합리주의의 상징으로 살펴본 원 안에서 맴도는 순환 논리에 불과하다. 이런 식이다. 진화는 선을 생산하는 한, 선할 뿐이다. 선은 진화를 돕는 한, 선할 뿐이다. 코끼리는 거북이 위에 서 있고, 거북이는 코끼리 위에 서 있다.

여기서 우리의 이상(理想)을 자연 속의 원리에서 끌어오는 것은 소용이 없다. 자연에는 아무런 원리도 없다는 (어떤 인간의 이론이나 신적 이론을 제외하고) 단순한 이유 때문이다. 예를 들어, 오늘날의 저급한 반(反)민주주의자는 자연 속에는 평등이 없다고 엄숙하게 말할 것이다. 그의 말은 옳다. 하지만 그는 그에 따른 논리적인 부록, 즉 자연 속에는 평등이 없지만 아울러 불평등도 없다는 사실을 보지 못하고 있다. 불평등은 평등만큼이나 하나의 가치 기준을 함축하고 있다. 동물들의 무질서로부터 귀족 정치를 끌어내는 것은 거기서 민주주의를 끌어내는 것처럼 감상적인 처사다. 귀족 정치와 민주주의는 모두 인간이 추구하는 이상일 뿐이다. 후자는 모든 사람이 귀중하다고 말하고 전자는 일부 사람이 더 귀중하다고 말한다. 그러나 자연은 고양이가 쥐보다 더 귀중하다고 말하지 않는다. 자연은 이 주제에 대해 아무 말도 하지 않는다. 자연은 고양이는 탐나는 동물이라거나 쥐는 불쌍한 동물이라고 말하지도 않는다. 우리가 고양이를 우월한 동물로 생각하는 것은 (우리 대다수가) 생명이 죽음보다 낫다는 특정한 철학을 갖고 있기 때문이다.

그러나 만일 그 쥐가 독일 비관주의를 좇는 쥐라면, 그는 고양이가 자기를 이겼다고 생각하지 않을 것이다. 오히려 자기가 무덤에 먼저 도달함으로써 고양이를 이겼다고 생각할 것이다. 또는 고양이를 계속 살아 있게 만듦으로써 그에게 무서운 벌을 가했다고 느낄 것이다. 마치 세균이 전염병을 퍼뜨리는 것을 자랑스럽게 생각하듯이, 비관주의적인 쥐는 자기가 고양이 속에 의식적인 실존의 고문을 재발시키고 있다고 생각하며 크게 기뻐할 것이다. 이 모든 것은 쥐의 철학에 달렸다. 당신이 무엇이 우월한지에 관한 모종의 신조를 갖고 있지 않으면, 자연 속에 승리나 우월성이 있다는 식으로 도무지 말할 수 없다. 만일 득점 시스템이 없으면, 고양이가 득점을 올리고 있다고 말할 수조차 없다. 이기는 것 자체가 없다면, 고양이가 이기고 있다고 말할 수조차 없는 것이다.

그렇다면 우리는 그런 이상(理想) 자체를 자연으로부터 얻을 수 없다. 여기서 우리는 일차적으로 자연적인 추정 과정을 쫓고 있으므로, 그 이상을 하나님으로부터 얻는 것은 (현재로선) 일단 제쳐 둘 생각이다. 우리는 우리 나름의 비전을 가져야 한다. 그런데 대다수의 현대인이 그것을 표현하는 방식을 보면 대단히 모호하다. 일부 사람은 단순히 시계에 의지하며, 마치 단순한 시간의 흐름이 모종의 우월성을 가져온 것처럼 이야기한다. 그래서 최고의 지성인조차도 인간의 도덕은 결코 최신식으로 만들 수 없다는 말을 경솔하게 내뱉을 정도다. 아니, 날짜는 아무 특성도 없는데 무엇이든 간에 어떻게 최신식으로 만들 수 있겠는가? 누가 크리스마스 축제는 12월이 아닌 다른 달의 25일에는 어울리지 않는다는 식으로 말할 수 있겠는가? 그가 의도했던 것은 물론 대다수의 사람이 그가 좋아하는 소수파의 뒤에-또는 앞에-있다는 것이었다.

또 다른 현대인들은 물질적인 은유에서 피난처를 찾는다. 실은 이것이 모호한 현대인의 주된 특징이다. 그들은 무엇이 선한지에 관한 신조를 밝히지도 않은 채 무제한적으로 또는 부끄러움도 없이 비유적인 표현을 사용한다. 무엇보다도 나쁜 것은 이런 시시한 유추들이 옛 도덕보다 더 영적이고 우월한 것처럼 여겨진다는 점이다. 그래서 그들은 '높은' 것들에 관해 얘기하는 것이 지적인 대화라고 생각한다. 이는 적어도 지성적인 것과는 정반대되는 생각이다. 그것은 단지 뾰족탑이나 풍향계로부터 온 말에 불과하다. "토미는 선한 아이였다"는 말은 플라톤이나 아퀴나스에 어울리는 순전히 철학적인 진술이다. "토미는 더 높은 삶을 살았다"는 말은 순전히 주관적인 잣대로 평가한 엉뚱한 은유일 뿐이다.

이는 일부 사람이 대담하고 강한 사상가로 간주하는 니체의 약점이라고 해도 과언이 아니다. 그가 시적이고 도발적인 사상가였다는 사실은 아무도 부인하지 않을 것이다. 그러나 그는 강인함과는 거리가 먼 사상가였다. 그는 전혀 대담하지 않았다. 그는 자신의 의도를 꾸밈없는 추상적 언어로 자기 앞에 내놓은 적이 한 번도 없었다. 아리스토텔레스와 칼뱅, 심지어 칼 마르크스와 같은 대담무쌍한 사상가가 아니었다는 말이다. 니체는 유쾌한 이류급 시인처럼 자기에게 제기된 질문을 물리적 은유로 언제나 피해 갔다. 그는 "선과 악을 넘어서"라고 말했는데, 그 이유는 "선과 악보다 더 많은 선을" 또는 "선과 악보다 더 많은 악을"이라고 말할 만한 용기가 없었기 때문이다. 만일 니체가 은유 없이 자기 사상을 있는 그대로 직면했다면, 그것이 난센스임을 알았을 것이다. 그래서 그는 자기의 영웅을 묘사할 때, 감히 '더 순수한 사람'이나 '더 행복한 사람', 또는 '더 슬픈 사람'이라고 말하지 못한다. 이런 표현은 모두 관념들이고, 관념은 두려움을 주기 때문이다. 대신에 곡예사나 등산객에게서 끌어온 물리적 은유인 '윗사람'(upper man) 또는 '초인'(overman)이란 말을 사용했다. 니체는 실로 겁이 많은 사상가다. 그는 진화가 어떤 종류의 사람을 생산해 주기를 자신이 바라는지조차 전혀 알지 못한다. 그리고 만일 그가 모른다면, "더 높은" 것들에 관해 얘기하는 일반적인 진화론자들도 그것을 모르는 게 분명하다.

어떤 사람들은 그냥 되는 대로 순응하고 가만히 앉아 있다. 자연이 언젠가 무엇인가를 할 것이다. 아무도 그것이 무엇인지를 모르고, 그 일이 언제 일어날지도 모른다. 우리는 행동해야 할 이유도, 행동하지 말아야 할 이유도 없다. 무엇이든 일어나면 그것은 옳은 것이다. 무엇이든 방해를 받으면 그것은 틀린 것이었다. 다시 말하건대, 일부 사람은 무언가를 행함으로써, 아무 일이나 행함으로써 자연을 예측하려고 애쓴다. 우리에게 날개가 생길 가능성이 있기 때문에 그들은 자기네 다리를 잘라 버린다. 하지만 자연은 그들도 모르게 그들을 지네로 만들려고 애쓸지도 모른다.

끝으로, 네 번째 부류의 사람들이 있다. 그들은 어쩌다가 원하게 된 것을 들고 그것이 진화의 궁극적 목적이라고 말한다. 그리고 이들이 유일하게 분별력이 있는 사람들이다. 이처럼 당신이 원하는 것을 위해 일하고 그것을 진화라고 부르는 것이 진화라는 단어를 사용하는 유일하게 건전한 방식이다.

진보나 향상이란 단어가 사람들 가운데서 어떤 의미를 지니려면 다음 조건을 충족시켜야 한다. 첫째, 우리에게 명확한 비전이 있을 것, 둘째, 우리가 온 세계를 그 비전과 같이 만들고 싶어 할 것. 당신이 원한다면 그 신조의 본질을 이렇게 표현할 수도 있다. 우리가 주변에 갖고 있는 것은 우리가 창조해야 할 무언가를 위한 방법과 준비 수단일 뿐이라고. 이것은 어떤 세계가 아니고 어떤 세계를 위한 재료라는 말이다. 하나님이 우리에게 주신 것은 그림의 색채들이 아니라 팔레트의 물감들이다. 하지만 그분은 우리에게 한 소재, 한 모델, 고정된 비전도 주셨다. 우리는 우리가 과연 무엇을 그리기 원하는지 분명히 할 필요가 있다. 이는 우리가 앞서 열거한 원리 목록에 또 하나의 원리를 추가해 준다. 앞에서 우리는 이 세계를 변화시키기 위해서라도 그것을 좋아해야 한다고 말했다. 이제 우리는 이 세계를 어떤 모양으로 바꾸어 놓을지를 알기 위해서라도 또 다른 세계(실제 세계든지 상상의 세계든지)를 좋아하지 않으면 안 된다.

진보의 이상에 필요한 세 가지 요건

우리는 진화라든가 진보라는 단어를 놓고 논쟁할 필요가 없다. 개인적으로 나는 그것을 개혁으로 부르기를 더 좋아한다. 개혁(reform)은 모양(form)을 함축하고 있기 때문이다. 이는 우리가 이 세계를 특정한 모양으로 빚어내려고 애쓴다는 것을 의미한다. 그러니까 우리가 마음속에서 이미 보고 있는 그 무엇으로 만들고자 하는 것이다. 진화(evolution)는 단순히 자동적으로 펼쳐지는 현상에서 끌어온 은유이다. 진보(progress)는 단지 잘못된 길일 가능성이 높은 길을 따라 걷는 데서 끌어온 은유이다. 그러나 개혁은 분별력이 있고 단호한 사람들을 위한 은유이다. 그것은 우리가 모양이 망가진 것을 보고 그것을 제 모양으로 만들려고 의도하는 것을 뜻한다. 우리는 그 모양새를 알고 있다.

바로 이 지점에 우리 시대의 거대한 몰락과 큰 잘못이 있다. 우리는 서로 다른 두 가지, 상반된 두 가지를 섞어 버렸다. 진보란 우리가 언제나 세계를 그 비전에 맞추기 위해 변화시키고 있다는 것을 의미해야 마땅하다. 그런데 실제로 진보는 (바로 지금) 우리가 언제나 그 비전을 바꾸고 있다는 것을 의미한다. 진보란 느리더라도 우리가 사람들 가운데서 정의와 자비를 가져오고 있다는 것을 의미해야 한다. 그런데 실제로 그것은 정의와 자비가 바람직한지를 우리가 재빨리 의심한다는 것을 의미한다. 프러시아의 궤변가들이 쓴 거친 글은 사람들이 의심하도록 만든다. 진보는 우리가 새 예루살렘을 향하여 언제나 걷고 있다는 것을 의미해야 마땅한데, 실제로는 새 예루살렘이 언제나 우리로부터 멀어지고 있다는 것을 뜻한다. 우리는 이상에 맞추기 위해 현실을 바꾸고 있지 않다. 대신 이상을 바꾸고 있다. 그러는 편이 더 쉬운 법이다.

우스운 본보기를 드는 일이 언제나 더 간단하다. 가령, 한 사람이 특정한 종류의 세계를 원하고 있다고 가정해 보자. 그리고 그것을 '푸른 세계'라고 부르자. 그는 자기의 과업이 하찮다거나 쉽다고 불평할 만한 근거가 없을 것이다. 그는 변혁을 위해 오랜 시간 땀 흘리고, 모든 것이 푸르게 될 때까지 (어느 의미로든) 계속해서 열심히 일할 것이다. 그는 푸른 호랑이를 만드는 마지막 손질을 하는 등 영웅적인 모험을 감행할 수도 있다. 그는 푸른 달이 떠오른 새벽 같은 동화적인 꿈을 꿀 수도 있을 것이다. 이 고상한 개혁가가 열심히 일한다면, 이 세계를 (그의 관점에서 볼 때) 자기가 처음 발견한 상태보다 더 낫고 더 푸른 곳으로 남겨 놓게 될 것이 분명하다. 그가 날마다 한 포기의 풀을 자기가 좋아하는 색깔로 바꾼다면 천천히 진도를 나가게 될 것이다. 그러나 만일 그가 매일 좋아하는 색깔을 바꾼다면, 전혀 진도를 나갈 수 없을 것이다. 어느 날 새로운 철학자의 글을 읽은 후에 그가 모든 것을 빨간색이나 노란색으로 칠하기 시작한다면, 그의 작업은 허사가 되고 말 것이다. 그저 몇 마리의 푸른 호랑이가 초기의 표본으로 어슬렁거리는 것 말고는 더 이상 보여줄 게 없을 것이다. 이것이 바로 평균적인 현대사상가가 취하는 입장이다. 이것을 터무니없는 본보기라고 이야기할지 모르지만, 이것은 문자 그대로 최근의 역사적 사실이다.

우리의 정치 문명에 일어난 모든 중대한 변동은 19세기 후반이 아니라 초반에 속하는 것이었다. 그런 변동들은 사람들이 왕당주의, 프로테스탄티즘, 칼뱅주의, 개혁운동, 그리고 (드물지 않게) 혁명운동을 확고히 믿고 있었던 흑과 백의 시대에 속했다. 그리고 각 사람은 무엇을 믿든지 간에 회의적인 태도 없이 꾸준히 믿었다. 물론 국교가 넘어질 뻔하고 상원이 쓰러질 뻔했던 때도 있었다. 급진주의자들은 한결같고, 일관성이 있었으며, 또한 보수주의파가 될 만큼 지혜로웠기 때문이었다. 그러나 현재 분위기의 급진주의 속에는 무엇이든 넘어뜨릴 만큼의 시간과 전통이 없다.

휴 세실 경[1]은 (훌륭한 연설에서) 변화의 시대는 지나갔고 우리 시대는 보존과 평정의 시대라고 말했는데, 여기에는 상당한 진리가 내포되어 있다. 그런데 만일 휴 세실 경이 우리 시대가 보존의 시대인 것은 완전한 불신의 시대이기 때문임(이는 너무도 확실하다)을 알았더라면, 그는 상당한 아픔을 느꼈을 것이다. 당신이 기존의 제도들이 그대로 남기를 바란다면, 신념들이 빠르게 자주 사라지

---

1. Lord Hugh Cecil, 1869–1956, 저명한 보수주의 정치가. 교회의 권위와 지배와 의식을 중시하는 영국 국교회의 고교회파 신자.

도록 내버려 두라. 지성적인 삶이 혼란스러워질수록 그런 제도들은 더욱 그대로 남게 될 것이다. 우리의 모든 정치적 이념-집산주의, 톨스토이주의, 신봉건주의, 공산주의, 무정부주의, 과학적 관료주의 등-이 낳는 명백한 열매는 군주제와 상원이 현 상태 그대로 남게 되는 것이다. 모든 새로운 종교들이 낳는 궁극적 결과는 잉글랜드 국교가 (얼마나 지속될지는 아무도 모른다) 폐지되지 않을 것이라는 점이다. 캔터베리 대주교의 보좌를 지탱해 준 것은 다름 아니라 거인의 굽은 등을 가진 칼 마르크스, 니체, 톨스토이, 커닝엄 그레이엄[2], 버나드 쇼, 오베론 허버트[3] 등과 같은 인물들이었다.

자유사상이야말로 자유를 막는 최상의 안전장치라고 할 수 있다. 현대적 방식에 따라 노예의 정신적 해방을 도모하는 것이 노예해방을 막는 최선의 방법이다. 그에게 과연 자기가 자유롭게 되는 걸 원하는지를 놓고 고민하도록 가르치라. 그러면 그는 스스로 자유롭게 되지 않을 것이다. 혹자는 이런 예를 무척 동떨어지거나 극단적인 것이라고 말할지도 모르겠다. 하지만 이것은 우리 주변의 평범한 사람들에게도 그대로 적용된다. 물론 니그로 노예는 비천한 야만인인지라 어쩌면 인간적인 충성심이나 자유를 향한 애정 가운데 하나를 갖고 있을지도 모른다. 그러나 우리가 날마다 접

---

2. Cunninghame Grahame, 1852-1936, 스코틀랜드의 작가, 여행가, 낭만적 모험가, 사회주의자.

3. Auberon Herbert, 1838-1906, 정치 철학자이자 작가. 열렬한 종교 분리론자이자 불가지론자. 허버트 스펜서의 추종자.

하는 사람-그레드그라인드 씨[4]의 공장에서 일하는 일꾼, 그레드그라인드 씨의 사무실에서 일하는 사무원-은 정신적인 고민이 너무 많아서 자유를 믿지 못한다. 그는 혁명 문학과 함께 조용히 지내고 있으며, 과격한 철학들이 연달아 등장하는 바람에 그냥 입을 다문 채 자리를 지키고 있다. 그는 하루는 마르크스주의자이고, 다음 날은 니체주의자이고, 그 다음 날은 (아마) 초인이고, 그 다음 날도 (아마) 초인일 것이다. 그리고 날마다 그는 노예이다.

이 모든 철학이 등장한 이후에도 변함없이 남아 있는 것은 공장밖에 없다. 이 모든 철학에 의해 이득을 보는 사람은 그레드그라인드 씨밖에 없다. 그의 입장에서는 상업용 노예에게 계속해서 회의주의 문헌을 공급할 만한 가치가 있을 것이다. 물론 나는 그레드그라인드가 장서를 제공하는 일로 유명하다는 사실을 염두에 두고 있다. 그는 자기의 의식(意識)을 잘 보여 준다. 모든 현대 서적은 그의 편에 서 있다. 하늘의 비전이 항상 변하고 있는 한, 땅의 비전은 언제나 똑같을 것이다. 그 어떤 이상도 그것이 실현될 정도로, 아니 부분적으로 실현될 정도로도 길게 남아 있지 못할 것이다. 현대의 젊은이는 늘 그의 생각을 바꾸게 될 것이기 때문에 자신의 환경을 결코 바꾸지 못할 것이다.

---

4. 디킨즈의 『고난의 시대』(1854)에 등장하는 유물론적이고 공리주의적인 인물. 상상력은 전혀 없고 오직 현실만 추구하는 냉혹한 자본가.

첫 번째_고정된 이상

따라서 진보가 지향하는 이상이 첫 번째로 갖춰야 할 요건은, 이상은 고정되어 있어야 한다는 것이다. 휘슬러(Whistler)는 재빨리 모델을 스케치하던 화가였다. 그가 설사 스무 장의 초상화를 찢어 버렸다 해도 아무런 문제가 되지 않았다. 그러나 그가 스무 번이나 위를 쳐다보았는데 그때마다 그 자리에 새로운 사람이 앉아 있다면, 그것은 문제가 될 것이다. 마찬가지로 (비교해서 말한다면) 인류가 얼마나 자주 그 이상을 닮는 일에 실패했는가 하는 것은 문제가 되지 않는다. 그 모든 예전의 실패가 언젠가는 열매를 맺게 될 것이기 때문이다. 그러나 인류가 얼마나 자주 그 이상을 바꾸는가 하는 것은 심각한 문제가 된다. 그럴 경우 그 모든 예전의 실패는 결코 열매를 맺지 못할 것이기 때문이다.

그래서 이런 의문이 생긴다. 어떻게 하면 화가가 자기의 예술에 대해선 불만족스러워하지 않고 그의 그림에 대해서는 계속 불만족스러워하게 할 수 있을까? 어떻게 하면 한 사람이 일하는 것 자체는 항상 만족스러워하되 그의 작품에 대해선 항상 불만족스럽게 만들 수 있을까? 어떻게 하면 초상화 화가가 모델을 창문 밖으로 내어던지는 인간적이고 자연스런 조치를 취하지 않고 초상화를 창문 밖으로 집어던지게 할 수 있을까?

엄격한 규율은 통치하는 일에 필요할 뿐 아니라 반역하는 일에도 필요하다. 이처럼 고정되고 친숙한 이상(理想)은 모든 종류의 혁명에 필요하다. 사람은 새로운 사상을 좇아서는 서서히 행동하지만, 옛 사상을 좇을 때는 재빠르게 행동할 것이다. 만일 내가 그저 표류하거나 자취를 감추거나 진화하고 있다면, 아마 무정부 상태를 지향하고 있기 때문일 것이다. 반면에 내가 소동을 일으킨다면, 무언가 훌륭한 것을 도모하고 있음에 틀림없다. 이것이 특정한 진보 학파들과 도덕적 진화론자들의 약점이다. 그들은 도덕을 지향하는 느린 움직임이 있어 왔다고, 즉 매년 또는 매 순간마다 우리가 감지할 수 없는 윤리적 변동이 있어 왔다고 주장한다. 이 이론은 한 가지 큰 약점을 갖고 있다. 그것은 정의를 지향하는 느린 움직임만 얘기할 뿐 빠른 움직임은 허용하지 않는다는 점이다. 이 이론은 사람이 벌떡 일어나서 어떤 사태는 본질적으로 용납할 수 없다고 선언하는 것을 허용하지 않는다.

이를 분명히 하려면 구체적인 예를 드는 편이 낫겠다. 솔트 씨와 같은 이상주의적인 채식주의자들은 더 이상 육류를 먹어서는 안 될 때가 도래했다고 말한다. 암암리에 그들은 한때는 육류를 먹는 것이 옳았다고 가정하고 있으며, 언젠가는 우유와 계란을 먹는 것도 잘못일 때가 올 것이라고 (우리가 인용할 수 있는 말로) 시사하고 있다. 나는 여기서 무엇이 동물에게 정의로운 것인가 하는 문제는 논의하지 않겠다. 다만 무엇이 정의로운 것이든 간에 주어진 조건 아래서 정의가 신속히 실현되어야 한다는 말만 하고 싶다. 만일 어느 동물이 학대를 받고 있다면, 우리는 신속히 달려가서 그를 구출해야 마땅하다.

그런데 우리가 만일 우리의 시대보다 앞서 있다면 어떻게 달려갈 수 있겠는가? 몇 세기 동안 도착하지 않을지도 모르는 열차를 어떻게 달려가서 잡을 수 있겠는가? 어떤 사람이 고양이의 가죽을 벗기고 있다고 해도, 만일 내가 우유 한 잔을 마신 뒤에 그와 똑같은 사람이 될지도 모른다면, 어떻게 그를 비난할 수 있겠는가? 러시아의 어떤 멋있고 미친 종파는 이리저리 돌아다니며 모든 마차에서 모든 가축을 풀어 주었다고 한다. 나의 진화론적 시계가 약간 빠른지 또는 마부의 시계가 약간 느린지 여부를 내가 모르고 있다면, 어떻게 내 마차를 끄는 말을 끌어낼 용기를 낼 수 있겠는가? 가령, 내가 어느 노동 착취자에게 "노예제는 진화의 한 단계에 어울렸을 뿐이다"라고 말한다고 하자. 그러면 그가 "그리고 노동 착취는 진화의 현 단계에 어울리는 것이다"라고 응답한다고 하자. 만일 영원한 잣대가 없다면 내가 그 말에 어떻게 대꾸할 수 있겠는가? 만일 노동착취자가 현행 도덕의 배후에 있을 수 있다면, 자선가가 그보다 앞쪽에 있지 말란 법이 있는가? 현행 도덕이란 도대체 무엇인가? 문자적인 의미에서, 언제나 도망치고 있는 도덕이란 뜻이 아니고 무엇인가?

그러므로 영구적인 이상은 보수주의자에게처럼 혁신주의자에게도 필요하다고 말할 수 있다. 우리가 왕의 명령이 지체 없이 실행

되기를 바라든지 단지 왕이 속히 처형되기를 바라든지, 어쨌든 그런 이상이 필요한 것이다. 단두대는 많은 과실을 안고 있지만 공정하게 말하면 거기에 진화의 요소는 전혀 없다. 인기 있는 진화론적 논증은 최고의 답을 사형집행용 도끼에서 찾는다. 진화론자가 "당신은 어디에 선을 긋는가?"라고 말한다. 혁명론자는 "나는 여기에 선을 긋소. 바로 당신의 머리와 봉 사이에 말이오" 하고 응답한다. 어느 지정된 순간에든 일격을 가하려면 추상적인 선과 악이 있어야 한다. 무언가 갑작스러운 것이 있으려면 영원한 어떤 것이 있어야 한다. 그런즉 납득할 만한 인간의 목적을 위해서든 사물을 바꾸거나 있는 그대로 유지하기 위해서든, 중국처럼 한 제도를 영원히 확립하거나 프랑스 혁명의 초기처럼 매달 제도를 바꾸기 위해서든, 이 모든 경우에 그 비전은 반드시 확정된 비전이어야 한다. 이것이 우리의 첫 번째 요건이다.

내가 이 대목을 썼을 때 다시 한 번 이 논의에 다른 어떤 것이 있다고 느꼈다. 마치 길거리에 울리는 교회의 종소리를 듣는 것처럼 말이다. 무엇인가 이렇게 말하는 것 같았다.

"나의 이상은 적어도 확정되었소. 그건 이 세계가 창조되기 전에 이미 확정되어 있었기 때문이오. 완전성에 대한 나의 비전은 결코 바뀔 수 없소. 그건 에덴이라 불리기 때문이오. 당신은 당신이 향하고 있는 장소를 바꿀 수는 있겠지만, 당신이 어디서부터 왔는지 그 출처는 바꿀 수 없소. 정통파에게는 혁명을 주장할 만한 근거가 항상 있기 마련이오. 인간의 마음속에서는 하나님이 사탄의 발 아래 놓여 있기 때문이오. 윗 세계에서는 지옥이 언젠가 천국에 반기를 들었소. 그러나 이 세계에서는 천국이 지옥에 반기를 들고 있소. 정통파에게는 언제나 혁명이 있을 수 있소. 혁명은 곧 회복을 뜻하기 때문이오.

어느 순간에든 당신은 아담 이후 아무도 본 적이 없는 완전성을 위해 일격을 가해도 좋소. 그 어떤 변치 않는 관습, 그 어떤 변치 않는 진화라도 원초적인 선(善)을 결코 선이 아닌 것으로 만들 수 없소. 소가 뿔을 갖고 있는 한, 사람은 첩들을 갖고 있었을 것이오. 하지만 만일 첩들이 죄스러운 존재라면 그들은 그의 일부가 아니오. 물고기가 물아래 있기 시작한 이래 사람은 억압 아래서 살아 왔을 것이오. 하지만 그 억압이 죄스러운 것이라면 그런 처지에 있지 말아야 하오. 새에게는 깃털이, 여우에게는 굴이 자연스러운 것처럼, 노예에게는 쇠사슬이, 매춘부에게는 화장이 자연스럽게 보일지 몰라도, 그것들이 죄스러운 것이라면 결코 자연스런 것이 아니오. 나는 당신의 모든 역사에 도전하기 위해 나의 선사시대의 전설을 끌어올리고 있소. 당신의 비전은 단순히 고정된 것에 불과한 것이 아니오. 그건 하나의 사실이오.”

나는 잠시 멈추고 기독교에서 새로 발견한 그 우연의 일치를 생각했지만 그냥 지나갔다.

두 번째_ 복합적 이상

나는 진보의 이상과 관련된 두 번째 요건으로 넘어갔다. 일부 사람은 (우리가 말한 것처럼) 사물의 본성 속에 있는 자동적이고 비인격적인 진보를 믿는 듯이 보인다. 그러나 진보는 자연스럽고 필연적인 것이라고 말함으로써 권유할 수 있는 정치 활동은 하나도 없다. 그것은 활동을 고무하는 것이 아니라 오히려 게으르게 할 만한 이유다. 우리가 어차피 나아지게끔 되어 있다면 굳이 나아지려고 애쓸 필요가 없다. 단순한 진보의 교리는 진보적이 될 필요가 없는 모든 이유들 가운데 최상의 것이다. 하지만 이처럼 뻔한 비평들 가운데 당신이 주목하길 바라는 것은 하나도 없다.

가장 주목을 끄는 논점은 이것뿐이다. 만일 우리가 진보를 자연스런 것으로 추정한다면, 그건 분명 상당히 단순할 것이라는 점이다. 세계가 완성되는 지점을 향해 움직이고 있을지 몰라도, 많은 특성의 특정한 배열을 향해 움직이고 있을 가능성은 거의 없다. 애초의 비유를 들어 말한다면, 자연은 저절로 좀 더 푸른색으로 자라고 있을지도 모른다. 이것은 매우 단순한 과정이기에 비인격적 성장일 가능성이 높다. 그러나 자연이 인격적 존재가 아니라면 골라 낸 여러 색채로 구성된 정교한 그림을 만들 수는 없는 법이다. 만일 세계의 끝이 순전한 어둠이나 순전한 빛이라면, 황혼이나 새벽과 같이 서서히 그리고 필연적으로 올 수 있다. 그러나 만일 세계의 끝이 명암을 배합한 정교하고 예술적인 한 편의 그림이라면, 거기에는 인간이나 신이 만든 설계가 있음에 틀림없다. 이 세계는 단지 시간의 흐름에 따라 옛 그림처럼 검게 되거나 옛 코트처럼 하얗게 될지도 모른다. 그러나 만일 흑백이 어우러진 한 편의 예술작품으로 변한다면 거기에는 분명히 예술가가 있다.

혹시 이 둘이 뚜렷이 구별되지 않을지 몰라서 일반적인 예를 하나 들겠다. 우리는 현대의 인도주의자들로부터 특정한 우주적 신조를 줄곧 듣고 있다. 여기서 '인도주의자'란 단어는 일반적인 의미로 사용된 것으로 인간의 권리에 반하여 모든 피조물의 권리를 떠받드는 사람을 뜻한다. 그들은 세월이 흐르면서 우리가 점점 더 인도적인 존재로 성장해 왔다고 주장한다. 말하자면, 세상에 존재하는 여러 그룹이나 부문, 노예, 어린이, 여성, 소 등이 하나씩 점진적으로 자비나 정의의 혜택을 받게 되었다는 것이다.

그들은, 한때 우리가 사람을 먹는 것을 정당하게 생각했다고 (실은 그렇지 않았다) 말한다. 하지만 여기서 나의 관심사는 심히 비역사적인 그들의 역사가 아니다. 식인 풍습은 원시적인 것이 아니라 분명히 퇴폐적인 것이다. 원시인이 무지해서 인간의 살을 먹었을 확률보다 현대인이 구경거리로 그것을 먹을 확률이 훨씬 더 높다. 여기서 나는 사람이 처음에는 시민에게, 다음에는 노예에게, 그리고 동물과 (추정컨대) 식물에게 점차적으로 더 관대해졌다고 주장하는 그들의 논증을 좇고 있을 뿐이다. 나는 사람 위에 앉는 것은 잘못이라고 생각한다. 머지않아 말 위에 앉는 것이 잘못이라고 생각할 것이다. 결국에는 (추측컨대) 의자 위에 앉는 것을 잘못이라고 생각하게 될 것이다. 그 논증은 바로 이런 방향으로 움직인다. 그리고 이 논증에 따르면 그것을 진화 내지는 불가피한 진보의 견지에서 말하는 것이 가능하다. 갈수록 점점 사물을 적게 만지는 성향은, 점점 자녀를 적게 출산하는 어떤 종(種)의 성향처럼 맹목적인 무의식적 성향처럼 보인다. 이런 추세야말로 진정 진화론적인 것인지도 모른다. 참으로 어리석기 때문이다.

다윈주의는 두 가지 광적인 도덕을 지지하는 데는 이용될 수 있으나, 단 하나의 건전한 도덕을 뒷받침하는 데는 이용될 수 없다. 모든 살아 있는 피조물의 친족관계와 경쟁은 미친 듯이 잔인해지거나 미친 듯이 감상적이 되는 근거로는 이용될 수 있으나, 건강한 동물 사랑을 위해서는 이용될 수 없다. 진화론을 근거로 당신은 비인간적이 될 수 있고 터무니없이 인도적이 될 수도 있지만, 인간적이 될 수는 없다. 당신과 호랑이가 하나라는 것은 호랑이에게 다정한 태도를 보이거나 호랑이만큼 잔인해질 수 있는 사유가 될 수도 있다. 호랑이가 당신을 닮도록 훈련하는 것이 한 가지 방법이고, 당신이 호랑이를 닮는 것은 더 간단한 방법이다. 그러나 어느 경우든지, 진화가 당신에게 '그의 줄무늬는 찬탄하되 그의 발톱은 피하라'는 식의 호랑이를 적절히 다루는 법을 일러주지는 않는다.

당신이 호랑이를 적절히 다루고 싶다면 에덴동산으로 돌아가지 않으면 안 된다. 우리의 귀에 되풀이해서 들리는 끈질긴 소리가 있기 때문이다. 그것은 오로지 초자연적인 것만이 자연에 대한 건전한 견해를 갖고 있다는 소리다. 모든 범신론과 진화주의와 현대적 우주 종교는 '대자연은 우리의 어머니'라는 명제를 본질로 삼고 있다. 불행하게도, 당신이 자연을 어머니로 간주하면 그녀가 계모라는 것을 알게 된다.

기독교의 주된 논점은 자연이 우리의 어머니가 아니고 우리의 누이라는 것이다. 우리는 자연과 더불어 같은 아버지를 모시고 있기 때문에 그녀의 아름다움을 자랑스러워할 수 있다. 그러나 그녀는 우리를 다스릴 권한이 없다. 우리는 자연에 탄복하되 자연을 닮아서는 안 된다. 이는 이 땅에서 느끼는 기독교인 특유의 즐거움에 경쾌할 정도로 이상하게 가벼운 느낌을 더해 준다. 자연은 이시스(Isis)와 키벨레(Cybele)[5]를 숭배하는 자들에게 엄숙한 어머니였다. 자연은 워즈워스나 에머슨에게도 엄숙한 어머니였다. 하

---

5. 자연의 여신들로서 이시스는 이집트에서, 키벨레는 아시아, 특히 프리기아에서 숭배를 받았다.

지만 자연은 아시시의 프랜시스나 조지 허버트에게는 엄숙하지 않다. 성 프랜시스에게 자연은 어린 여동생이다. 자연은 우리가 사랑도 하고, 보며 웃기도 하는 누이와 같다.

하지만 이것이 현재 우리의 주요 논점이 아니다. 내가 그것을 끌어들인 이유는 어떻게 해서 그 열쇠가 가장 작은 문들에도 일정하게 그리고 마치 우연처럼 들어맞는지를 보여 주기 위함이다. 우리의 주요 논점은 이러하다. 만일 자연 속에 비인격적인 진보의 추세가 존재한다면, 그것은 아마 단순한 승리를 향한 하나의 단순한 추세임이 분명하다는 것이다. 생물학 속에 어떤 자동적인 성향이 있다면, 그것은 예컨대 우리에게 갈수록 더 길어지는 코를 줄 수도 있다. 그런데 문제는 우리가 과연 갈수록 더 길어지는 코를 원하느냐 하는 것이다. 아마도 원치 않을 것이다. 우리 대다수는 우리의 코에게 이렇게 말하고 싶을 것이다. "그 정도면 됐어. 더 이상은 안 돼!" "그대의 콧대가 거기에 머물게 되기를." 우리가 매력적인 얼굴을 지키기 위해서라도 딱 그 정도 길이의 코가 필요한 것이다. 그런데 단순한 생물학적 성향이 매력적인 얼굴을 낳는 방향으로 움직이는 것은 우리가 상상할 수 없다. 매력적인 얼굴은 눈과 코와 입이 서로 아주 복잡한 관계를 맺으며 어느 특정 방식으로 배열되는 것이기 때문이다. 비율은 하나의 경향일 수 없다. 그것은 우연이든 설계든 둘 중 하나다.

도덕적인 이상 및 그것과 인도주의자들, 반인도주의자들과의 관계도 마찬가지다. 우리는 점점 더 사물에게서 손을 떼는 방향으로 가고 있다고 생각할 수도 있다. 말을 몰지도 않고 꽃을 따지도 않는 방향으로 말이다. 결국에는 논증으로 사람의 정신을 동요시키면 안 될지도 모른다. 기침으로 새의 수면을 방해하면 안 될지도 모른다. 이것이 극치에 도달하면, 혹시 파리라도 동요시키지 않을까 우려하여 움직이지도 못하고, 세균에게 폐를 끼칠까 봐 먹지도 못하고, 그저 꼼짝 못하고 가만히 앉아 있는 모습이 될 것이다. 이처럼 무미건조한 극치를 향해 어쩌면 우리가 무의식적으로 떠내려가고 있을지도 모른다. 그런데 우리는 그토록 무미건조한 극치를 원하고 있는가? 이와 비슷하게, 우리는 무의식적으로 그 반대 또는 니체가 말하는 노선을 따라 진화하고 있을지도 모른다. 재미로 우주를 박살낼 때까지 폭군들의 탑 안에서 초인이 초인을 쳐부수는 방향으로 말이다. 그런데 우리는 재미로 우주가 박살나는 것을 원하고 있는가? 우리가 진정으로 바라는 바는 이 두 가지 요소가 특정 방식으로 계획되고 운영되는 것이 아닌가? 어느 정도의 자제와 존중이 있고, 어느 정도의 에너지와 지배력이 있는 그런 상태가 아닌가?

우리의 삶이 동화처럼 아름다운 삶이 되려면, 동화의 모든 아름다움은 왕자가 두려움에 살짝 못 미치는 경이감을 품고 있다는 것에 달려 있음을 기억해야 할 것이다. 만일 그가 거인을 두려워하면 그것으로 그는 끝장이 난다. 또한 그가 거인을 보고 놀라지 않으면, 동화는 그것으로 끝난다. 모든 핵심은 그가 경이감을 품을 정도로 겸손한 동시에 도전할 정도로 대범하다는 사실에 달려 있다. 그러므로 이 세상의 거인에 대한 우리의 태도 역시 갈수록 예민해지는 쪽이나 갈수록 경멸하는 방향으로만 나가서는 안 된다. 바람직한 태도는 이 둘을 특정 방식으로 조화시키는 것이다. 이게 바로 올바른 태도이기 때문이다. 우리는 우리 바깥의 만물에 대해 충분한 경외심을 품고서, 두려운 마음으로 풀밭을 밟을 수 있어야 한다. 아울러 우리 바깥의 만물에 대해 충분히 경멸을 품고, 적당한 때에는 별을 보고 침을 뱉을 수도 있어야 한다.

그런데 (우리가 선하게 되거나 행복해지고 싶으면) 이 두 가지 태도를 조합하되 아무렇게나 조합하는 게 아니라 특정 방식으로 조합해야 한다. 이 땅에서의 인간의 완전한 행복은 (이런 것이 이루어질 수 있다면) 동물의 만족과 같이 밋밋하고 한결같은 것이 아닐 것이다. 그것은 애절한 로맨스와 같이 정밀하고 위험한 평형 상태일 것이다. 사람이 모험을 하려면 자신에 대한 적당한 믿음이 있어야 하고, 모험을 즐기려면 자신에 대한 적당한 의심이 있어야 한다. 이것이 진보의 이상을 위해 갖출 두 번째 요건이다. 그것은(만일 그것이 우리의 영혼을 만족시키려면) 단순히 어떤 것-사랑이든 자만이든 평화든 모험이든-이 다른 모든 것을 삼켜 버리는 식의 일방적인 승리가 되어서는 안 된다. 오히려 이 모든 요소들이 공존하며 최상의 비율로 서로 조화되고 관계를 맺는 특정한 모습을 지녀야 한다.

나는 이 시점에서, 사물의 적절한 구성에 의한 최고의 상태가 인류를 위해 준비되어 있을지도 모른다는 것을 부인하고픈 생각은 없다. 다만 이런 복합적인 행복이 만일 우리를 위해 정해져 있다면, 그것은 어떤 지성에 의한 것이 틀림없다는 점만 지적하고 싶다. 오직 지성만이 복합적인 행복에 필요한 정확한 비율을 배열할 수 있기 때문이다. 세계를 아름답게 만드는 일이 단지 자연의 작용이라면, 그것은 세계를 얼어붙게 하거나 타오르게 할 만큼 단순한 작용임에 틀림없다. 그러나 세계를 아름답게 만드는 일이 자연의 작용이 아니고 예술적인 활동이라면, 어떤 예술가가 개입하고 있다고 할 수 있다. 내가 이것을 묵상하는 지점에 이르자 다시금 옛적의 그 음성이 귓전을 때렸다.

"내가 너희에게 이 모든 것을 오래 전에 얘기해 줄 수도 있었노라. 만일 어떤 진보라도 존재한다면 내가 이루는 그런 진보밖에 없고, 그것은 곧 정의와 평화가 서로 입을 맞추는 왕국이자 완전한 미덕의 도시를 향한 진보를 뜻하노라. 비인격적인 힘은 너희를 완전히 편평한 광야나 지극히 높은 꼭대기로는 인도할 수 있을 것이니라. 그러나 오로지 인격적인 하나님만이 (만일 너희가 인도를 받는다면) 너희를 정의로운 거리가 있고 건축학적으로 균형 잡힌 도시, 너희 각자가 요셉의 총천연색 외투에 적당한 정도로 네 나름의 색채를 기여할 수 있는 그런 도시로 인도하실 것이니라."

그러니까 두 번씩이나 기독교는 내게 필요한 정확한 답변을 제공해 준 셈이다. 나는 "이상이란 것은 고정되어야 한다"라고 말했는데, 교회는 "내 것은 문자 그대로 고정되어 있다. 그것은 다른 어떤 것보다 먼저 존재했기 때문이다"라고 응답했다. 두 번째로 나는 "그것은 한 편의 그림처럼 예술적으로 배합되어 있어야 한다"라고 말했는데, 교회는 "내 것은 문자 그대로 한 편의 그림이다. 나는 누가 그것을 그렸는지 알기 때문이다"라고 응답했다.

세 번째_경계심

그 후 나는 유토피아 내지는 진보의 목표를 위해 갖춰야 할 것으로 보이는 세 번째 요건으로 넘어갔다. 셋 가운데 이 요건을 표현하는 일이 가장 어렵다. 어쩌면 이런 식으로 묘사할 수 있을지 모르겠다. 우리가 에덴에서 쫓겨난 것처럼 유토피아에서 떨어지지 않으려면, 유토피아에서도 깨어 있는 일이 필요하다고. 우리가 진보적이 되어야 할 한 가지 이유는, 사물은 자연스럽게 더 나아지는 경향이 있기 때문이라고 언급한 바 있다. 그러나 진보적이 되어야 할 유일한 이유는 사물이 자연스럽게 더 나빠지는 경향이 있기 때문이다. 사물의 부패는 진보적이 되어야 할 최고의 근거일 뿐 아니라, 보수적이 되는 것에 대한 유일한 반론이기도 하다. 이 한 가지 사실만 없어도 보수주의 이론은 반박할 수 없는 결정적인 이론이 될 것이다. 그런데 모든 보수주의는 '만일 당신이 사물을 홀로 내버려 두면 그것을 있는 그대로 두는 셈'이라는 생각에 기초해 있다. 그러나 실은 그렇지 않다. 만일 당신이 사물을 홀로 내버려 두면 그것을 변동의 급류에 두는 셈이다. 당신이 하얀 기둥을 내버려 두면 그것은 곧 까만 기둥이 될 것이다. 만일 그 기둥이 하얀색을 유지하기를 원한다면 페인트칠을 다시 하지 않으면 안 된다. 말하자면, 당신은 언제나 혁명을 일으켜야 한다는 뜻이다. 요컨대, 만일 당신이 예전의 하얀 기둥을 원한다면 당신은 새로운 하얀 기둥을 가져야 한다.

이 점이 무생물에게 해당된다면, 아주 특별한 의미에서 모든 인간적인 것에도 적용된다. 인간의 제도들은 너무나 빠르게 낡아지기 때문에 시민은 거의 부자연스러운 경계심을 품어야 한다. 오늘날의 로맨스와 저널리즘은 옛 폭정 아래서 고생했던 사람들에 관해 얘기하는 것이 하나의 관행이다. 그런데 실은 사람들은 거의 언제나 새로운 폭정 아래서 고생해 왔다. 불과 20년 전만 해도 사람들은 공공연하게 행해졌던 폭정 아래서 고통을 받았다. 그래서 잉글랜드는 엘리자베스의 애국적인 군주제를 보고 기뻐서 광분했다. 그 직후에 찰스 1세의 폭정의 덫에 빠진 나머지 분노로 광분했다. 다른 예를 들자면, 프랑스에서는 군주제가 견딜 수 없는 지경이 되었는데, 그동안 견뎌 오다가 그렇게 된 것이 아니라 칭송을 받다가 졸지에 그렇게 변한 것이다. 매우 사랑을 받은 루이의 아들은 단두대로 처형된 루이였다. 19세기의 잉글랜드도 마찬가지였다. 급진파 제조업자는 민중의 지도자로 전적인 신뢰를 받았었는데, 사회주의자가 등장하여 그를 가리켜 사람들을 빵처럼 먹는 폭군이라고 외치는 고함소리를 우리가 들었다. 다른 예로는, 우리가 조금 전까지만 해도 신문을 여론 기관으로 신뢰했던 것을 들 수 있다. 최근에 우리 가운데 일부는 신문이 전혀 그런 기관이 아니라는 것을 (서서히 본 것이 아니라 처음으로) 목격했다. 신문은 본질상 몇몇 부자들의 취미일 뿐이다.

우리는 옛 것에 대해 반기를 들 필요가 전혀 없다. 오히려 새 것에 대해 반기를 들어야 한다. 현대 세계를 지탱하고 있는 것은 자본가나 편집인과 같은 새로운 지배자들이다. 현대의 왕이 헌법을 짓밟지 않을까 하고 우려할 필요가 없다. 오히려 그는 헌법을 무시하고 그 뒤에서 작업을 할 가능성이 더 많다. 그는 자신의 왕권을 이용하지 않을 것이다. 오히려 왕의 무력함, 곧 자기가 비판과 평판으로부터 자유롭다는 사실을 이용할 가능성이 더 많다. 왕이야말로 우리 시대의 가장 사적인 인물이기 때문이다.

누구든지 언론의 검열을 제안하는 안건에 반대하여 싸울 필요가 없을 것이다. 우리에게는 언론에 대한 검열이 필요 없다. 우리가 언론의 검열을 받고 있기 때문이다. 이처럼 대중적인 기관들이 놀랄 만큼 빠르게 억압적 성격을 갖게 된다는 것은 완벽한 진보 이론이 인정해야 할 세 번째 사실이다. 이 이론은 혹시 특권이 남용되고 있지 않은지를 언제나 주시해야 하는데 올바른 일은 잘못되기 마련이기 때문에 그렇다. 이 문제에 있어서는 나는 전적으로 혁명가들의 편이다. 그들이 인간의 제도에 항상 의심의 눈초리를 보내는 것은 옳다. 군주를 신뢰하지 않고 어떤 사람의 자식도 신뢰하지 않는 것은 옳다. 민중의 친구가 되도록 선출된 두목이 민중의 적으로 변한다. 진실을 말해 주기 위해 시작된 신문이 지금은 진실이 말해지는 것을 막기 위해 존재한다. 여기에서 나는 정말로 혁명가의 편에 있다고 느꼈음을 말하고 싶다. 그런 다음에 나는 한숨을 쉬었다. 내가 한때는 정통파의 편에 있었다는 것을 기억했기 때문이었다. 기독교가 다시 입을 열어 이렇게 말했다.

"사람은 본성상 타락하게 되어 있다고 나는 언제나 주장해 왔다. 인간의 덕은 본질상 녹이 쓸든지 썩는 경향이 있다. 인간 자체는 잘못되기 마련이라고, 특히 행복한 인간과 교만하고 부유한 인간은 그렇게 된다고 나는 언제나 말해 왔다. 이 영원한 혁명, 오랜 세월에 걸쳐 존재해 온 이 의심을 (모호한 현대인인) 너는 진보의 교리라고 부른다. 네가 만일 철학자라면, 너도 나와 마찬가지로 그것을 원죄의 교리라고 부를 것이다. 네가 원한다면 그것을 우주적인 진보라고 불러도 좋다. 나는 그것을 있는 그대로 타락(the Fall)이라고 부른다."

나는 앞에서 정통 기독교가 칼처럼 들어오는 것을 얘기했었다. 여기서는 그것이 전쟁용 도끼처럼 들어왔다고 고백하는 바이다. 기독교야말로 (내가 그것에 대해 생각하게 되었을 때) 상류층의 권세에 의문을 제기할 만한 권리를 가진 유일한 것이기 때문이다. 나는 사회주의자나 민주주의자의 말을 들어 보았는데, 그들은 가난한 자의 물리적 환경이 그들을 정신적으로 도덕적으로 열등하게 만들 수밖에 없다고 말했다. 나는 과학적인 사람의 말을 들어 보았는데(아직도 민주주의에 반대하지 않는 과학적인 사람들이 있다), 그들은 우리가 가난한 자에게 더 건강한 환경을 제공하면 악과 부정이 사라질 것이라고 말했다. 나는 굉장한 집중력과 흥미를 가지고 그들의 말을 경청했다. 그것은 마치 나무에 앉아서 자기를 받쳐 주는 가지를 열심히 톱으로 자르는 사람을 보는 것과 같았기 때문이다.

만일 이 행복한 민주주의자들이 자기들의 입장을 증명할 수 있다면, 그들은 민주주의를 쳐 죽이게 될 것이다. 이렇게 하여 가난한 자가 완전히 사기가 꺾인다면, 그들을 키우는 것이 실제적일 수도 있고 그렇지 않을 수도 있다. 그러나 그들에게서 선거권을 빼앗는 것은 상당히 실제적이다. 만일 나쁜 침실을 가진 사람이 좋은 투표를 할 수 없다면, 이로부터 나오는 첫 번째 추론은 그는 투표를 하면 안 된다는 것이다. 지배 계층이 다음과 같이 말하는 것도 그리 부당한 것은 아니다.

"우리가 그의 침실을 개조하는 데는 어느 정도의 시간이 걸릴 것이다. 그런데 그가 당신의 말대로 짐승과 같다면, 그가 우리나라를 망하게 하는 것은 시간문제일 것이다. 그래서 우리는 당신의 조언을 받아들여서 그에게 그럴 기회를 주지 않겠다."

진지한 사회주의자가 가난한 자는 통치하기에 부적합하다고 자세히 설명하면서 부지런히 귀족 정치의 토대를 놓는 것을 보노라면 재미있어 죽을 지경이다. 그것은 마치 어떤 사람이 저녁 파티에서 이브닝드레스를 입고 오지 않아서 미안하다고 사과하면서, 자기는 최근에 술에 취한 적이 있었고 길거리에서 옷을 벗는 습관을 갖고 있으며, 더군다나 방금 죄수복을 갈아입었다고 설명하는 소리를 듣는 것과 같다. 만일 사태가 그 정도로 나쁘다면, 연회의 주인이 그에게 굳이 올 필요가 없다고 말할 것으로 예상하게 된다. 이는 빛나는 얼굴을 가진 평범한 사회주의자가 처참한 경험을 한 가난한 자는 정말로 신뢰할 수 없다고 증명하는 것과 마찬가지다. 부자는 당장에 "아주 좋소. 그렇다면 우리는 그들을 신뢰하지 않겠소"라고 말하고 그의 코앞에서 문을 쾅 닫을 것이다.

유전과 환경에 관한 블래치포드(Blatchford)의 견해에 따르면, 귀족 정치를 지지하는 입장은 가히 압도적이다. 만일 맑은 집과 맑은 공기가 맑은 영혼을 만든다면 (어쨌든 현재로선) 맑은 공기를 갖고 있는 사람들에게 권력을 주지 않을 이유가 있을까? 만일 더 나은 환경이 가난한 자를 자치하기에 더 적합한 존재로 만들어 준다면, 더 나은 환경이 부자를 가난한 자들을 지배하기에 더 적합한 존재로 이미 만들어 주지 않았을 이유가 있을까? 일반적인 환경 논증에 따르면 이 문제는 아주 명백하다. 한마디로 풍족한 계층이 유토피아에서 우리의 선도자가 되어야 한다는 것이다.

단 하나의 답변

최고의 기회를 가진 자들이 아마도 우리의 최고 지도자일 것이라는 주장과 맑은 공기를 마신 자들이 더러운 공기를 마신 자들을 위해 결정을 내리는 편이 좋다는 논리에 대응할 답변이 있는가? 내가 알기로는 단 하나의 답변밖에 없다. 바로 기독교다. 오로지 교회만이 부자를 신뢰하는 입장에 대해 합리적인 반론을 제공할 수 있다. 왜냐하면 교회는 처음부터 위험한 것은 사람의 환경이 아니라 사람의 내면에 있다고 주장해 왔기 때문이다. 더군다나, 우리가 위험한 환경에 대해 거론한다면, 무엇보다 가장 위험한 환경은 바로 안락한 환경이라고 기독교는 주장해 왔다. 물론 나는 가장 현대적인 제조업자가 비정상적으로 큰 바늘을 생산하는 데 몰두해 왔다는 것과 가장 최근의 생물학자들이 아주 작은 낙타를 발견하려고 노심초사해 왔다는 것도 알고 있다.

　그러나 우리가 설사 낙타를 최소한의 크기로 줄이거나 바늘귀를 최대한의 크기로 늘린다 하더라도-요컨대 그리스도의 말씀이 가능한 최소한의 뜻만 갖고 있다고 가정하더라도-그분의 말씀은 적어도 이런 의미를 갖고 있음에 틀림없다. 부자는 도덕적으로 신뢰할 만한 사람일 가능성이 별로 없다는 것. 기독교는 비록 그 효력이 약화되더라도 모든 현대 사회를 누더기로 만들 만큼 강력하다. 교회가 주는 최소한의 메시지가 세계에는 치명적인 최후통첩이 될 것이다. 현대 세계 전체는 부자가 필요하다는 게 아니라 부자가 믿을 만하다는 생각에 토대를 두고 있는데, 이는 (그리스도인으로서는) 지지할 수 없는 입장이기 때문이다.

　당신은 신문, 회사, 귀족, 또는 정당 정치를 둘러싼 모든 토론에서, 부자는 뇌물로 포섭할 수 없다는 주장을 한없이 들을 것이다. 그러나 실은 부자를 뇌물로 포섭할 수 있으며 이미 그는 포섭되었다. 그래서 그는 부자가 된 것이다. 기독교의 입장은 이생의 향락에 의존하고 있는 사람은 영적으로, 정치적으로, 재정적으로 타락한 사람이라는 것이다.

　그리스도와 모든 그리스도인들이 천편일률적으로 진술한 것이 한 가지 있다. 한마디로 하자면, 부유하게 되는 것은 도덕적 파산에 빠질 수 있는 특별한 위험에 처한다는 것이었다. 부자를 명백한 정의를 침해한 자로 처형하는 것은 비기독교적이라고 증명할 수는 없다. 부자를 사회의 편리한 지배자로 모시는 것도 비기독교적이라고 증명할 수는 없다. 부자에 반기를 들거나 부자에 굴복하는 것은 확실히 비기독교적인 것이 아니다. 그러나 부자를 신뢰하거나 부자를 가난한 자보다 도덕적으로 더 안전한 존재로 여기는 일은 확실히 비기독교적이다. 그리스도인이 "나는 저 사람이 뇌물을 받더라도 그의 높은 지위를 존경한다"라고 일관되게 말할 수는 있다. 그러나 그리스도인은, 현대인이 점심시간과 아침식사 때에 말하듯이 "저런 지위를 가진 사람은 뇌물을 받을 리가 없어"라고 말해서는 안 된다. 어느 지위에 있는 어떤 사람이든 뇌물을 받을 수 있다는 것이 기독교 도그마의 일부이기 때문이다. 그것은 기독교 도그마의 일부일 뿐 아니라, 이상한 우연의 일치인지는 몰라도 인류 역사의 명백한 일부이기도 하다. 사람들이 '저런 신분을 가진' 사람은 도무지 타락할 수 없을 것이라고 말할 때, 굳이 기독교를 논의에 끌어들일 필요는 없다. 베이컨 경[6]은 구두닦이였던가? 말보로 공작[7]은 길을 쓸고 닦는 청소부였던가? 최상의 유토피아에서도, 어느 신분을 가진 어떤 사람이라도, 어느 순간이든 도덕적으로 타락할 수 있다는 사실을 명심해야 한다. 무엇보다도 내 자신이 내 신분에서 바로 이 순간에 타락할 수 있다는 사실을 기억해야 한다.

---

6. Francis Bacon, 1561–1626. 그는 1621년 상원으로부터 뇌물 수수혐의로 재판에 회부되어 벌금형과 함께 구속되었다.

7. Duke of Marlborough, 1650–1722. 영국의 장군으로서 본명은 존 처칠. 1711년에 공금횡령으로 고소당해 그가 맡고 있던 모든 공직을 박탈당했다.

최근에 기독교가 민주주의와 친하다는 취지의 글을 아주 모호하고 감상적인 저널리즘이 왕창 쏟아 냈다. 대부분의 글은 이 둘이 자주 말다툼을 벌였다는 사실을 논박할 수 있을 만큼 강하지도 못하고 명료하지도 못하다. 기독교와 민주주의의 진정한 공통분모는 그보다 훨씬 더 깊은 곳에 있다. 그중에서도 특별히 비기독교적인 생각으로 보이는 것은, 자기가 통치할 수 있다고 느끼는 사람이 통치해야 한다는 칼라일(Carlyle)의 생각이다. 이는 결코 기독교적인 생각이 아니라 이교도적인 것이다. 우리의 기독교 신앙이 정치에 대해 조금이라도 논평하는 것이 있다면, 자기가 통치할 수 있다고 생각하지 않는 사람이 통치해야 한다는 것이다. 칼라일의 영웅은 "나는 왕이 될 것이오"라고 말할 것이다. 그러나 기독교의 성자는 "나는 감독이 되고 싶지 않소"라고 말해야 한다. 기독교의 커다란 역설이 무엇을 의미하느냐고 묻는다면 이렇게 응답할 수 있을 것이다. 우리는 손에 왕관을 들고 지구의 방방곡곡을 샅샅이 뒤져서 자기는 그것을 쓰기에 적합하지 않다고 생각하는 사람을 찾아야 한다고. 칼라일은 분명히 틀렸다. 우리는 자기가 다스릴 수 있음을 아는 특별한 사람에게 왕관을 씌워서는 안 된다. 오히려 자기가 그럴 수 없음을 아는 훨씬 더 특별한 사람에게 왕관을 씌워 주어야 한다.

이것은 현행 민주주의를 방어하는 두세 가지 수단 중 하나이다. 단순한 투표 제도가 곧 민주주의를 뜻하는 것은 아닐지라도,

현재로선 그보다 더 간단한 민주적인 방법을 내놓기는 쉽지 않다. 그럼에도 투표 제도는 실질적인 의미에서 굉장히 기독교적이라고 할 수 있다. 그것은 너무 겸손해서 자기 의견을 내놓지 못하는 사람들의 의견을 파악하려는 시도이기 때문이다. 그것은 일종의 신비로운 모험이다. 특히 스스로를 신뢰하지 않는 사람들을 신뢰하는 일이기 때문이다. 이 수수께끼는 기독교 세계 특유의 것이다. 불교도의 체념에는 참으로 겸손한 면이 없고, 온건한 힌두교도는 온건하긴 해도 온유하지는 않다. 그런데 유명한 인물의 의견을 수용하는 자명한 경로를 취하는 대신에 무명씨의 의견을 구한다는 생각은 무언가 심리적으로 기독교적인 면이 있다.

투표하는 일이 특히 기독교적인 것이라고 말하면 약간 이상하게 들릴 것이다. 유세하는 일이 기독교적인 것이라고 말하면 미친 소리로 들릴 것이다. 그러나 유세하는 일은 그 아이디어 자체가 아주 기독교적인 것이다. 그것은 겸손한 사람을 격려하는 활동이다. 즉, 겸허한 사람에게 "친구여, 더 높이 올라가라"라고 말하는 것이다. 만일 유세 활동에 약간의 결함이 있다면, 그것이 갖고 있는 완벽하고 원숙한 신앙심에 있을 것이다. 유세하는 자에게 겸손하도록 격려하는 일을 소홀히 할 수도 있기 때문이다.

귀족 정치의 문제

귀족 정치는 하나의 제도가 아니라 하나의 죄악이다. 대체로 아주 가벼운 죄악이다. 그것은 선천적인 거만함과 권력자에 대한 칭송에 쉽게 빠지는 사람들의 것으로서, 이 세상에서 가장 쉽게 일어나는 뻔한 현상이다. 현대의 '세력'은 가장 신속하고 대담한 기관들이 또한 가장 허약하거나 감성적이라는 식으로 왜곡했는데, 귀족 정치는 이에 대한 백 가지 답변 중 하나이다.

가장 재빠른 것이 가장 부드러운 것이다. 새가 활동적인 이유는 부드럽기 때문이다. 돌이 무력한 것은 딱딱하기 때문이다. 돌이 본질상 아래로 내려가야 하는 이유는 딱딱함은 곧 연약함이기 때문이다. 새가 본성상 위로 올라갈 수 있는 것은 허약함이 곧 힘이기 때문이다. 완벽한 힘 안에는 일종의 가벼움, 스스로 공중에 있을 수 있는 경쾌함이 있다. 기적의 역사를 연구하는 탐구자들은 위대한 성자들의 특징이 '공중 부양'의 능력에 있다고 엄숙하게 인정했다. 사실은 한걸음 더 나아가 위대한 성자들의 특징은 가벼워질 수 있는 능력이라고 말할 수도 있다. 천사들이 날 수 있는 것은 그들 자신을 가볍게 여길 수 있기 때문이다. 이 점은 언제나 기독교 세계의 직관이었고, 그중에서도 특히 기독교 예술의 직관이었다. 프라 안젤리코[8]가 모든 천사를 새로 그렸을 뿐 아니라 거의 나비로 그리다시피 한 것을 기억하라. 가장 진지한 중세 미술이 온통 가볍게 펄럭이는 휘장들로, 재빠르게 돌아다니는 발로 가득 차 있다는 사실을 기억하라.

이것은 현대의 전(前)라파엘풍의 화가들이 진정한 라파엘 이전의 화가들을 닮을 수 없는 한 가지 특징이었다.[9] 번 존스[10]는 결코 중세의 심오한 가벼움을 되살릴 수 없었다. 옛 기독교 그림들에서 모든 인물 위에 등장하는 하늘은 푸른색 내지는 황금색의 낙하산과 같다. 모든 인물은 위로 날아가서 하늘을 둥둥 떠다닐 준비가 되어 있는 듯하다. 거지의 누덕누덕한 외투는 천사의 번뜩이는 깃털처럼 그를 위로 끌어올릴 것이다. 반면에 무거운 금으로 장식한 왕들과 보라색 예복을 입은 거만한 자들은 그 본성상 아래로 내려앉을 것이다. 거만함은 가볍지 않아서 공중 부양으로 오를 수 없기 때문이다. 거만함은 모든 것을 아래로 끌어내려 장중함에 빠지게 한다. 그런 사람은 자기를 중시하는 쪽으로 '가라앉게' 된다.

그러나 우리는 자기를 잊어버리는 쾌활한 쪽으로 올라가야 한다. 사람은 몽상 속으로 '떨어졌다가' 푸른 하늘로 올라온다. 자기를 심각하게 여기는 것은 미덕이 아니다. 그것을 악덕이라고 말

---

8. Fra Angelico, 1400?–1455, 이탈리아의 화가. 도미니크 수도회 수도사. 일생을 경건한 기독교 신앙의 표현에 헌신하였다고 해서 '베아토 프라 안첼리코'(축복받은 천사 수도사)로 불리었다.

9. 1850년경의 한유파로서 단태 가브리엘 로세티, 홀만 헌트, 존 에버렛 밀레 등이 전(前)라파엘풍의 화가에 포함된다. 그들은 라파엘 시대 이전에 존재했던 것으로 추정되는 예술 형태와 겸허함으로 되돌아가고자 했다.

10. Sir Edward Burne Jones, 1833–1898, 빅토리아 시대의 화가이자 스테인드글라스 디자이너.

하는 것은 이단적인 발언이겠지만 그래도 훨씬 현명한 이단사설이다. 자신을 중요하게 여기는 것은 사실상 자연스런 성향이다. 가장 쉬운 일이기 때문이다. 「펀치」[11]에 좋은 농담을 쓰는 일보다 「타임즈」에 좋은 논설을 쓰는 일이 더 쉬운 법이다. 장중함은 인간에게서 자연스럽게 흘러나오지만, 웃음은 일종의 도약이기 때문이다. 무거워지는 것은 쉽고 가벼워지는 것은 어렵다. 사탄은 장중한 힘(중력)에 의해 떨어졌다.

유럽이 오랫동안 귀족 정치를 실시했지만 기독교 세계가 된 이후 그 마음 뒤편에서는 귀족 정치를 항상 약점으로-허용하지 않으면 안 되는 연약한 제도로-취급했다는 사실은 유럽의 독특한 영예이다. 누구든지 이 점을 이해하고 싶으면 기독교 바깥으로 나가서 다른 철학적 분위기에 몸을 담아보면 된다. 예를 들어, 유럽의 계급을 인도의 카스트 제도와 비교해 보라. 인도에서는 귀족이 훨씬 더 지성적이기 때문에 훨씬 더 끔찍하다. 계층의 등급을 곧 영적 가치의 등급으로 진지하게 생각한다. 그래서 제과점 주인은 정육점 주인보다 비가시적인 신성한 의미에서 더 나은 것이다.

그러나 가장 무식하고 타락한 기독교라도 준(准)남작이 정육점 주인보다 신성한 의미에서 더 낫다고 주장한 적은 없다. 이방 사회에서는 (나도 모르지만) 자유인과 노예 사이에 중대한 구분이 있

---

11. Punch, 1841년에 영국에서 만화 위주로 발행된 세계에서 가장 오래된 주간 잡지.

었을 것이다. 그러나 기독교 사회에 사는 우리는 언제나 신사를 일종의 농담거리로 생각해 왔다. 물론 어떤 큰 종교대회에서는 신사가 농담거리가 될 만한 자격은 얻었지만 말이다. 하지만 유럽에 사는 우리는 진정으로 그리고 근본적으로 귀족을 진지하게 여긴 적이 한 번도 없었다. 단지 간헐적으로 유럽인이 아닌 외국인(예: 오스카 레비 박사[12]와 같은 유일하게 지성적인 니체주의자)만이 잠시 동안 귀족 정치를 진지하게 여길 뿐이다. 순전히 애국적인 편견일지도 모르겠지만(난 그렇다고 생각하지 않는다), 내게는 잉글랜드의 귀족 정치가 대표적인 유형일 뿐 아니라 모든 귀족 정치의 면류관이요 꽃인 것처럼 보인다. 이는 과두정치(적은 수의 우두머리가 국가의 최고 기관을 조직하여 행하는 독재적인 정치 체제-역주)의 모든 결함뿐 아니라 모든 미덕도 갖고 있다. 잉글랜드의 귀족들은 격식을 차리지 않고, 친절하고, 분명한 문제에 직면하면 용감하다. 아울러 이 모든 장점들과 겹치는 한 가지 큰 장점도 갖고 있다. 아무도 그것을 도무지 진지하게 여길 수 없다는 점이다.

나는 유토피아에 평등한 법이 있을 필요성에 대해 평소처럼 찬찬히 설명했었다. 그리고 늘 그랬듯이, 기독교가 나보다 앞서 거기에 있었다는 것을 알게 되었다. 나의 유토피아의 역사도 그와 똑같은 즐거운 슬픔을 갖고 있다. 내가 언제나 건축 공부를 한 뒤

---

12. Dr. Oscar Levy, 1909년부터 1912년까지 니체의 작품을 18권으로 된 총서로 편집한 인물.

에 새로운 탑을 세울 계획을 갖고 달려가 보면, 거기에 햇빛에 빛나는 천년 묵은 탑이 이미 서 있는 것을 발견하게 된다. 예전의 의미에서, 그리고 부분적으로 현대적인 의미에서, "오 주여, 우리가 하는 모든 일에서 우리보다 앞서 행하소서"라는 나의 기도를 이미 하나님이 응답하신 셈이다. 아무런 허영심 없이, 내 머리로 하나의 제도로서 결혼 서약을 창안할 수도 있겠다고 진심으로 생각한 순간이 있었다. 그러나 나는 그것이 이미 과거에 창안되었다는 사실을 알고는 한숨을 쉬었다. 그런데 이런 사실들을 한 가지씩 모두 보여 주는 일은 너무나 긴 작업이 될 것이므로, 나의 유토피아 개념이 새 예루살렘으로 응답되었다는 점만 언급하고 싶다. 그리고 이 결혼의 사례를 양자가 수렴되는 경우를 보여 주는 (나머지 모든 것을 대표하는) 본보기로 삼을까 한다.

사회주의를 반대하는 사람들이 인간 본성에 내재된 불가능성과 변화가능성에 관해 이야기할 때, 그들은 언제나 중요한 한 가지 차이점을 놓치곤 한다. 현대인이 꿈꾸는 이상 사회의 관념에는 달성될 수 없는 몇 가지 소원이 있고, 바람직하지 않은 소원도 몇 가지 있다. 모든 사람이 평등하게 아름다운 집에 살아야 한다는 것은 달성될 수도 있고 그렇지 못할 수도 있는 꿈이다. 그러나 모든 사람이 똑같은 아름다운 집에 살아야 한다는 것은 전혀 꿈이 아니다. 그것은 악몽이다. 남자가 모든 늙은 여인을 사랑해야 한다는 것은 아마 도달될 수 없는 이상일 것이다. 그러나 남자는 모든 늙은 여인을 자기 어머니로 여겨야 한다는 것은 도달이 불가능한 이상일 뿐더러 도달해서는 안 될 이상이다.

이런 면에서 독자가 나에게 동의할지 모르겠으나, 언제나 내게 큰 영향을 미쳤던 한 가지 예를 덧붙일까 한다. 나로서는 내가 가장 원하는 자유, 곧 나 자신을 묶을 수 있는 자유를 내게 맡기지 않는 유토피아는 도무지 상상할 수 없다. 완전한 무정부 상태는 규율이나 충성심을 갖는 것을 불가능하게 만들 뿐 아니라 재미있게 노는 것도 불가능하게 만들 것이다. 예를 들어, 만일 내기가 구속력이 없다면 내기는 할 만한 가치가 없을 것이다. 모든 계약의 취소는 도덕을 파괴할 뿐 아니라 스포츠도 망치게 될 것이다. 그런데 내기걸기와 그런 스포츠들은 내가 이제까지 많이 얘기한 모험과 로맨스를 원하는 사람의 본능이 왜곡된 형태일 뿐이다. 그리고 모험에 따른 위험과 보상, 처벌과 성취는 실제로 존재해야 하는데, 그렇지 않으면 모험은 늘 변모하는 냉혹한 악몽일 뿐이다. 만일 내가 내기를 하면, 나는 반드시 값을 지불하도록 강요당해야 한다. 그렇지 않으면 내기에 시적인 운치가 없을 것이다. 만일 내가 도전을 한다면, 나는 싸우도록 강요받아야 한다. 그렇지 않으면 도전하는 일에 시적인 운치가 없을 것이다. 만일 내가 충성을 서약하면, 내가 충성하지 않을 때는 저주를 받아야 한다. 그렇지 않으면 서약하는 일이 아무 재미도 없을 것이다.

설사 어떤 사람이 고래에게 삼켜졌다가 자신이 에펠 탑 꼭대기에 있는 것을 발견했거나 개구기로 변한 뒤에 플라밍고처럼 행동하기 시작한다 하더라도, 그런 경험으로부터 당신이 동화를 만들어 낼 수는 없다. 아주 엉뚱한 로맨스를 쓰기 위해서라도 어떤 결과가 반드시 실재해야 한다. 그리고 그 결과는 돌이킬 수 없는 것이어야 한다.

기독교적 결혼이야말로 그처럼 실재적이고 돌이킬 수 없는 결과를 수반하는 중요한 본보기다. 그렇기 때문에 결혼이 우리의 모든 로맨스 작품의 주된 주제이고 중심인 것이다. 그리고 이것이 내가 모든 사회적 낙원에 관해 반드시 물어보아야 할 질문 중 마지막 질문이다. 나는 내 계약을 지키도록, 나의 서약과 약속을 진지하게 여기게 해 달라고 요청해야 한다. 나는 유토피아에게 나의 명예를 위해 나 자신에게 복수해 달라고 부탁해야 한다.

유토피아를 꿈꾸는 나의 모든 친구들은 서로를 의심스런 눈초리로 쳐다본다. 왜냐하면 그들의 궁극적 희망이 모든 특별한 유대 관계의 해체에 있기 때문이다. 그러나 다시금 나는 이 세계 저편으로부터 일종의 메아리처럼 울리는 응답을 듣는 것 같다.

"너는 진정한 책임을 갖게 될 것이다. 그러므로 네가 나의 유토피아에 도달할 때는 진정한 모험을 하게 되리라. 그런데 가장 어려운 책임과 가장 버거운 모험은 거기에 도달하는 일이다."

ORTHODOXY

"당신이 하얀 기둥을 내버려 두면

그것은 곧 까만 기둥이 될 것이다.

만약 그 기둥이 하얀색을 유지하기를 원한다면

페인트칠을 다시 하지 않으면 안 된다.

말하자면,

당신은 언제나 혁명을 일으켜야 한다."

정통신앙의 로맨스

많은 이들의 공격에도 불구하고 기독교 진리는 손상되지 않았다.
그것이 정통신앙이 가진 힘이다.

우리 시대는 너무 분주하고 힘들다고 불평하는 게 하나의 습관이 되었다. 그러나 사실 우리 시대의 주된 특징은 격심한 게으름과 피로감이다. 진정한 게으름이 겉으로 분주하게 만드는 원인이다. 한 가지 예를 들어 보자. 길거리는 택시와 자동차의 소음으로 시끄럽다. 이는 사람들의 활동 때문이 아니라 사람들이 편해지고 싶어서 생기는 일이다. 사람들이 더 많은 활동을 하고 걸어 다닌다면, 분주함이 지금보다 덜할 것이다. 만일 우리의 세계가 더 많은 노력을 기울인다면 지금보다 좀 더 조용해질 것이다.

이것은 신체적인 분주함뿐 아니라 지적인 분주함에도 적용된다. 현대 언어의 구조를 보면 대다수가 노동절약형 구조임을 알수 있다. 즉, 그 구조가 바람직한 정도를 훨씬 넘어 정신적 노동을절감시켜 주고 있다는 말이다. 과학적 어구들은 과학적인 바퀴와피스톤로드(piston rod, 피스톤에 고정되어 피스톤의 운동을 실린더 밖으로전달하는 금속 막대-역주)처럼 더 빠르고 더 부드럽게 만들되 더 편안한 길을 닦기 위해 이용되고 있다. 긴 어구는 긴 열차처럼 우리 곁을 덜컹거리며 지나간다. 우리는 그 열차가 너무 피곤하거나 게을러서 스스로 걷거나 생각할 수 없는 수많은 사람들을 실어 나른다는 것을 알고 있다.

단 한 번이라도 자기의 의견을 한마디로 표현해 보려고 애쓰는것은 좋은 연습이다. 만일 당신이,

"애매한 문장의 사회적 유용성이 처벌에 대한 좀 더 인간적이고
과학적인 견해를 지향하는 우리의 사회학적 진화의 일부라는 것
을 모든 범죄학자들은 인정한다."

라는 식으로 말하면, 당신의 두개골 속의 회색 물체를 거의 움직이지 않고도 몇 시간 동안 그런 식으로 계속 얘기할 수 있다. 그러나 만일 당신이,

"나는 존스는 감옥에 가고, 브라운이 존스가 언제 나올 것인지를

라고 말하기를 시작한다면, 당신은 오싹한 전율을 느끼며 도무지 생각하지 않을 수 없다는 것을 발견하게 되리라. 긴 말이 어려운 것이 아니라 본래 짧은 말이 어려운 법이다. '나빠지다'라는 단어보다 '제기랄'이란 단어에 형이상학적으로 미묘한 뉘앙스가 더 많이 담겨 있다.

그런데 현대인에게 추론의 수고를 덜어 주는 이처럼 길고 편한 단어들에는 특별히 파괴적이고 혼란스러운 측면이 있다. 이 문제는 똑같은 긴 단어가 다른 맥락에서 전혀 다른 것을 의미할 때 생긴다. 잘 알려진 예를 하나 들어 보자. '이상주의자'(idealist)라는 단어는 철학적 용어로서 일정한 의미를 갖고 있는 동시에, 도덕적 수사학의 용어로는 전혀 다른 뜻을 갖고 있다. 마찬가지로, 과학적 유물론자(materialist)들은 사람들이 우주론적 용어로서의 '유물론자'와 도덕적 조롱거리로서의 '물질주의자'를 혼동한다고 불평하는데, 이는 정당한 불평이다. 좀 더 시시한 예로는, 런던에서는 '진보주의자'를 싫어하는 사람이 남아프리카공화국에서는 언제나 '진보주의자'를 자처하는 것을 들 수 있다.

이런 무의미한 혼동은 '자유주의자'(liberalist)라는 단어가 종교에 적용될 때와 정치와 사회에 적용될 때에도 생긴다. 흔히 모든 자유주의자는 자유로운 것이면 무엇이든 사랑해야 하므로 자유사상가가 되어야 한다고 주장한다. 그렇다면 모든 이상주의자는 높은 것이면 무엇이든 사랑해야 하므로 고(高)교회파 교인이 되어야 한다고 말할 수 있을 것이다. 아울러 저(低)교회파 교인은 평(平, Low)미사[1]를, 광(廣)교회파 교인은 상스러운(broad) 농담을 좋아해야 한다고 말할 수도 있을 것이다. 이런 것은 순전히 말장난에 불과하다.

현대 유럽에서 말하는 자유사상가는 본인 스스로 생각하는 사람을 뜻하지 않는다. 그것은 스스로 생각해 본 결과 특정한 결론-현상의 유물론적 기원, 기적의 불가능성, 개인적 불멸성에 대한 의심 등-에 도달한 사람을 일컫는다. 그리고 이 가운데 어느 아이디어도 특별히 자유주의적인 것은 없다. 아니, 이런 아이디어는 대부분 반자유주의적인 것이 분명하며, 이 점을 입증하는 것이 이번 장의 목적이다.

이어지는 내용에서 내가 가능한 빠르게 지적하고 싶은 점은, 사회적 행습에 미치는 영향과 관련해 신학적 자유주의자들이 가장 강하게 주장하는 사안들이 하나도 예외 없이 모두 반자유주의적이라는 것이다. 오늘날 교회에 자유를 가져온다고 하는 거의 모든 제안은 사실상 세상에 폭정을 가져오는 것들이다. 교회를 자유롭게 한다는 것이 교회를 사방으로 풀어 준다는 것을 뜻하지

---

1. 합창. 음악을 수반하지 않는 미사.

않기 때문이다. 그것은 오히려 과학적이라고 불리는 특정한 도그마 세트-일원론의 교리, 범신론의 교리, 아리안주의 교리, 또는 필연성의 교리-를 풀어 준다는 것을 뜻한다. 그리고 이런 교리 하나하나가 (우리가 하나씩 다룰 텐데) 자연스러운 억압의 동맹군이라는 것은 얼마든지 입증될 수 있다. 사실 우리는 대다수의 것이 억압의 동맹군으로 행세하는 놀라운 환경 속에 몸담고 있다(이에 대해 생각해 보면 그리 놀랍지가 않지만).

이처럼 억압과 동맹을 맺고 있는 환경에서 특정한 선(線)을 결코 넘지 않는 것이 딱 한 가지 있다. 바로 정통신앙이다. 물론 내가 정통신앙을 왜곡시켜 폭군을 부분적으로 정당화시키고 있을지도 모른다. 하지만 나는 어떤 독일 철학을 꾸며 내어 폭군을 전적으로 정당화시킬 수도 있다.

이제 우리는 신(新)신학 내지는 현대주의 교회의 특징인 혁신에 대해 고찰할 차례가 되었다. 앞장을 마무리할 때 나는 그 가운데 하나를 발견했던 사실을 언급했다. 가장 구식이라고 불리던 바로 그 교리가 지상의 새로운 민주주의를 방어하는 유일한 안전장치임이 밝혀진 것이다. 가장 인기가 없던 교리가 사람들의 유일한 강점으로 밝혀졌다. 요컨대, 과두제를 반박하는 유일한 논리적 부정은 바로 원죄의 교리 속에 있음을 알게 된 것이다. 이는 다른 모든 사례에도 적용된다는 것이 나의 주장이다. 그 가운데 가장 자명한 사례로서 기적의 경우를 들어 볼까 한다.

기적에 관하여

아주 특별한 어떤 이유 때문에, 기적을 믿는 것보다 믿지 않는 것이 더 자유주의적이라고 여기는 고정 관념이 있다. 왜 그런지 나는 상상을 할 수 없고, 아무도 내게 그 이유를 말해 주지 못한다. 도무지 상상할 수 없는 어떤 이유로 '폭넓은' 또는 '자유주의' 성직자는 기적의 수를 줄이고 싶어 하는 사람을 뜻한다. 그 수를 늘리고 싶어 하는 사람을 가리키는 경우는 전혀 없다. 그 호칭은 언제나 그리스도가 무덤에서 나왔다는 것을 자유롭게 불신하는 사람을 뜻한다. 달리 말하면, 자기의 숙모가 무덤에서 나왔다는 것을 자유롭게 믿는 사람을 가리키는 경우가 전혀 없다는 뜻이다. 교구 사제가 성 베드로가 물 위를 걸었다는 것을 인정할 수 없어서 교구에 문제가 생기는 일은 흔하다. 하지만 성직자가 자기 아버지가 서펜타인(런던의 하이드 파크에 있는 S자형의 인공 연못) 위를 걸었다고 말한다고 해서 교구에 문제가 생기는 경우는 얼마나 드문가? 이것은 (재빠른 세속주의자가 즉시 반박하듯이) 우리의 경험에서 기적을 믿을 수 없기 때문에 일어나는 현상은 아니다. 매튜 아놀드가 단순한 믿음으로 읊조렸던 도그마-"기적은 일어나지 않는다"-때문에 생기는 현상은 아니라는 말이다.

실은 80년 전보다 우리 시대에 더 많은 초자연적인 사건이 발생한 것으로 제기되고 있다. 과학자들은 과거보다 훨씬 더 기적을 믿는다. 생각과 정신에 관한 복잡하고 심지어 무섭기까지 한 불가사의가 현대 심리학에서 언제나 새롭게 밝혀지고 있다. 옛 과학이 솔직히 기적으로 배척했을 것들이 새로운 과학에 의해 빈번히 사실로 주장되고 있다. 아직도 기적을 배척할 만큼 고리타분한 것이 있다면 이른바 신(新)신학밖에 없을 것이다.

그런데 기적을 '자유로이' 부인한다는 개념 자체는 그것을 지지하거나 부정하는 증거와는 아무런 관계가 없다. 원초적인 생명과 우주의 시초가 사상의 자유 속에 있지 않고 유물론의 교리 속에 있었다고 생각하는 것은 생명력 없는 구두적인 편견일 뿐이다. 19세기의 사람이 부활을 불신하지 않은 것은 그의 자유주의 기독교가 그것을 의심하도록 허용했기 때문이었다. 그가 부활을 불신한 것은 그의 엄격한 유물론이 그것을 믿도록 허용하지 않았기 때문이었다. 전형적인 19세기 인물이었던 테니슨(Tennyson)은 동시대인들에 대해 "그들의 정직한 의심 속에 어떤 믿음이 있다"[2]라고 말했는데, 이는 자명한 이치를 진술한 것이었다. 실제로 그랬다. 이 말은 심오한 진리, 아니 무서운 진리를 담고 있다. 기적을 의심하는 마음속에는 확고한 무신론적 운명에 대한 믿음이 있었던 것이다. 즉, 바꿀 수 없는 우주의 일상적 운행을 믿는 깊고 성실한 믿음이 있었다는 말이다. 불가지론자의 의심은 곧 일원론자의 도그

---

2. "in Memorium"에 나오는 시: 정직한 의심 속에 더욱 큰 믿음이 살고 있네. 교리를 어설프게 믿기보다는 나를 믿어라.

마였다.

초자연적인 것의 실존과 증거에 관해서는 나중에 논할 생각이다. 여기서는 다음과 같은 분명한 점만 짚고 넘어갈까 한다. 흔히 자유주의적인 자유의 개념이 기적에 관한 논의의 어느 한편에 있다고들 얘기하는데, 그렇다면 그것은 기적의 편에 있는 게 분명하다. 개혁이나 (우리가 관용할 수 있는 유일한 의미의) 진보는 한마디로 정신에 의한 사물의 점진적인 통제를 의미한다. 그리고 기적은 한마디로 정신에 의한 사물의 재빠른 통제를 의미한다.

당신이 사람들에게 양식을 먹이고 싶어도, 광야 같은 곳에서 그들을 기적적으로 먹이는 일은 불가능하다고 생각할지 모른다. 하지만 그것을 반자유주의적이라고 생각할 수는 없다. 당신이 가난한 아이들이 바닷가에 가는 것을 정말로 원한다고 해도, 그들이 거기에 날개달린 용을 타고 가야 한다고 생각하는 것을 반자유주의적이라고 생각할 필요는 없다. 다만 그런 일이 일어날 법하지 않다고 생각할 뿐이다. 휴일은 자유주의처럼 사람의 자유를 의미할 따름이다. 기적은 하나님의 자유를 의미할 따름이다. 당신이 양심적으로 둘 중 하나를 부인할 수는 있으나, 그 부인을 자유주의사상의 승리라고 부를 수는 없다.

가톨릭교회는 사람과 하나님 모두 일종의 영적인 자유를 갖고 있다고 믿었다. 칼뱅주의는 사람에게서 자유를 빼앗아서 하나님께 맡겼다. 과학적 유물론은 창조주인 그분을 묶어 놓는다. 묵시

록이 사탄을 쇠사슬로 묶었듯이 하나님을 쇠사슬로 묶어 놓는 것이다. 우주에 있는 어느 것도 자유롭게 두지 않는다. 그리고 이런 과정을 도와주는 사람들을 일컬어 우리는 '자유주의 신학자'라고 부른다. 이것은 가장 가볍고도 명백한 사례라고 할 수 있다.

기적에 대한 의심 속에 공평무사함이나 개혁적인 사상이 있다고 생각하는 것은, 문자 그대로 사실과 정반대되는 발상이다. 만일 한 사람이 기적을 믿을 수 없다면, 그것으로 그 문제는 끝난다. 그는 특별히 자유주의적인 사람이 아니라 존중할 만하고 논리적인 사람이라고 할 수 있다. (후자가 전자보다 훨씬 나은 것이다.) 하지만 만일 그가 기적을 믿을 수 있다면, 그래서 그는 더 자유주의적인 사람임에 틀림없다. 기적은 먼저 영혼의 자유를 의미하고, 둘째로 환경의 횡포를 다스리는 통제권을 의미하기 때문이다. 그런데 가장 유능한 사람조차 이 사실을 아주 순진하게 무시하곤 한다.

예를 들어, 버나드 쇼 씨는 기적의 개념이 마치 자연에 대한 믿음을 위반하는 것인 양 그것을 경멸하는 구태의연한 입장을 취한다. 이상하게도 그는 기적이야말로 의지의 전능함을 주장하는 교리, 즉 자기가 가장 좋아하는 나무의 궁극적인 꽃이라는 점을 인식하지 못하고 있다. 마찬가지로, 불멸성에 대한 욕망을 하찮은 이기심이라고 부르는데, 이는 조금 전에 자기 입술로 생명에 대한 욕망을 건강하고 영웅적인 이기심이라고 불렀던 것을 망각하는 처사다. 아니 어떻게 해서 본인의 생명을 무한하게 만들고 싶은 것

은 고상하고, 그것을 불멸의 생명으로 만들고 싶은 것은 보잘것없
는 것이라고 말할 수 있는가? 결코 그렇지 않다. 만일 사람이 자
연이나 관습의 잔인성을 이기고 승리하는 것이 바람직하다면, 기
적은 분명코 바람직한 것이다. 기적이 과연 가능한지 여부는 나중
에 논의할 예정이다.

불교와 기독교

이제 나는 이 이상한 오류를 보여 주는 좀 더 큰 사례들로 넘어
가야겠다. 그것은 종교를 '자유주의화하는 일'은 어떤 식으로든
이 세상의 해방을 돕는다고 생각하는 관념이다. 두 번째 본보기는
범신론의 경우에서 볼 수 있다. 또는 흔히 내재주의(immanentism)
라고 불리는 현대인의 태도-불교가 종종 그러하다-에서 찾을 수
있다. 그런데 이 경우는 훨씬 더 어려운 문제라서 좀 더 준비를 갖
추고 접근할 필요가 있겠다.

진보적인 사람들이 청중에게 가장 자신 있게 하는 말은 대체로
사실과 정반대되는 것이다. 우리가 자명한 이치라고 생각하는 것
이 오류일 가능성이 많다는 뜻이다. 한 가지 예를 들어 보자. 윤리
공동체와 종교회의에서 거듭 거론되는 공평한 말이 있다. 바로 "지
구상의 종교들은 그 의례와 형식은 다르지만 가르치는 내용은 똑

같다"는 말이다. 이것은 사실과 정반대되는 소리이자 오류다. 지구상의 종교들은 의례와 형식은 크게 다르지 않지만, 오히려 가르치는 내용이 크게 다르다. 앞선 주장은 마치 이렇게 말하는 것과 같다.

> "처치 타임즈(Church Times, 영국 교회의 공식 기관지)와 프리싱커(Freethinker, 자유사상협회의 기관지)는 서로 전혀 다르게 보인다. 전자는 고급 피지에 그려지고 후자는 대리석에 새겨지며, 전자는 삼각형이고 후자는 육각형이기 때문이다. 그러나 둘 다 읽어 보면 똑같은 소리를 하고 있다는 것을 알게 될 것이다."

그러나 사실은 둘이 똑같은 소리를 하지 않는다는 점만 제외하면 모든 면에서 비슷하다. 서비턴(윔블던에서 남서쪽으로 몇 마일 떨어진 곳)에 사는 한 무신론자 주식중개인은 윔블던(런던 광역시의 한 지역)에 사는 스베덴보리[3]의 신봉자인 어떤 주식중개인과 아주 똑같아 보인다. 당신이 모자에서 스베덴보리 신봉자라는 표시를 보거나 우산에서 무신론자라는 표시를 보지 않은 채 그냥 그들 주변을 맴돌면서 무례할 정도로 샅샅이 조사해 보라. 그러면 그들이 갈라지는 지점이 바로 그들의 영혼임을 알게 될 것이다.

---

3. Emanuel Swedenborg, 1688–1772. 신의 계시를 개인적으로 체험했다고 주장하며 거기에 기초해 성경을 재해석한 스웨덴의 종교적 신비 철학자.

그러므로 지구상의 모든 종교의 차이는 그 시시한 공리가 주장하는 것처럼, 조직이 아니다. 사실은 그 정반대다. 오히려 조직은 비슷하다. 지구상의 거의 모든 위대한 종교는 제사장, 신성한 경전, 제단, 형제의 맹세, 특별한 축제 등 똑같은 외적인 방법을 갖고 작동한다. 가르치는 방식도 비슷하다. 그들의 다른 점은 바로 그들이 가르치는 내용에 있다.

이방인 낙관주의자와 동양의 비관주의자가 모두 신전을 갖고 있는 것은 자유당과 토리당이 모두 신문을 갖고 있는 것과 같다. 서로를 파괴하려고 존재하는 종교들이 모두 신성한 경전을 갖고 있는 것은 서로를 파괴하려고 존재하는 군대들이 모두 총을 갖고 있는 것과 같다. 이처럼 모든 종교가 동일하다고 주장하면서 그들이 내세우는 대단한 예는 불교와 기독교의 영적인 동일성이다. 이 이론을 수용하는 자들은 대체로 유교를 제외한 다른 대다수 종교의 윤리를 피하는 경향이 있다. 유교는 종교가 아니라서 그들이 좋아한다. 그런데 그들이 마호메트교에 찬사를 보낼 때는 그 종교의 도덕을 낮은 계층에만 부과하는 일에 국한시키는 등 무척 신중을 기한다. 그들이 마호메트교의 결혼관(이에 관해서는 할 말이 굉장히 많이 있다)을 추천하는 경우는 거의 없으며, 종교적 암살단 및 물신 숭배자에 대한 그들의 태도는 무척 차갑다고 해도 과언이 아니다.

하지만 그들은 석가모니의 위대한 종교의 경우는 기독교와 유사하다고 진심으로 생각한다. 블래치포드 씨와 같은 대중 과학의 신봉자는 기독교와 불교가 아주 비슷하다고 늘 주장한다. 사람들도 흔히 그렇게 믿고 있다. 나도 그 이유를 설명하는 책을 읽기 전까지는 그렇게 믿었었다. 책에는 그 이유가 두 종류로 제시되어 있었다. 하나는 모든 인류에게 공통된 것이라서 아무 의미가 없는 닮은꼴이고, 다른 하나는 전혀 닮은꼴이 아닌 닮은꼴이었다. 저자는 모든 종교의 신조가 비슷한 면에서 이 두 종교의 신조도 비슷하다고 진지하게 설명했다. 그리고 그 둘이 분명히 다른 몇 가지 점에서도 마치 비슷한 것처럼 묘사했다.

첫 번째 실례로는, 그리스도와 부처 모두 마치 당신이 지하 석탄 창고에서 나오라는 신의 음성을 듣기를 기대하는 것처럼, 하늘로부터 오는 신의 음성을 들었다고 그는 말했다. 또한 이 동양의 스승들은 이상한 우연의 일치로 모두 발을 씻는 것과 관계가 있었다고 주장했다. 그들이 모두 씻을 발을 갖고 있었다는 것도 놀라운 우연의 일치였다고 말할 수도 있었을 것이다. 두 번째 유사점은 사실은 전혀 유사하지 않은 것이었다.

두 종교를 조화시키려는 이 저자는 특정한 종교 축제 때 라마승(僧)의 겉옷이 '신도들에 의해' 존경의 표시로 찢어졌고, 남은 부분이 아주 소중히 여겨졌다는 사실을 주목하게 한다. 그러나 이것은 닮은꼴과는 정반대되는 것이다. 그리스도의 옷은 존경이 아닌 조롱의 표시로 갈기갈기 찢어졌기 때문이다. 그리고 남은 조각은 헌옷 가게에 팔 수 있을 뿐 소중히 여겨지지 않았다. 이러한 설명은 칼을 이용하는 두 가지 예식 사이의 연관성을 암시하는 것과 같았다. 하나는 칼로 어떤 사람의 어깨를 두드리는 예식이고, 다른 하나는 칼로 사람의 목을 자르는 예식이다. 이는 당사자에게 전혀 비슷한 것이 아니다.

저자는 불교와 기독교의 철학적 유사점을 이런 두 부류로 나누어 주장하고 있지만 그것은 설득력이 없으니, 이런 미숙한 학설은 하찮은 소리라고 하지 않을 수가 없다. 그가 말하는 철학적 유사점은 너무 많은 것을 증명하든지 아니면 아무것도 증명하지 못하든지 둘 중 하나다. 불교가 자비나 극기를 옹호한다고 해서 기독교와 매우 비슷하다고 말할 수는 없다. 이는 불교가 모든 인간 존재와 완전히 다르지 않다고 말하는 것일 뿐이다. 불교도는 이론상 잔인함이나 무절제를 부정하는데, 사실 온전한 정신을 가진 모든 인간이 이론상 잔인함이나 무절제를 부정한다. 그런데도 불교와 기독교가 이런 면에서 똑같은 철학을 제공하고 있다고 말하는 것은, 한마디로 잘못이다.

모든 인간은 우리가 죄의 그물에 걸려 있다는 것에 동의한다. 그리고 대다수의 인간은 거기서 빠져나갈 길이 있다는 점에 동의한다. 하지만 그 탈출구가 무엇인지와 관련하여, 우주상에 불교와 기독교만큼 서로 완전히 상반되는 종교들이 있을지 모르겠다.

내가 박식한 자들의 견해에 동조하여 불교와 기독교가 닮았다고 생각했을 때에도 언제나 나를 당혹스럽게 만든 것이 한 가지 있었다. 그들의 종교 예술의 유형이 놀랍도록 다르다는 점이었다. 기술적인 표현 양식이 다르다는 뜻이 아니라 명시적으로 표현된 유형이 아주 다르다는 뜻이다. 고딕 성당에 있는 기독교 성자의 모습과 중국 사원에 있는 불교 성자의 모습보다 서로 더 정반대되는 것은 없을 것이다. 이 둘은 모든 점에서 상반된다. 짧게 진술하자면, 불교의 성자는 언제나 눈을 감고 있는 반면에 기독교의 성자는 언제나 눈을 크게 뜨고 있다. 불교 성자는 매끈하고 조화로운 몸매를 갖고 있지만 그의 눈은 잠을 자듯 무겁게 감겨 있고, 중세 성자의 몸은 야위어 뼈만 앙상하지만 그의 눈은 무섭도록 살아 있다. 이토록 서로 다른 상징들을 낳는 세력들 간에 진정한 영적 공동체는 조성될 수 없는 법이다. 이 두 형상은 순수한 신조를 왜곡시킨 약간 극단적인 모습이라고 하더라도, 그처럼 상반된 형상을 만들어 내는 것을 볼 때 둘 사이에 진정한 차이점이 존재하는 것이 틀림없다. 불교도는 집중해서 내면을 응시하고, 그리스도인은 미친 듯이 바깥을 응시하고 있다. 우리가 이 실마리를 꾸준히 따라가면 무언가 흥미로운 점을 발견하게 될 것이다.

얼마 전에 베전트 부인[4]은 흥미로운 에세이에서 세상에는 오직 한 가지 종교밖에 없고, 모든 종교는 그것의 변형이나 곡해일 뿐이

---

4. Annie V. Besant, 1847–1933, 신지협회(神智協會, 1875년에 러시아 태생의 종교적 신비주의자인 헬레나 블라바츠키 부인에 의해 설립된 단체로서 모든 종교의 화해를 위한 운동을 벌였다)의 회원이었으며 1907년에 이 협회의 회장이 되었다.

라고 하면서, 그 종교가 무엇인지를 말할 준비가 되어 있다고 공표했다. 베전트 부인에 따르면, 그 우주적인 교회는 한마디로 우주적인 자아이다. 우리는 모두 실제로 한 인격이고, 사람과 사람 사이에 개체성의 벽이 존재하지 않는다는 교리이다. 이렇게 표현해도 좋을지 모르지만, 그녀는 우리에게 우리의 이웃을 사랑하라고 말하지 않는다. 오히려 우리에게 우리의 이웃이 되라고 말한다. 이것은 종교에 대한 베전트 부인의 사려 깊고 암시적인 묘사로서, 모든 사람이 그 안에서 조화되어 스스로를 찾아야 한다는 것이다. 나는 평생 이보다 더 강력하게 내가 반대하는 주장을 들어본 적이 없다.

내가 내 이웃을 사랑하기 원하는 것은 그가 곧 나이기 때문이 아니라 그가 내가 아니기 때문이다. 내가 세계를 동경하고 싶은 것은, '자신을 비추는 거울을 좋아하듯이'가 아니라 남자가 자신과 전적으로 다른 존재이기 때문에 한 여성을 사랑하는 것과 같다. 만일 두 영혼이 분리되어 있으면 사랑은 가능하다. 하지만 두 영혼이 연합되어 있으면 사랑은 분명히 불가능하다. 한 사람을 가리키며 그는 자기 자신을 사랑한다고 대충 말할 수는 있어도, 스스로와 사랑에 빠질 수는 없는 법이다. 혹시라도 그런 일이 있다면 그것은 단조로운 연애임에 틀림없다. 만일 세상이 진정한 자아들로 가득 차 있다면, 그들은 실로 이타적인 자아들이 될 수 있다. 그러나 베전트 부인의 원리에 따르면, 온 우주는 단 하나의 거대한 이기적인 인격일 뿐이다.

바로 이 점에서 불교는 현대의 범신론과 내재론의 편에 선다. 그리고 바로 이 점에서 기독교는 인류와 자유와 사랑의 편에 선다. 사랑은 개성 있는 존재를 원하기 때문에 분립을 원한다. 그래서 기독교는 하나님이 우주를 작은 조각들로 쪼개신 것을 기뻐한다. 그것들은 살아 있는 조각들이기 때문이다. 기독교의 본능은 한 명의 큰 사람에게 스스로를 사랑하라고 일러주기보다, 오히려 "어린아이들아, 서로 사랑하라"라고 말해 주는 것이다.

불교도나 신지학자에게는 개성이 곧 사람의 타락을 뜻하지만, 그리스도인에게는 그것이 하나님의 목적, 곧 그분의 우주적 아이디어의 전반적인 취지이다. 이것이 불교와 기독교 사이에 있는 지적인 심연이다. 신지학자들의 세계정신(world-soul)은 사람에게 자신을 그 속에 던져 넣을 목적으로 그것을 사랑하라고 요구한다. 반면에 기독교의 신적 중심은 사람이 그것을 사랑하게 만들기 위해 사람을 그것으로부터 끌어냈다. 동양의 신은 자기의 팔이나 손을 잃고 나서 항상 그것을 찾으려고 애쓰는 거인과 같다. 그러나 기독교의 권능은 이상할 정도로 관대해서 자기의 오른손을 잘라 버린 뒤에 그 손이 자진해서 그 자신과 악수를 하는 거인과 비슷하다.

이제 우리는 기독교의 본질과 관련된 똑같은 차이점으로 되돌아온다. 모든 현대 철학들은 연결하고 속박하는 쇠사슬이다. 반면에 기독교는 분리시키고 자유롭게 해 주는 칼이다. 다른 어떤 철학도 하나님을 그릴 때 우주를 살아 있는 영혼들로 분리시키는 것을 즐거워하는 분으로 묘사하지 않는다. 그러나 정통 기독교에 따르면, 하나님과 사람 사이의 분리는 신성한 것이다. 이는 영원한 것이기 때문이다. 사람이 하나님을 사랑하려면, 사랑을 받을 하나님이 존재할 뿐 아니라 그분을 사랑할 사람도 있어야 한다. 우주를 거대한 용광로로 생각하는 모호한 신지학적 지성은 복음서들의 청천벽력 같은 소리-하나님의 아들이 평화가 아니라 절단하는 칼을 주러 왔다고 선언하는 소리-로부터 본능적으로 움츠러드는 지성이다. 진정한 사랑을 전하는 사람은 미움을 부르기 마련이라는 진술은 그 자체만으로 완전히 진실인 것처럼 들린다. 이것은 신적인 사랑뿐만 아니라 서민적인 형제애에도 적용된다. 가짜 사랑은 타협과 공동의 철학으로 끝나지만, 진짜 사랑은 언제나 피 흘림으로 끝났다.

그런데 우리 주님의 말씀에 담긴 자명한 의미의 배후에는 또 다른 끔찍한 진실이 놓여 있다. 하나님에 따르면, 그분의 아들은 형제와 형제를 영원히 서로 미워하도록 갈라놓는 칼이었다. 그러나 그 아버지 역시 칼과 같은 분으로서 암흑의 태초에 형제와 형제를 갈라놓았다가 결국에는 서로를 사랑하게 만드는 존재였다.

이것이 바로 그림 속 중세 성자의 눈에 있는 거의 광적인 행복의 의미이고, 탁월한 부처의 감겨진 눈이 가진 의미다. 기독교 성자가 행복한 것은 그 자신이 세계로부터 단절되었기 때문이다. 그는 사물로부터 단절되어 경이롭게 그것들을 응시하고 있다. 그런데 불교의 성자는 왜 사물을 보고 놀라는 것일까? 존재하는 것은 단 하나뿐이고 그것이 비인격적인 존재인 만큼 스스로를 보고 놀랄 수 없는데도 말이다. 경이감을 노래하는 범신론적인 시가 많이 있지만, 그 가운데 성공적인 시는 하나도 없다. 범신론자는 경이감을 품을 수 없다. 그는 그 자신과 별개로 존재하는 하나님이나 그 어떤 것도 찬미할 수 없기 때문이다.

기독교의 경각심

여기서 우리의 관심사는 이 그리스도인의 찬미[5]가 윤리적 행동과 사회적 개혁에 미치는 영향이다. 그 영향력은 너무나 자명하다. 범신론으로부터는 도덕적 행동을 촉구하는 추진력을 기대할 수 없다. 범신론은 본질상 어느 하나가 다른 것만큼 좋다는 점을 함축하고 있기 때문이다. 반면에 행동이란 것은 본질상 어느 하나가 다른 것보다 훨씬 낫다는 점을 함축하고 있다. 스윈번은 회의

---

5. 예배자와 별개로 존재하는 바깥의 신을 향한 찬미.

감이 절정에 달했을 때 이 문제를 붙들고 씨름했으나 결국 헛수고에 그쳤다. 그는 가리발디와 이탈리아 반란의 영감을 받아 '해뜨기 전의 노래'를 집필했는데 거기에서 이 세상의 모든 제사장을 시들게 할 만한 더욱 참신한 종교와 더욱 순결한 하나님을 선포했다.

> 그대는 지금 무엇을 하는가
> 하나님을 쳐다보며 무엇을 외치는가
> 나는 나, 그대는 그대라,
> 나는 낮고, 그대는 높으며,
> 나는 그대라, 그대가 그분을 찾고자 하나
> 그대 자신이 아닌 그대를 찾으니
> 그대는 곧 나라.

이로부터 즉시 추론할 수 있는 점은 이런 것들이다. 폭군들은 가리발디 같은 인물들에 못지않은 하나님의 아들들이라는 것, 그리고 아주 성공적으로 '자기 자신을 찾은' 나폴리의 봄바 왕[6]은 만물 속에 있는 궁극적인 선과 동일하다는 것. 폭군을 권좌에서 쫓아내는 서구의 에너지는 "나는 나고, 그대는 그대라"라고 말하

---

6. 페르르디난드 2세(1810–1859)는 1848년에 시칠리아 섬에서 혁명이 일어났을 때 두시칠리아 섬의 왕이었다. 1849년 봄에 그는 그곳의 주요 도시들을 무자비하게 폭격하여 혁명 세력을 제압했는데, 그 때문에 그에게 '폭탄'(Bomba) 라는 별명이 붙었다.

는 서구 신학으로부터 직접 나온다는 것이다.

위를 쳐다보고 우주에서 좋은 왕을 목격했던 바로 그 영적인 분립이, 위를 쳐다보고 나폴리에 있는 나쁜 왕을 목격한 것이다. 봄바의 신을 숭배하던 자들은 봄바를 권좌에서 내쫓았다. 스윈번의 신을 숭배하던 자들은 수세기 동안 아시아를 지배했으나 한 명의 폭군도 쫓아낸 적이 없었다. 인도의 성자는 나(I)와 그대(Thou), 우리(We)와 그들(They), 그리고 그것(It)을 응시하고 있기 때문에 눈을 감는 것이 어쩌면 타당할지 모른다. 그것은 이성적인 일이다. 하지만 그 일이 인도인으로 하여금 커즌 경[7]을 감시하도록 돕는다는 것은 이론적으로나 실제적으로나 사실이 아니다.

늘 기독교의 특징이 되어 왔던 외적인 경각심(우리는 깨어서 기도해야 한다는 명령)은 전형적인 서구의 정통 기독교와 전형적인 서구의 정치에서 그 모습을 드러냈다. 이 둘은 우리 자신과는 다른 초월적인 신, 사라지는 신의 관념에 의존하고 있다. 현인들이 품었던 신조들은 우리가 우리 자신의 자아의 미궁 속으로 점점 더 깊이 들어가서 하나님을 추구해야 한다고 주장할 것이다. 그러나 오로지 기독교 세계에 몸담은 우리만이 산 위에 있는 독수리처럼 하나님을 추적해야 한다고 말했다. 그리고 그 추적 과정에서 우리는 모든 괴물을 죽여 버렸다.

---

7. Lord Curzon, 1859–1925, 그는 1898년부터 1905년까지 인도 총독을 역임했다.

그러므로 다시금, 우리는 민주주의와 서구의 자기 갱신 능력을 소중히 여기는 한, 그와 같은 것을 새로운 신학보다는 옛 신학에서 찾을 가능성이 높다는 점을 발견한다. 우리가 개혁을 원한다면 정통 기독교에 붙어 있어야 한다. 특히 이 문제, 곧 내재적인 신이나 초월적인 신의 존재를 주장하는 문제에 있어서는 그렇다(이는 R. J. 캠벨의 토론에서 많은 논쟁거리가 되었다). 특히 하나님의 내재성을 주장함으로써 우리는 내적 성찰, 자기 고립, 정적주의, 사회적 무관심-티베트의 특징-등을 갖게 된다. 특히 하나님의 초월성을 주장함으로써 우리는 경이감, 호기심, 도덕적 및 정치적 모험, 의로운 분노-기독교 세계의 특징-등을 갖게 된다. 그리고 하나님이 사람 안에 계시다고 주장함으로써, 사람은 언제나 자기 자신 안에 있다. 하나님이 사람을 초월하신다고 주장함으로써, 사람은 자기 자신을 초월했다.

설사 우리가 구식(舊式)이라고 불리는 다른 어떤 교리를 택하더라도 사정은 마찬가지라는 것을 알게 되리라. 가령, 삼위일체의 심오한 교리도 이 점에서 마찬가지다. 유니테리언[8]은 그토록 많은 작은 종파(sect)들을 그런 태도에 빠지게 해서 우발적으로 개혁가가 되는 경우가 자주 있다. 그러나 삼위일체론을 순전한 일신론으로 대치하는 것에는 자유주의적인 요소나 개혁적인 요소가 조

---

8. 그들의 뛰어난 지적인 위엄과 고도의 지적인 명예에 대한 특별한 존경이 없이는 결코 언급해서는 안 될 섹트.

금도 없다. 아타나시우스 신조가 고백하는 복합적인 하나님은 지적으로는 하나의 수수께끼일지 모른다. 그러나 그 하나님은 오마르[9]나 마호메트의 외로운 신보다 술탄의 신비와 잔인성을 불러일으킬 가능성이 훨씬 적다. 무서운 단일체인 신은 한 명의 왕일 뿐 아니라 동양의 대왕이기도 하다. 인류의 마음, 특히 유럽 사람의 마음은 삼위일체의 개념을 둘러싼 낯선 암시들과 상징들, 정의뿐 아니라 자비까지도 호소하는 위원회의 이미지, 세계의 지성소 안에 존재하는 일종의 자유와 다양성의 개념에 의해 훨씬 더 만족감을 얻는다. 서양의 종교는 '남자가 홀로 있는 것이 좋지 못하다'는 생각을 늘 품어 왔기 때문이다. 동양의 은둔자 개념이 서양의 수도사 개념에 의해 추방되었을 때, 사회적 본능은 도처에서 그 모습을 드러냈다. 그래서 금욕주의조차 형제애를 수반했고, 트라피스트 수도사들은 침묵을 할 때에도 사교적인 존재였다.

이 살아 있는 복합체(삼위일체 하나님)의 사랑이 우리의 시금석이라면, 유니테리언이 되는 것보다 삼위일체 종교를 갖는 것이 분명히 더 건강하다. 우리와 같은 삼위일체주의자에게는 (만일 내가 경외심을 품고 말할 수 있다면) 하나님도 하나의 사회이기 때문이다. 이는 실로 헤아릴 수 없는 신학의 미스터리이다. 그리고 설사 내가 그 신비를 직접 다룰 만한 신학자라 할지라도, 여기서 그렇게 하

---

9. Omar Khayyam, 1048–1131, 페르시아의 수학자, 천문학자, 철학자, 시인.

는 것은 적절하지 않을 것이다. 여기서는 이 삼중적인 수수께끼가 포도주처럼 위안이 되고 잉글랜드의 난롯가처럼 열려 있다고 말하는 것으로 충분하겠다. 지성을 당혹스럽게 하는 이 신비가 가슴을 진정시켜 준다. 반면에 그 사막으로부터, 그 메마른 장소와 무서운 태양으로부터는 외로운 하나님의 잔인한 자식들이 나온다. 손에 언월도를 든 유니테리언들은 세계를 황폐하게 했다. 하나님도 홀로 있는 것이 좋지 않기 때문이다.

이것은 그토록 많은 의로운 지성을 동요시킨 영혼의 위험이란 어려운 문제에도 그대로 적용된다. 모든 영혼이 잘되기를 바라는 것은 의무사항이다. 그리고 그들의 구원이 필연적이라고 생각하는 것도 얼마든지 가능하다. 하지만 구원이 필연적이라는 생각이 활동이나 진보를 도모하는 일에 우호적인 것은 아니다. 호전적이고 창조적인 우리 사회는 오히려 모든 사람이 위험에 처해 있다고, 즉 각 사람이 실에 매달려 있거나 절벽에 매달려 있다고 주장해야 마땅하다. 어쨌든 모든 사람이 잘될 것이라고 말하는 것은 아주 포괄적인 진술이다. 그러나 그것을 나팔 소리라고 부를 수는 없다. 유럽은 오히려 파멸할 가능성이 있음을 강조해야 마땅하다. 사실 유럽은 항상 이것을 강조해 왔다. 이 점에서 유럽의 최고 종교는 가장 값싼 싸구려 로맨스와 동일한 목소리를 낸다.

불교도나 동양의 운명론자에게는 존재라는 것이 특정한 방식으로 끝나지 않으면 안 되는 하나의 과학이나 계획이다. 그러나 그리스도인에게 존재는 어떤 식으로든 끝날 수 있는 한 편의 이야기다. 스릴 만점의 소설(순전히 기독교적인 작품)에서 주인공은 식인종에게 먹히지 않는다. 하지만 스릴이 있기 위해서는 그가 식인종에게 먹힐 가능성이 있는 게 꼭 필요하다. 말하자면 주인공은 먹힐 수 있는 인물이어야 한다는 말이다. 그래서 기독교 도덕은 사람에게 그의 영혼을 잃을 것이라고 말하지 않고, 그의 영혼을 잃지 않도록 주의해야 한다고 말했던 것이다. 요컨대, 사람을 '저주받은' 존재라고 부르는 것은 사악한 소리다. 하지만 그를 '저주받을 수 있는 존재'라고 부르는 것은 매우 종교적이고 철학적인 진술이다.

모든 기독교는 교차로에 서 있는 사람에게 초점을 맞춘다. 방대하고 얄팍한 철학들, 헛소리를 모아 놓은 거대한 덩어리는 모두 기나긴 세월과 진화와 궁극적인 발전에 관해 얘기한다. 참된 철학은 한순간에 관심을 갖는다. 저 사람이 이 길을 택할 것인가, 저 길을 택할 것인가? 당신이 생각하는 걸 즐긴다면, 이것밖에는 생각할 만한 것이 없다. 긴 세월은 생각하기 쉬운 것이라서 누구나 그에 관해 생각할 수 있다. 하지만 한순간은 참으로 무시무시하다. 말하자면, 문학에서는 전쟁과 함께 많이 다루었고, 신학에서는 지옥과 함께 많이 다루었기 때문이다. 이 종교는 소년의 책처럼 위험으로 가득 차 있다. 그것은 불멸의 위기에 처해 있다.

대중 소설과 서양인의 종교 사이에는 유사점이 대단히 많다. 만일 당신이 대중 소설을 통속적이고 값싼 것이라고 말한다면, 그것은 따분하고 박식한 인물이 가톨릭교회의 성상들에 대해 말하는 것을 그대로 옮기는 것일 뿐이다. (기독교 신앙에 따르면) 인생은 잡지에 나오는 연재소설과 아주 비슷하다. '다음 편으로 이어짐'이라는 약속(또는 위협)과 함께 끝나기 때문이다. 아울러 고상한 통속성과 함께 흥미진진한 순간에 멈추게 된다. 죽음이야말로 특별히 흥미진진한 순간이기 때문이다.

그런데 이야기가 흥미진진한 이유는 그 속에 너무나 강한 의지의 요소를 담고 있기 때문이다. 이를 신학은 자유의지라고 부른다. 산수 문제는 당신이 원하는 대로 끝낼 수 없다. 그러나 이야기는 당신이 원하는 대로 끝낼 수 있다. 누군가 미분학을 발견했을 때는 그가 발견할 수 있는 미분학이 단 하나밖에 없었다. 그러나 셰익스피어가 로미오를 죽였을 때는, 내키기만 했다면 로미오를 줄리엣의 늙은 유모와 결혼시킬 수도 있었을 것이다. 그리고 기독교가 설화 소설에 두각을 나타낸 것은 그것이 신학적인 자유의지를 주장했기 때문이다. 이것은 무척 큰 문제라서 여기서 제대로 논의할 수 없다. 하지만 이것이야말로 오늘날에 오가는 논의들-범죄를 질병으로 취급하고 감옥을 병원처럼 단지 위생적인 환경으로 만들자고 주장하고, 죄를 완만한 과학적 방법으로 치료하자는 얘기-에 대한 진정한 반론이다.

전반적인 오류를 얘기하자면, 악은 능동적인 선택의 문제인 데 비해 질병은 그렇지 않다는 것이다. 만일 당신이 천식 환자를 치료하듯이 난봉꾼을 치료하겠다고 말한다면, 나로서는 "난봉꾼이 되고 싶어 하는 사람의 수만큼 천식 환자가 되고 싶어 하는 사람을 생산해 보라"고 답변하겠다. 사람은 가만히 누워서 질병을 치료받을 수 있다. 하지만 그가 죄를 치료받기 위해선 가만히 누워 있어서는 안 된다. 그와 반대로 벌떡 일어나서 깡충깡충 뛰어야 한다. 이 논점은 우리가 병원에 있는 사람에게 사용하는 단어로 완벽하게 표현될 수 있다. '환자'(patient)는 수동적인 기분을 가진 반면, '죄인'은 능동적인 기분을 갖고 있다. 어떤 사람이 유행성 독감으로부터 구출을 받아야 한다면 그는 환자일 것이다. 그러나 그가 위조죄로부터 구원을 받아야 한다면 그는 환자가 아니라 조급한(impatient) 사람임에 틀림없다. 모든 도덕적인 개혁은 수동적 의지가 아닌 능동적 의지와 함께 시작되어야 한다.

여기서 우리는 본질상 똑같은 결론에 다시금 도달하게 된다. 다른 문명들에 비해 유럽 문명을 돋보이게 만든 그 확실한 재건과 위험한 혁명을 우리가 열망하는 한, 우리는 멸망의 가능성 때문에 낙심하지는 않을 것이다. 오히려 우리는 그런 시도를 격려할 것이다. 만일 우리가 동양의 성자들처럼 만물이 어떻게 잘 돌아가는지 명상하고 싶다면, 우리는 만물이 잘 돌아가야 한다고 말할 수 있을 뿐이다. 그러나 만일 우리가 사물을 올바로 돌아가게 만들고 싶다면, 우리는 사물이 잘못될 수도 있다고 주장해야 한다.

기독교 신앙의 대적들의 헛수고

끝으로, 이 진리는 그리스도의 신성을 약화시키거나 얼버무리려는 현대인의 시도에도 똑같이 적용될 수 있다. 그 신성은 참일 수도 있고 그렇지 않을 수도 있다. 이에 대해서는 마지막에 다룰 예정이다. 그런데 만일 그 신성이 참이라면, 이는 지극히 혁명적인 진리임에 틀림없다. 선한 사람이 진퇴유곡에 빠질 수 있다는 것은 우리가 이미 알고 있는 사실이다. 그러나 하나님이 진퇴유곡에 빠질 수 있다는 것은 모든 반란자들이 영원히 내세울 자랑거리다. 기독교는 하나님의 전능함이 오히려 하나님을 불완전한 존재로 만들었다고 생각하는 지구상의 유일한 종교다. 오직 기독교만이, 하나님이 온전한 하나님이 되기 위해 왕이었을 뿐만 아니라 반란자이기도 했음에 틀림없다고 생각했다. 모든 종교 가운데 유독 기독교만이 창조주의 덕목에 용기를 덧붙였다. 용기라고 부를 만한 유일한 용기는 영혼이 한계점을 지나고도 부서지지 않는 것을 의미하기 때문이다.

여기에서 나는 쉽게 논의되는 것보다 더 어둡고 무서운 문제에 접근하고 있다. 그래서 혹시라도 내가 가장 위대한 성자들과 사상가들이 접근하기 두려워했던 그 문제를 다룰 때, 잘못된 어구를 사용하거나 불경하게 보인다면 너그럽게 양해해 주기를 미리 부탁하는 바이다. 그 끔찍한 수난의 이야기는, 정서적 차원에서, 만물의 창조자가 (도무지 생각할 수 없는 방식으로) 고뇌를 통과했을 뿐 아니라 의심도 거쳤다는 것을 시사하고 있다. 거기에는 "그대는 주 그대의 하나님을 시험하지 말지어다"라고 기록되어 있다. 아니, 그런데 '주 그대의 하나님'은 스스로를 시험할지도 모른다. 바로 이런 일이 겟세마네 동산에서 일어난 것처럼 보인다. 어떤 동산에서 사탄이 사람을 시험했다. 그리고 이제는 한 동산에서 하나님이 하나님을 시험했다. 그분은 초인간적인 방식으로 우리 인간이 느끼는 비관주의의 공포를 통과했다. 온 세계가 흔들리고 태양이 하늘에서 지워졌던 일은, 십자가에서 죽는 순간이 아니라 울부짖는 순간에 발생했다. 이는 하나님이 하나님께 버림받았다고 고백하는 외침이었다. 이제 혁명가들로 하여금 불가피한 반복 운동을 하는 신들과 불변하는 능력을 가진 신들을 조심스레 저울에 달아 보면서, 그 모든 신조로부터 한 신조를, 그리고 모든 신으로부터 한 신을 선택하도록 하라. 그들은 스스로 반역의 자리에 서 보았던 다른 신을 발견하지 못할 것이다. 아니다(이는 사람의 언어로는 표현할 수 없을 만큼 어려운 문제다), 무신론자들로 하여금 한 신을 선택하게 하라. 그들은 이제까지 그들의 고립 상태를 설파한 유일한 신을 발견하게 될 것이다. 하나님이 잠깐 동안 무신론자처럼 보였던 유일한 종교를 찾게 되리라.

이런 것들을 옛 정통신앙의 기본 진리라고 부를 수 있다. 이 신앙의 주된 장점은 그것이 혁명과 개혁을 낳는 자연스러운 원천이라는 점이다. 그 신앙의 주된 결함은 그것이 추상적인 주장에 불과하다는 점이다. 그것의 주된 이점은 모든 신학 가운데 가장 모험적이고 남성적인 신학이라는 점이고, 주된 약점은 하나의 신학이라는 점이다. 정통신앙은 본질상 독단적이고 공중에 떠 있는 것이라고 언제든지 공격을 받을 수 있다.

하지만 그것이 공중에 높이 떠 있는 게 문제가 아니라, 위대한 궁사들이 그것을 향해 화살을 쏘는 데 평생을 바친다는 게 문제다. 그렇다. 그들의 마지막 화살까지도 그것을 겨냥한다. 그들은, 이 오래된 멋진 이야기를 망가뜨릴 수만 있다면 스스로를 파멸시키고 그들의 문명마저 멸망시킬 각오가 되어 있는 자들이다. 다시 말하면, 이 종교의 적들은 공격을 위해 자기들의 손가락을 자르는 칼과 자기들의 집을 태우는 횃불을 사용하는 것도 불사한다는 것이 바로 이 종교와 관련하여 가장 놀랄 만한 사실이다. 자유와 인류를 위해 교회를 상대로 싸우기 시작하는 사람들은 결국 교회와 싸우기 위해서라면 자유와 인류까지 내던지는 것으로 끝난다. 이는 결코 과장이 아니다. 그 실례들만 모아도 책 한 권을 쓸 수 있을 정도다.

블래치포드 씨는 성경을 공격하는 인물로서 아담이 하나님께 죄가 없음을 증명하려고 했다. 이 주장을 견지하기 위해, 그는 하나의 부차적인 문제로 네로에서 레오폴드 왕에 이르는 모든 폭군에게 반(反)인류적인 죄가 없다고 인정하기까지 했다. 내가 아는 어떤 사람은 죽음 이후에 자신에게 개인적 존재가 없을 것임을 증명하려는 열정이 지나쳐서, 지금도 자신에게 개인적 존재가 없다는 입장으로까지 물러났다. 그는 불교를 인용하면서 모든 영혼은 서로의 속으로 사라진다고 말한다. 그는 자기가 천국에 갈 수 없다는 것을 입증하기 위해 자기가 하트리풀[잉글랜드의 주(州), 더럼의 북해에 위치한 항구도시이자 휴양지]에 갈 수 없다는 것을 입증한다. 내가 아는 어떤 사람들은 어떤 교육도 반대한다는 논리로 종교 교육을 반대했는데, 그들의 주장은 어린이의 마음은 자유롭게 자라야 한다거나 늙은이는 젊은이를 가르쳐서는 안 된다는 것이었다. 또 어떤 사람들은 실제적인 목적을 위해서라도 인간의 심판이 있을 수 없다는 것을 보여 줌으로써 신의 심판도 있을 수 없다는 것을 보여 주었다. 그들은 교회에 불을 지르기 위해 그들의 옥수수를 불태웠고, 교회를 쳐부수기 위해 그들의 연장을 쳐부수었다. 어떤 막대기든지 교회를 치기에 충분했다. 설사 그것이 그들의 산산조각 난 가구 중에 마지막으로 남은 막대기일지라도.

우리는 타인의 사랑을 위해 이 세계를 파괴하는 광인을 흠모하지도 않고 거의 용서하지도 않는다. 그렇다면 타인에 대한 미움 때문에 이 세계를 파괴하는 광인에 대해서는 무슨 말을 하겠는가? 그는 하나님의 비(非)존재를 위해 인류의 존재 자체를 희생시킨다. 그는 그의 희생자를 제단에 바치지 않는다. 오히려 제단의 무익함과 보좌의 공허함을 주장할 뿐이다. 그는 전혀 존재한 적이 없는 누군가에 대한 이상하고 영원한 복수 때문에 만물을 지탱해 주는 기본적인 윤리까지 파괴할 준비가 되어 있다.

그러나 기독교의 진리는 손상되지 않은 채로 천국에 있다. 그 대적들은 그들이 소중하게 보존하고 있던 그 모든 것을 파괴하는 데 성공할 뿐이다. 그들은 정통신앙을 파괴하는 게 아니라 정치적인 의식과 일반적인 용기만 파괴할 따름이다. 그들은 아담이 하나님께 책임이 없다는 것을 입증하지 못한다. 아니, 어떻게 그것을 입증할 수 있겠는가? 다만 (그들의 전제로부터) 차르 황제가 러시아에 책임이 없다는 것을 입증할 뿐이다. 그들은 아담이 하나님에게 벌을 받지 말았어야 했다는 것을 입증하지 못한다. 다만 가장 가까운 노동착취자가 사람들에게 벌을 받지 말았어야 한다는 것을 입증할 뿐이다. 인격에 대한 동양적인 회의를 품은 그들은 내세에 우리에게 개인적인 삶이 없을 것임을 확실하게 보여 주지 못한다. 다만 우리가 여기에서 유쾌하거나 완전한 삶을 살 수 없을 것임을 확실하게 보여줄 뿐이다.

그들의 모든 결론이 잘못되었다는 치명적인 암시는, 그들이 기록담당 천사의 책을 찢지 못한다는 것이다. 다만 마셜 앤 스넬그로브(런던의 대형 백화점)의 책들을 보존하는 것을 조금 더 어렵게 만들 뿐이다. 이 신앙은 모든 세상 에너지의 어머니일 뿐 아니라, 이 신앙의 대적들은 세상의 모든 혼돈의 아버지들이다. 그들에게 위로가 될지 모르겠지만, 세속주의자들은 신적인 것들을 파괴하지 않았고 다만 세속적인 것들을 파괴했을 뿐이다. 타이탄 족은 천국에 올라간 것이 아니라 이 세상을 황폐하게 했다.

권위와 모험가

역사가 말해 주는 것은,
기독교가 암흑에서 우리를 데리고 나온 유일한 인도자라는 것이다.

앞장에서는 정통신앙이 도덕이나 질서의 유일한 수호자일 뿐 아니라(이는 자주 주장되는 내용이다) 자유와 혁신과 진보의 유일한 논리적 수호자이기도 하다는 주장을 폈다. 만일 우리가 잘나가는 압제자를 끌어내리고 싶다면, 인간이 완전해질 수 있다는 새로운 교리를 갖고는 그 일을 할 수 없다. 오히려 오래된 원죄 교리를 갖고 있어야 그것이 가능하다. 만일 우리가 고질적인 잔인성을 뿌리 뽑거나 줄어든 인구를 끌어올리고 싶다면, 물질이 정신을 앞선다는 과학 이론으로는 안 된다. 오히려 정신이 물질을 앞선다는 초자연적 이론이 있어야 가능하다. 만일 우리가 사람들에게 사회적 경각심을 불러일으키고 그들이 사회적 개혁을 추진하게 만들고 싶다면, 내재적인 하나님과 내면의 빛을 주장하는 것은 별로 도움이 안 된다. 이런 주장은 기껏해야 만족으로 이끌 뿐이기 때문이다. 오히려 초월적인 하나님과 외향적인 빛을 주장하는 편이 큰 도움이 될 것이다. 이는 신의 불만족을 뜻하기 때문이다. 만일 우리가 무서운 독재의 개념에 반대하여 관대한 균형의 개념을 내세우고 싶으면, 본능적으로 유니테리언이 아니라 삼위일체론자가 될 것이다. 만일 우리가 유럽 문명이 일종의 구출 특공대가 되기를 바란다면, 우리의 영적인 위기가 궁극적으로 존재하지 않는다고 주장하기보다 우리의 영혼이 위험에 처해 있다고 주장할 것이다. 그리고 버림받아 십자가에 죽은 그 인물을 우리가 높이 들고 싶다면, 단순한 현인이나 영웅이 아니라 진정한 하나님이 십자가에 죽었다고 생각하고 싶어질 것이다. 무엇보다도, 우리가 가난한 자를 보호하고 싶다면, 고정된 규율과 분명한 도그마를 지지할 것이다. 클럽의 규율은 이따금 가난한 회원의 편을 들지만, 그곳의 성향은 언제나 부유한 회원의 편을 들기 마련이다.

이제 우리는 이 모든 주제를 마무리해 주는 중요한 문제에 이르렀다. 어떤 합리적인 불가지론자가 이제까지 나와 의견을 같이했다면, 그는 몸을 돌려 당연히 이렇게 말할 것이다.

"당신은 타락의 교리에서 하나의 실제적인 철학을 발견했소. 잘했소. 당신은 현재 위험할 정도로 무시된 민주주의의 한 측면이 원죄의 교리에서 주장되고 있다는 것을 발견했소. 이것도 좋소. 당신은 지옥의 교리에서 한 진리를 발견했소. 축하하는 바이오. 당신은 인격적인 하나님을 예배하는 자들은 바깥을 내다보는 진보적인 사람들임을 확신하고 있소. 그들을 축하하고 싶소.

그런데 설사 그 교리들이 그런 진리를 내포하고 있다고 추정하더라도 왜 진리만 취하고 교리는 내버려 둘 수 없는 것이오? 모든 현대사회는 인간의 연약함을 고려하지 않기 때문에 부자를 지나치게 신뢰한다고 인정하고, 또한 정통파의 시대는 (타락을 믿으므로) 인간의 연약함을 고려했기 때문에 큰 이점을 갖고 있었다고 하더라도, 왜 타락을 믿지 않고 그냥 인간의 연약함만 고려할 수 없는 것이오?

만일 저주의 개념이 건강한 위기의식을 표명한다는 것을 당신이 발견했다면, 왜 위험의 개념만 취하고 저주의 개념은 내버려 둘 수 없는 것이오? 만일 당신이 정통 기독교의 밤톨 속에서 상식의 알맹이를 분명히 본다면, 왜 당신은 알맹이만 취하고 밤톨은 내버려 둘 수 없는 것이오? 당신은 왜 (대단히 학구적인 불가지론자로서 사용하기가 약간 부끄러운 신문의 유행어를 사용하자면) 기독교에서 좋은 것, 당신이 귀중하다고 말할 수 있는 것, 당신이 이해할 수 있는 것은 취하고, 나머지 모든 것, 곧 본질상 이해할 수 없는 모든 절대적 도그마는 내버려 두지 않는 것이오?"

이것이 진짜 문제이자 최후의 질문이다. 그리고 이 질문에 응답하는 것은 즐거운 일이다.

첫 번째 답변은 한마디로 나는 합리주의자라는 것이다. 나는 나의 직관을 지적으로 정당화하는 작업을 하고 싶다. 만일 내가 사람을 타락한 존재로 대하고 있다면, 그가 타락했다고 믿는 것이 내게는 지적으로 편리한 일이다. 그리고 내가 이상한 심리적인 이유 때문에 발견한 점은, 사람을 대할 때 그가 자유의지를 갖고 있다고 믿으면, 그의 자유의지의 발휘에 대해 더 잘 다룰 수 있다는 것이다. 그러나 나는 이 문제에서 무엇보다 먼저 합리주의자의 입장을 취한다. 나는 이 책을 일반적인 기독교 변증서로 만들 생각이 없다. 다른 어느 때에 좀 더 빤한 영역에서 기독교의 대적을 만나면 기쁠 것 같다. 여기서는 내가 어떻게 해서 영적인 확신을 갖게 되었는지 그 여정을 이야기할 뿐이다.

하지만 잠시 멈춰서, 기독교의 우주론에 대한 순전히 추상적인 반론들을 보면 볼수록 그것들을 점점 더 대수롭지 않게 여기게 되었다는 것을 말하고 싶다. 내가 성육신을 상식으로 여기는 도덕적 분위기를 발견한 뒤에는 성육신에 대한 기존의 지적인 반론들이 비상식적인 것으로 다가왔다. 이 주장이 일반적인 변증법의 결여로 인해 곤경에 처할까 봐, 순전히 객관적인 또는 과학적인 진리에 근거하여 나 자신의 논증과 결론을 간단하게 요약할 생각이다.

만일 누군가 나에게 순전히 지적인 질문의 일환으로 왜 기독교를 믿느냐고 물어본다면, 나는 "지적인 불가지론자가 기독교를 믿지 않는 이유와 똑같은 이유로 믿는다"라고 대답할 수 있을 뿐이다. 나는 증거에 기초하여 무척 합리적으로 기독교를 믿는다. 그런데 내 경우에 그 증거는 지적인 불가지론자의 것과 마찬가지로, 이른바 증거로 추정되는 이것이나 저것에 있지 않다. 그 증거는 이의가 전혀 없는 작은 사실들의 거대한 축적물에 있다. 세속주의자가 기독교에 대해 잡다하고 단편적인 반론을 편다고 그를 탓해서는 안 된다. 마음에 확신을 주는 것은 바로 그런 단편적인 증거이기 때문이다. 말하자면, 사람은 네 권의 책을 읽고 어떤 철학을 확신하는 정도보다 한 권의 책과 한 번의 전투와 한 가지 풍경과 한 명의 옛 친구로 인해 그것을 확신하는 정도가 더 강하다는 뜻이다. 그 증거들이 다양한 종류로 구성되어 있기 때문에 그 모두가 한 가지 결론을 가리킨다는 사실이 더욱 중요해지는 것이다.

오늘날 일반적인 교육을 받은 사람이 품고 있는 기독교에 대한 부정적 이미지는, 공정하게 말해서 이런 산만하지만 살아 있는 경험들로 이루어져 있다. 기독교를 지지하는 나의 증거들도 그런 반증과 똑같이 생생하고 다양한 것들로 이루어져 있다고 말할 수 있다. 이런 다양한 반(反)기독교적 '진리들'을 고찰해 보면, 그 가운데 어느 것도 참이 아니란 것을 발견할 수 있다. 오히려 모든 사실의 물결이 그와 다른 방향으로 흐르고 있다는 것을 알게 된다.

반기독교 논증에 대한 반론

몇 가지 예를 들어 보자. 다수의 현명한 현대인이 기독교를 버린 것은 다음 세 가지 확신이 수렴된 결과임이 분명하다. 첫째, 사람은 그 모양과 구조와 성(性)으로 볼 때 짐승과 너무나 비슷하므로 동물의 왕국의 한 변종에 불과하다는 것, 둘째, 원시 종교는 무지와 두려움 때문에 생겼다는 것, 셋째, 제사장들이 사회를 괴로움과 슬픔으로 물들였다는 것이다. 이 세 가지 반론은 각기 다르지만 모두 논리적이고 정당한 논증이다. 아울러 모두가 한 점으로 수렴된다.

(내가 알기로는) 이 반론들에 대한 유일한 반론은 그것들이 모두 진실이 아니라는 것뿐이다. 만일 당신이 짐승과 사람에 관한 책을 보지 않고 그냥 짐승과 사람을 관찰하기 시작한다면(당신에게 유머나 상상력, 광기나 익살맞은 끼가 있다면), 사람과 짐승이 얼마나 닮았는지를 보고 놀라는 게 아니라 얼마나 닮지 않았는지를 보고 깜짝 놀랄 것이다. 그 차이점은 매우 엄청나서 상당한 설명이 필요할 정도다. 사람과 짐승이 비슷하다는 것은 어느 정도 진부한 사실이다. 그런데 그처럼 비슷하면서도 그토록 다르다는 것은 하나의 충격이자 수수께끼와 같다.

원숭이가 손을 갖고 있다는 사실은 그 손으로 거의 아무 일도 하지 않는다는 사실보다 철학자에게 훨씬 덜 흥미롭다. 원숭이는 자기 손으로 공기놀이를 하거나 바이올린을 켜지 않는다. 대리석을 깎거나 양고기를 다듬지도 않는다. 사람들은 야만인의 건축과 저급한 미술에 관해 얘기하지만 코끼리는 로코코 양식으로라도 거대한 상아 신전을 세우지 않는다. 낙타는 붓 같은 수많은 털을 갖고 있어도 엉성한 그림조차 그리지 않는다. 어떤 현대의 몽상가들은 개미와 벌이 우리보다 우월한 사회를 갖고 있다고 말한다. 그들이 하나의 문명을 갖고 있는 것은 사실이다. 하지만 그 사실 자체는 그것이 열등한 문명이라는 점을 우리에게 상기시켜 줄 뿐이다. 이제까지 개미 언덕이 유명한 개미의 형상으로 장식되어 있는 모습을 발견한 사람이 있는가? 벌집이 옛날의 멋진 여왕의 이미지로 깎여 있는 모습을 본 사람이 있는가? 그런 적은 없었다. 사람과 다른 피조물들 사이의 큰 간격은 자연스럽게 설명될 수 있을지 모른지만, 어쨌든 그것은 엄연히 존재하는 간격이다.

우리가 야생 동물들에 관해 얘기하지만, 사람이야말로 유일한 야생 동물이다. 동물의 우리를 박차고 나온 것은 바로 사람이다. 다른 모든 동물들은 길들여서 가축으로 삼을 수 있다. 하지만 유독 사람만은 난봉꾼이나 수도사가 되는, 길들일 수 없는 종(種)이다. 그런즉 유물론을 지지하는 이 첫 번째 피상적인 이유는 그 반대편을 가리키고 있는 이유인 셈이다. 이 지점이 바로 생물학이 손을 떼고 모든 종교가 시작되는 곳이다.

기독교를 버린 이들에게 존재한 세 가지 합리주의 가운데 두 번째 것을 검토해도 똑같은 결론에 도달할 것이다. 그것은 우리가 신(神)으로 부르는 모든 것이 어둠과 공포 속에서 시작되었다는 주장이다. 내가 이 현대적 관념을 받쳐 주는 토대를 검토해 본즉 전혀 토대가 없다는 것을 발견했다.

과학은 선사 시대의 인간에 관해서는 아는 게 전혀 없다. 그것은 그가 선사 시대의 인물이기 때문이다. 몇몇 교수들은 인간을 제물로 바치는 풍습이 한때는 무죄하고 일반적이었으나 점차 줄 어들었다고 추측한다. 이를 지지해 주는 직접적인 증거는 없으며, 약간의 간접적인 증거는 오히려 그 반대 방향을 가리킨다. 성경의 이삭 이야기와 그리스의 이피게네이아(Iphigenia) 신화와 같은 가장 초기의 전설들에서 인신제사는 오래된 풍습이 아니라 새로운 풍습 으로 소개되고 있다. 즉, 신들이 요구하는 낯설고 무서운 예외적 인 사건으로 등장한다는 말이다. 역사는 입을 다물고 있고, 모든 전설은 가장 초창기에는 지구가 좀 더 친절했다고 말하고 있다. 진보의 전통은 도무지 찾을 수 없고, 온 인류가 타락의 전통을 갖 고 있을 뿐이다. 참으로 우스운 사실은 이 관념을 유포하는 활동 자체가 그 진정성을 반박하는 쪽으로 이용되고 있다는 점이다. 유식한 사람들은 이 선사 시대의 비극은 인류의 모든 인종이 그것 을 기억하고 있기 때문에 사실일 수 없다고 말한다. 그러나 나는 이런 역설적인 주장에 동조할 수 없다.

그리고 제사장들이 이 세계를 어둡고 비참하게 만들었다는 세 번째 주장을 보더라도 결과는 마찬가지다. 내가 이 세계를 처다본즉 그게 사실이 아니라는 것을 알게 된다. 아직도 제사장의 영향을 받고 있는 유럽의 여러 나라야말로 지금까지 야외에서의 노래와 춤과 다채로운 옷과 예술이 존재하고 있는 곳이다. 가톨릭의 교리와 징계는 하나의 벽과 같을지도 모른다. 하지만 그것은 놀이터를 둘러싸고 있는 벽이다.

기독교야말로 이방종교의 즐거움을 보존해 준 유일한 틀이다. 우리는 어떤 아이들이 바다에 있는 높은 섬 꼭대기의 편평한 풀밭에서 놀고 있는 모습을 상상할 수 있다. 절벽 둘레에 벽이 있는 한, 그들은 온갖 열광적인 게임에 몸을 던지고 그곳을 가장 시끄러운 장소로 만들어도 무방하다. 그런데 그 벽이 무너지는 바람에 적나라한 위험에 노출되었다. 그들이 낭떠러지에 떨어진 것은 아니다. 하지만 그들의 친구들이 거기로 돌아왔을 때, 그들은 섬의 중앙에서 공포에 떨며 몸을 움츠리고 있었다. 그들의 노랫소리는 그친 지 이미 오래였다. 그러므로 불가지론자를 만들어 내는 이 세 가지 경험적 사실들은 그 가리키는 방향이 거꾸로 뒤바뀐 셈이다.

나는 여전히 다음과 같은 질문을 안고 있다. "내게 다음 세 가지를 설명해 달라. 첫째, 사람은 왜 짐승들 가운데서 그토록 유별난 존재인가? 둘째, 고대인의 행복을 증언하는 인간의 전통이 왜 그토록 폭넓게 퍼져 있는가? 셋째, 이교적인 즐거움이 왜 가톨릭 국가들에서 부분적으로 이어져 내려오고 있는가?"

한 가지 설명은 이 질문들을 모두 다루어 준다. 그것은 오늘날의 용어로 모종의 '초자연적인'(psychic) 폭발 또는 계시에 의해 자연 질서가 두 차례 방해를 받았다는 이론이다. 한 번은 하늘(하나님)이 하나님의 형상이라 불리는 어떤 능력 또는 징표와 함께 땅에 임하여 그 능력으로 사람이 자연을 지배했다. 그리고 다시 한 번, (제국들이 잇따라 등장하는 동안 사람의 능력이 부족한 것으로 판명되었을 때) 하늘(하나님)은 사람의 모습을 하고 인류를 구원하러 왔다. 이것은 대다수의 사람은 왜 항상 뒤를 돌아보는지, 그리고 어느 의미로든 앞을 내다보는 사람들이 있는 유일한 곳은 왜 그리스도가 자기 교회를 갖고 있는 이 작은 대륙(유럽)뿐인지를 설명할 수 있다.

그런데 이렇게 말하면 누군가 나서서 "일본도 상당한 진보를 이루었다"라고 말할 것이다. 그러나 "일본도 상당한 진보를 이루었다"라는 말은 그저 "일본이 유럽과 같이 되었다"는 뜻일 뿐인데, 어떻게 그것이 합당한 답변이 되겠는가? 하지만 나는 여기서 내 나름의 설명만 고집하기보다는 애초에 내가 한 진술을 언급하고 싶다. 서너 가지 이상한 사실들이 다 함께 무언가를 가리키는 것을 보고 길거리의 평범한 불신자들이 그것을 일종의 안내판으로 삼는 것은 나도 수긍한다. 하지만 내가 그 사실들을 살펴본즉 그것들이 그와 다른 무언가를 가리킨다는 점을 언제나 발견했다.

나는 일반적인 반기독교 논증 세 가지를 소개했다. 이것이 너무 편협한 근거라고 생각한다면 즉석에서 또 다른 논증을 펼 것이다.

바로 다음의 생각들이 합쳐져서 기독교가 연약하고 병든 종교라는 인상을 준다. 예를 들어 보자. 첫째, 예수는 세속에 물들지 않은, 양처럼 온순한 피조물로서 세상에 별로 호소력이 없는 인물이었다는 인상을 준다. 둘째, 기독교는 무지로 뒤덮인 시대에 생겨서 크게 부흥했고, 교회는 우리를 그 시대로 후퇴하게 만든다는 인상을 준다. 셋째, 아직도 종교성이 많은 사람이나 미신을 신봉하는 사람은-가령 아일랜드 사람과 같은 경우-연약하고 비현실적이고 시대에 뒤떨어진 자라는 인상을 준다. 내가 이런 생각을 언급하는 이유는 다음과 같은 점을 지적하기 위함이다. 내가 그 생각들을 따로따로 심사숙고한 결과 발견한 것은, 그 결론들이 비(非)철학적인 것이라는 게 아니라 단지 그 사실들이 진정한 사실들이 아니라는 점이다.

나는 신약성경에 관한 책들과 그림들을 보는 대신에 신약성경 자체를 보았다. 거기서 나는 가르마를 가운데로 탄 사람이나 두 손을 모으고 애원하는 사람은 전혀 찾아볼 수 없었고, 오히려 천둥소리를 내는 입술과 섬뜩한 결단의 행동, 탁자를 내동댕이치고 귀신을 쫓아내는 모습, 산 위에 홀로 있다가 몰래 바람을 타고 일종의 무서운 민중 선동가가 되는 장면 등 참으로 비범한 인물을 보았다. 종종 분노한 신과 같이 행동하고 언제나 신처럼 행동하는 인물을 보았다. 그리스도는 다른 어느 곳에서도 발견할 수 없는 그 나름의 독특한 문학 양식까지 갖고 있었다. 그는 '얼마나 더'라는 말을 즐겨 사용했다. 그가 사용하는 이 어구는 구름 속에 누각이 쌓이듯 하나씩 더 쌓여간다. 흔히 사람들이 그리스도에 관해 묘사하는 말씨는 달콤하며 온순한 뉘앙스를 풍긴다.

그러나 실제로 그리스도가 사용한 말씨는 이상할 정도로 거대한 규모를 갖고 있다. 낙타들이 뛰면서 바늘귀를 통과하고 산들이 바다에 내던져지는 그런 대목으로 가득 차 있다. 도덕적으로도 동일하게 소름이 끼친다. 그는 스스로를 죽이는 칼이라고 불렀고, 사람들에게 겉옷을 팔아 칼을 사라고 말하기도 했다. 더군다나 그가 무저항의 편에 서서 그보다 훨씬 더 과격한 말을 했다는 사실은 더욱 불가사의하고, 아울러 그 폭력성을 더욱 증대시키기도 한다. 우리가 그런 존재를 미친 인물이라고 부른다고 해서 그것을 설명할 수 있는 것은 아니다. 왜냐하면 광기는 보통 한 가지 일관된 통로를 따라 움직이기 때문이다. 즉, 미치광이는 대체로 편집증 환자이다. 여기서 우리는 기독교를 정의하기가 어렵다는 사실을 기억해야 한다. 기독교는 두 가지 상반된 열정을 나란히 타오르게 해 주는 초인간적인 역설이다. 복음서의 언어는 가령 이런 방식으로 기독교를 설명한다. 기독교는 초자연적인 높은 곳에서 놀라운 만물의 종합을 응시하고 있는 한 인물에 관한 전반적인 고찰이라고.

이제 기독교는 암흑의 시대(흔히 중세를 일컫는다-역주)에 속해 있다는 생각을 다루겠다. 나는 현대의 일반론을 읽고 도무지 만족할 수 없어서 역사도 조금 읽어 보았다. 그리고 역사에서 기독교가 암흑의 시대에 속하기는커녕 암흑의 시대를 가로지르는 어둡지 않은 유일한 길이었다는 것을 발견했다. 기독교는 두 개의 찬란한 문명들을 연결시키는 빛나는 다리였다. 누군가 기독교 신앙은 무지와 야만에서 생겼다고 말한다면, 그에 대한 답변은 간단하다. 한마디로 '그렇지 않다'는 것이다. 기독교는 로마 제국의 전성기에 지중해 문명에서 발생했다. 콘스탄티누스가 십자가를 돛대에 박았을 때만 해도 세상은 회의주의자로 가득 차 있었고 범신론은 대낮처럼 분명하고 또렷했다. 나중에 그 배가 가라앉은 것은 명백한 사실이지만, 그 배가 다시 올라왔다는 것이 훨씬 더 놀라운 사실이다. 여전히 십자가를 꼭대기에 단 채 페인트를 다시 칠하고 빛나는 모습으로 재등장한 것이다.

이것이 바로 기독교가 행한 놀라운 일이다. 가라앉은 배를 잠수함으로 변모시킨 것이다. 그 방주는 물의 압력 아래에서 살았다. 우리는 왕조들과 씨족들의 잔해 아래에 묻혀 있다가 다시 일어나서 로마를 기억했다. 만일 우리의 신앙이 쇠퇴하는 제국의 일시적 유행에 불과했다면, 유행은 황혼녘에 유행을 좇았을 테고, 만일 그 문명이 혹시라도 다시 등장했다면(많은 문명은 결코 재등장하지 않았다), 새로운 야만인의 깃발 아래 있게 되었을 것이다. 그러나 기독교회는 옛 사회의 최후의 생명이었고, 또한 새로운 사회의 최초의 생명이기도 했다. 교회는 아치를 만드는 법을 잊어가고 있던 사람들을 데려다가 그들에게 고딕 아치를 발명하도록 가르쳤다. 한마디로, 교회에 관한 얘기들 가운데 가장 터무니없는 소리는 이미 우리 모두가 들었던 것이다. 아니, 어떻게 교회가 우리를 암흑의 시대로 되돌려놓고 싶어 한다고 말할 수 있는가? 교회는 그 암흑에서 우리를 데리고 나온 유일한 인도자였는데 말이다.

나는 세 가지 반론 가운데 이 두 번째 것에 한 가지 실례를 덧붙였는데, 이는 아일랜드인이 미신 때문에 약해졌다거나 정체되었다고 생각하는 사람들로부터 따온 것이다. 이것을 덧붙인 것은 사실에 관한 진술이 결국 거짓 진술로 판명된 특이한 사례이기 때문이다. 사람들은 아일랜드인을 가리켜 비현실적인 인종이라고 줄곧 이야기하고 있다. 그러나 우리가 그들에 관한 소문은 그만 듣고 그들이 실제로 행한 것을 본다면, 아일랜드 사람은 실제적일 뿐더러 지겨울 정도로 성공적이라는 점을 알게 될 것이다. 그들로서는 가난한 나라, 소수 민족이라는 악조건 아래서 일하지 않으면 안 되었다. 대영제국에서 그런 악조건을 안고 그만한 일을 해낸 집단은 아직까지 없다. 이제까지 영국 의회에 영향을 미쳐서 기존의 궤도를 벗어나게 하는 데 성공한 소수파 집단은 민족주의파밖에 없다. 아일랜드 농민은 그들의 주인이 부당 이득을 토해 내도록 주인에게 강제력을 행사한 유일한 빈곤 집단이다. 성직자에게 시달리는 이 사람들은 결코 지주에겐 시달리지 않을 유일한 영국인이다. 내가 아일랜드인의 민족성을 관찰해 본즉 동일한 결론에 도달했다. 아일랜드 사람은 철물 장사, 변호사, 군인과 같은 강성 직업에서 두각을 나타냈다.

이러한 사례들에 따라 나는 같은 결론에 도달했다. 회의주의자가 사실에 입각해서 판단하는 것은 꽤 옳았다. 단, 그가 사실을 주시하지 않았다는 것이 문제였다. 회의주의자는 너무 쉽게 믿는 경향이 있다. 그는 신문도 믿고 심지어 백과사전조차 믿는다.

다시금 이 세 가지 의문은 내게 매우 상반되는 세 가지 의문을 남겨 주었다. 일반적인 회의주의자가 나에게 품고 있던 궁금증은 이런 것이었다. 과연 내가 복음서에 나오는 지나치게 감상적인 분위기, 즉 그 신조와 중세의 암흑의 연관성, 그 신조와 켈트 신자의 정치적 비현실성의 관계를 어떻게 설명하는가 하는 것이었다. 하지만 나는 진지하게, 아니 절박하게 이렇게 묻고 싶었다.

"마치 땅 위를 살아 있는 심판처럼 걷는 이 인물에게서 최초로 나타난 그 비할 데 없는 에너지, 죽어가는 문명과 함께 죽을 수 있으나 그 문명을 죽음에서 부활하도록 해 주는 에너지는 과연 무엇인가? 파산한 소작농들을 정의에 대한 확고한 믿음으로 불타오르게 해서, 다른 이들은 빈손으로 가지만 그들만은 원하는 것을 얻을 수 있게 해 주는 그 에너지는 무엇인가? 그 결과 대영제국에서 가장 무력한 그 섬나라를 스스로 자립할 수 있게 해 주는 그 에너지는 무엇인가?"

이 질문에 대한 답변이 존재한다. 그 에너지는 세계의 바깥에서 부터 오는 것이라는 답변이다. 그것은 영적인 문제라는 것, 적어도 영적인 소동이 낳은 결과 중 하나라는 것이다.

옛 이집트 문명이나 현존하는 중국 문명과 같은 위대한 인간 문명들은 최고의 감사와 존경을 받아야 마땅하다. 그럼에도 불구하고, 오직 현대의 유럽만이 가장 짧은 간격으로, 건축이나 복장과 같은 가장 사소한 사실에 이르기까지 자기 갱신의 능력을 끊임없이 보여 주었다고 말해도 결코 부당한 소리는 아닐 것이다.

다른 모든 사회는 마지막에 존엄하게 죽는다. 하지만 우리는 날마다 죽는다. 우리는 거의 상스러운 산(産, obstetrics)과 함께 언제나 다시 태어나는 중이다. 역사적 기독교의 세계 안에는 일종의 부자연스러운 생명이 있다고 말해도 과언이 아니다. 그것을 초자연적인 생명이라고 설명할 수 있다. 그것은 시체가 될 뻔한 것 속에서 작동하는 굉장히 충격적인 생명이라고 설명할 수 있다. 우리의 문명은 그 모든 유례들로 보든, 사회학적 확률로 보든, 로마 말기의 세계 파멸[1] 안에서 죽었어야 마땅했기 때문이다. 당신과 나는 여기에 있을 만한 자격이 전혀 없다는 것, 이것이 우리의 정황과 관련해 떠오르는 이상한 영감이다. 우리는 모두 저승에서 돌아온 사람들이다. 모든 살아 있는 그리스도인은 여기저기 돌아다니

---

1. Ragnorak, 스칸디나비아 신화에 따르면, 신들과 악마들 간에 벌어진 거대한 싸움의 날. 양쪽 모두가 파멸되고, 그리하여 과거의 질서가 새로운 질서로 넘어간다.

는 죽은 이방인들이다. 유럽이 조용히 앗시리아와 바빌로니아에게 잡아먹히려는 순간에 무엇인가 그 몸속으로 들어갔다. 그 이후로 유럽은 무척 낯선 생명을 갖게 되었다. 아니, 갑자기 도약했다고 말해도 과언이 아닐 것이다.

내가 이런 전형적인 의심의 삼총사를 길게 다룬 목적은 기독교를 지지하는 내 입장의 합리성을 주장하기 위해서다. 그런데 이것은 그리 간단하지가 않다. 이는 일반적인 불가지론자의 태도와 같이 다양한 사실들의 축적물이다. 하지만 일반적인 불가지론자는 그가 수집한 사실들을 모두 오해했다. 그는 수많은 이유 때문에 불신자가 되었지만 사실 그 이유들은 부정확한 것들이었다. 가령, 그는 중세가 야만적이었다는 이유로 의심하지만, 사실은 그렇지 않았다. 다원주의가 증명되었다는 이유로 의심하지만, 실은 그렇지 않다. 기적이 일어나지 않는다는 이유로 의심하지만, 실은 일어난다. 수도사들이 게을렀다는 이유를 들지만, 실은 매우 부지런했다. 수녀들이 불행하다는 이유를 들지만, 실은 무척 쾌활하다. 기독교 미술이 슬프고 창백했다는 이유를 들지만, 실은 유별나게 밝은 색채가 두드러지고 황금색으로 화려했다. 현대 과학이 초자연 세계로부터 멀어지고 있다는 이유를 들지만, 실은 그렇지 않다. 과학은 오히려 열차의 속력으로 초자연 세계를 향해 움직이고 있는 중이다.

기적의 문제

그런데 이처럼 한 방향으로 흐르는 수많은 사실들 중에서 간략하게나마 별도로 다룰 만한 중요한 문제가 하나 있다. 바로 초자연적 사건이 객관적으로 발생하는 현상이다. 다른 장에서 나는, 이 세계가 질서정연하기 때문에 비인격적임에 틀림없다고 생각하는 일반적인 추정은 잘못이라고 지적한 적이 있다. 사람은 무질서한 것만큼이나 질서 있는 것을 좋아하는 성향이 있다. 이 세계는 물질적 운명에 좌우되기보다는 인격이 창조했을 가능성이 더 높다고 나는 확신하지만, 이것은 물론 토론하기가 불가능한 주제이다. 나는 그것을 신앙이나 직관으로 부르진 않을 것이다. 그 말은 감정과 뒤섞여 있고, 엄격히 말해서 자아 또는 멋진 인생에 대한 확신과 같은 일차적인 지적 확신이기 때문이다. 그런즉 누구든지 원한다면, 하나님에 대한 나의 믿음을 신비적인 것이라고 불러도 무방하다. 이 어구를 놓고 굳이 싸울 필요는 없다.

그러나 기적이 인간 역사에서 발생했다는 나의 믿음은 전혀 신비적인 믿음이 아니다. 나는 아메리카의 발견을 믿는 것처럼 인간적 증거에 입각해서 기적들을 믿는다. 이 점과 관련하여 한 가지 논리적 사실을 진술하고 정리할 필요가 있겠다. 어찌된 영문인지, 기적을 불신하는 사람은 그것을 냉정하고 공명하게 생각하는 데 비해 기적을 믿는 사람은 어떤 도그마와 연관시켜 그것을 받아들인다고 하는 특이한 견해가 생겼다. 사실은 그와 정반대다. 기적을 믿는 자들은 (옳든 그르든) 그에 대한 증거를 갖고 있기 때문에 그것을 수용한다. 기적을 믿지 않는 자들은 (옳든 그르든) 기적을 부인하는 교리를 갖고 있기 때문에 그것을 부인한다. 민주적이고 열린 태도는, 늙은 여인이 살인에 대해 증언할 때 당신이 믿는 것처럼, 늙은 여인이 기적에 대해 증언해도 당신이 그것을 믿는 것이다. 평이하고 일반적인 방침은, 농부가 주인에 관해 하는 말을 당신이 신뢰하는 만큼 농부가 유령에 관해 하는 말을 당신이 신뢰하는 것이다. 물론 농부로서 그는 아마 양자에 대해 건전한 불가지론적 입장을 갖고 있을 것이다. 그럼에도 당신은 대영박물관을 그 농부가 진술한 증언, 곧 유령의 존재를 찬성하는 증언으로 가득 채울 수 있다. 인간의 증언에 관한 한, 초자연적인 사건을 긍정하는 인간의 증언이 홍수처럼 차고 넘친다.

그런데도 만일 당신이 기적을 부인한다면, 그것은 둘 중 하나를 의미할 따름이다. 당신이 유령에 관한 농부의 증언을 부정하는 것은 그 사람이 농부이기 때문이거나 그 이야기가 유령 이야기이기 때문인 것이다. 말하자면, 당신이 민주주의의 주요 원칙을 부정하거나 유물론의 주요 원리를 긍정하는 것이다. 즉, 기적을 불가능한 것으로 믿는 추상적인 관념을 긍정한다는 말이다. 당신은 얼마든지 그런 태도를 취할 권리가 있다. 하지만 그럴 경우 당신은 독단주의자가 된다. 우리 그리스도인은 모든 사실적인 증거를 받아들이지만, 당신과 같은 합리주의자는 당신의 신조 때문에 어쩔 수 없이 사실적인 증거를 거부한다.

그러나 나는 이 문제에서 어떤 신조에도 구애되지 않은 채 중세와 현대의 특정한 기적들을 공평하게 들여다보았고, 그 기적들이 실제로 발생했다는 결론에 도달했다. 이런 명백한 사실들을 부정하는 모든 반론은 언제나 순환 논법을 갖고 있다. 만일 내가 "중세의 문헌은 특정한 전쟁을 증언하는 만큼 특정한 기적을 증언하고 있다"라고 말하면, 그들은 "그런데 중세인은 미신을 믿었다"라고 응답한다. 만일 내가 "중세인이 어떤 면에서 미신적이었는지 알고 싶다"라고 말하면, 그들의 궁극적인 답변은 중세인이 기적을 믿었기 때문이라는 것이다. 만일 내가 "한 농부가 유령을 보았다"라고 말하면, 그들은 "그런데 농부는 아주 속기 쉬운 사람이다"라고 응답한다. 그래서 내가 "왜 그렇게 속기 쉬운가?"라고 물으면, 그들이 유령을 보기 때문이라는 답변만 얻을 뿐이다. 아이슬란드는 있을 수 없는 섬이다. 왜냐하면 멍청한 선원들만 그것을 보았기 때문이다. 그리고 그 선원들이 멍청한 것은 그들이 아이슬란드를 보았다고 말하기 때문이다.

여기에 한 가지 사항을 덧붙이는 게 공평하겠다. 실은 불신자가 합리적으로 기적을 부정할 수 있는 또 다른 논법이 있는데도 보통은 그것을 잊어버리고 사용하지 않는다. 그는 많은 기적 이야기를 보면 일종의 영적인 준비 작업과 수용 태도가 있었던 것을 알 수 있다는 식으로 말할 수 있을 것이다. 요컨대, 기적이란 그것을 믿는 사람에게만 일어날 수 있다는 뜻이다. 충분히 그럴 수 있다. 그렇다면 우리는 그것을 어떻게 테스트할 수 있을까? 만일 믿음이 있을 때 과연 특정한 결과가 생기는지 여부를 탐구하고 있다면, (그런 일이 설사 생긴다 하더라도) 그런 결과가 분명히 생긴다고 아무리 반복해 봐야 소용이 없다. 만일 믿음이 그 조건 가운데 하나라면, 믿음이 없는 자들은 얼마든지 웃어넘길 권리가 있다. 그러나 그것을 판단할 권리는 없다.

(이런 식으로 한번 생각해 보자) 신자가 된다는 것은 어쩌면 술에 취하는 것만큼 나쁜 것일지도 모른다. 그런데 우리가 만일 술 취한 사람들로부터 심리학적인 사실을 끌어내고 있다면, 그들이 술에 취한 것을 비웃는 일은 터무니없는 짓일 것이다. 가령, 화난 사람들이 정말로 눈앞에서 붉은 안개를 보았는지 여부를 조사한다고 하자. 그리고 육십 명의 훌륭한 가장들이 화가 날 때 이런 붉은 안개를 보았다고 증언했다고 하자. 그때 "아, 그런데 당신은 당시에 화가 나 있다고 하지 않았습니까!" 하고 응답하는 것은 실로 터무니없는 반응이 아닐 수 없다. 그러면 그들은(목청을 높이며 일제히) 이런 식으로 대꾸하는 게 당연하다. "아니, 화난 사람들이 붉은 빛을 보는지를 알려면, 당연히 우리가 화가 나 있어야 하지 않나요?" 그런즉 성자들과 수도사들도 이렇게 응답하는 것이 당연하다. "가령, 신자들이 과연 환상을 보는지 여부를 조사한다고 하

자. 이처럼 당신이 환상에 관심이 있는데도 불구하고 신자들에게 이의를 제기하는 것은 어불성설이다." 당신은 이 책의 초반부에 언급한 그 오래된 광적인 순환론, 곧 순환 논법을 여전히 사용하고 있는 셈이다.

기적이 과연 발생하는지 여부의 문제는 상식의 문제이자 평범한 역사적 상상력의 문제이다. 이것은 결코 물리적 실험의 문제가 아니다. 여기서 영적인 현상과 관련하여 '과학적 조건'의 필요성을 거론하는 무척 어리석은 학설 따위는 확실히 제쳐놓는 게 좋다. 만일 우리가 죽은 영혼이 살아 있는 영혼과 의사소통을 할 수 있는지 여부를 묻고 있다면, 온전한 정신을 가진 두 명의 살아 있는 영혼들은 서로 진지하게 소통할 수 없다는 조건 아래서만 그것이 이루어져야 한다고 고집하는 것은 참으로 우스운 일이다. 연인들이 어둠을 선호한다는 사실이 사랑의 존재를 반증(反證)하지 못하는 것처럼, 유령이 어둠을 선호한다는 사실은 유령의 존재를 반증하지 못하는 법이다. 만일 당신이 "브라운 양이 약혼자를 페리윙클(꽃 이름)이나 다른 사랑스런 애칭으로 불렀다는 것을 나로 믿게 하려면 그녀가 열일곱 명의 심리학자 앞에서 그 단어를 반복해서 말해야 할 것이오"라고 말한다면, 나는 "좋소. 그게 당신의 조건이라면 결코 그 진실을 알 수 없을 것이오. 그녀는 그렇게 하지 않을 것임이 분명하기 때문이오"라고 응답할 것이다.

비우호적인 분위기에서 특별한 공감이 생기지 않는 것을 보고 놀라는 것은 비철학적인 태도일 뿐 아니라 비과학적인 태도이기도 하다. 그것은 마치 내가 공기가 맑지 않아서 안개가 있는지 여부를 말할 수 없었다고 말하는 것과 같다. 또는 마치 일식 현상을 보기 위해 완벽한 햇빛을 봐야 한다고 고집하는 것과 비슷하다.

우리가 (그 성격상 자세한 사항은 덮어둬야 한다는 것을 잘 알면서) 섹스라든가 한밤중에 관해 내리는 결론과 같은 하나의 상식적인 결론의 일환으로서 나는 기적이 확실히 발생한다고 결론을 내린다. 나로서는 여러 사실들에 떠밀려서 이런 결론을 내리지 않을 수 없다. 요정이나 천사와 마주친 사람들이 신비주의자와 병적인 몽상가가 아니라 어부와 농부 같은 투박하면서도 신중한 사람들이라는 사실 때문이다. 또한 심령주의자가 아니면서 심령주의적인 사건(죽은 사람의 영혼이 영매를 통해 산 사람과 의사소통을 할 수 있다는 신앙-역주)을 증언하는 사람들을 우리가 알고 있다는 사실과 과학도 그런 현상을 점점 더 인정해 가고 있다는 사실 때문이다. 당신이 승천을 공중 부양이라고 부르기만 해도 과학은 그것을 인정할 테고, 부활(Resurrection)의 경우도 그것을 지칭하는 다른 단어를 생각할 수만 있다면 인정될 가능성이 매우 높다. 나는 부활을 '충전에 의한 활기 회복'(Regalvanisation)이라 부르자고 제안하는 바이다.

그러나 가장 강력한 사실은 위에서 언급한 딜레마로, 이런 초자연적인 사건은 반(反)민주적인 태도나 유물론적 독단주의 중 어느 하나가 아니면 결코 부인될 수 없다는 것이다. 둘 중에서 후자를 유물론적 신비주의라고 부르고 싶다. 그러니까 회의주의자는 언제나 다음 두 가지 입장, 즉 평범한 사람의 말은 믿을 필요가 없다는 입장이나 비범한 사건은 믿어서는 안 된다는 입장 중 하나를 취한다는 것이다. 여기서 순전한 사기행각, 거짓된 영매, 속임수 기적 등을 재현하려고 조작된 그런 기적에 대한 반론은 아예 제쳐 놓는 게 좋겠다고 나는 생각한다. 그것은 좋든 나쁘든 논증이라고 볼 수 없기 때문이다. 위조된 은행권이 잉글랜드 은행의 존재를 반증하는 만큼이나 가짜 유령은 유령의 존재를 반증한다고들 말한다. 하지만 그런 것은 오히려 그것이 존재한다는 사실을 입증하고 있다.

신들의 우두머리인 하나님

일단 영적인 현상이 분명히 발생한다는 확신을 갖고 나면(이에 대한 나의 증거는 복잡하지만 합리적이다), 우리는 이 시대 최악의 정신적인 악의 하나와 충돌하게 된다. 19세기에 일어난 최대의 재난은 사람들이 '영적'이란 단어를 '선한'이란 단어와 똑같은 것으로 사용하기 시작했다는 것이다. 그들은 정교함과 비(非)신체적인 면에서 성장하는 것을 미덕의 면에서 자라는 것으로 생각했던 것이다. 과학적 진화론이 발표되었을 때, 일부 사람은 그것이 동물성을 부추기지 않을까 하고 우려했다. 그런데 실은 그보다 더 나쁜 결과를 낳았다. 오히려 단순한 영성을 부추긴 것이다. 사람들로 하여금 원숭이 단계를 지나가고 있는 한, 천사를 향해 가고 있다고 생각하도록 만든 것이다. 그러나 당신은 원숭이 단계를 거쳐서 마귀를 향해 갈 수도 있다. 그 당혹스런 시대의 전형적인 인물이었던 한 천재는 그것을 잘 표현했다. 벤저민 디즈레일리[2]는 자기가 천사의 편에 있다고 했는데, 참으로 지당하신 말씀이었다. 정말로 그랬다. 타락한 천사들의 편에 있었기 때문이다.[3] 그는 어떤 단순한 욕망이나 동물적인 잔인성의 편에 있지는 않았지만 아비소스(abyss)의 왕이 휘두르는 제국주의의 편에 있었다. 말하자면, 교만과 신비의 편, 모든 명백한 선을 멸시하는 편에 서 있었던 것이다.

이처럼 내려앉은 교만과 치솟은 천국의 겸손 사이에는 여러 모양과 크기의 영들이 존재한다고 추정해야 한다. 사람이 그런 영들과 마주치면, 저 먼 대륙에 있는 다른 여러 유형들과 마주칠 때 범하는 잘못과 똑같은 잘못을 범하기 마련이다. 처음에는 누가 우월하고 누가 열등한가 하는 것을 알기 어려울 것이다. 만일 한 유령이 지하 세계에서 일어나서 피카딜리(런던의 번화가)를 응시한다면 밀폐된 마차의 개념을 도무지 이해할 수 없을 것이다. 그는 마부석에 앉은 마부를 자기 뒤에 묶인 포로를 끌고 가는 승리의 정

---

2. Benjamin Disraeli, 1804–1881, 영국의 정치가이자 작가.

3. 1864년 다윈의 『종의 기원』에 대한 유명한 논쟁에서 윌버포스 주교의 편을 든 디즈레일리는 그 논의를 다음과 같이 요약했다. "문제는 바로 이것입니다. 인간은 원숭이인가, 아니면 천사인가? 주교님, 나는 천사의 편에 서 있습니다."

복자라고 추정할 것이다. 마찬가지로, 우리가 맨 처음 영적인 사실을 보게 될 때는 누가 최고의 존재인지를 오해하게 될 것이다. 따라서 신들을 발견하는 것으로는 불충분하다. 그들은 뻔히 알아볼 수 있기 때문이다. 우리는 신들 중의 우두머리인 하나님을 찾아야 한다.

우리는 무엇이 진정 자연적인 것인지를 알기 위해서라도 초자연적 현상에 대한 긴 역사적 경험이 필요하다. 이에 비추어 보면, 기독교의 역사와 그 히브리적인 기원이 무척 실제적이고 분명하다는 것을 알게 된다. 히브리인의 신이 많은 신들 중의 하나였다는 말을 들어도 나는 신경이 거슬리지 않는다. 굳이 연구하고 조사하지 않더라도 그게 사실이었음을 나는 알고 있다. 마치 해와 달이 똑같은 크기로 보였던 것처럼, 여호와와 바알도 똑같이 중요한 신으로 비쳤다. 해가 실로 광대한 우리의 주관자이고 작은 달은 우리의 위성에 불과하다는 것은 천천히 알게 된 사실이다. 내가 인간 세계에서 걸으면서 좋아하는 것과 선하다고 생각하는 것을 찾듯이, 나는 영들의 세계가 있다고 믿고 그 안에서 걸을 것이다. 마치 사막에서는 깨끗한 물을 찾고 북극에서는 안락한 불을 지펴야 하는 것처럼, 나는 물과 같이 신선하고 불과 같이 안락한 그 무엇을 찾을 때까지 환상으로 가득 찬 공허한 땅을 뒤질 것이다. 문자 그대로 고향과 같은 그런 장소를 영원 속에서 찾을 때까지 말이다. 그리고 그런 장소는 오직 하나밖에 없다.

이제까지 이런 설명이 꼭 필요한 사람에게 일반적인 변증의 영역에도 믿음의 근거가 있다는 것을 보여 주기 위해 충분한 진술을 했다. 순전히 경험만 기록한 자료를 보더라도, (만일 경멸감이나 편애 없이 그것을 민주적으로 다룬다면) 첫째, 기적이 발생한다는 증거와 둘째, 더 고상한 기적들이 우리의 전통에 속해 있다는 증거를 찾을 수 있다. 그러나 내가 유교에서 도덕적인 선을 끌어내야 하듯 기독교의 도덕적 선을 취하는 대신에 이런 간략한 설명이 내가 기독교를 영접한 진정한 이유인 것처럼 가장할 생각은 없다.

나에게는 기독교로부터 이런저런 힌트를 골라내는 대신에 그것을 하나의 신앙으로 수용하게 된 훨씬 더 탄탄하고 핵심적인 근거가 또 하나 있다. 바로 기독교회는 나의 영혼과의 관계에서 죽은 선생이 아니라 살아 있는 선생이라는 점이다. 기독교는 어제 나에게 가르침을 주었을 뿐 아니라 내일도 분명히 가르침을 줄 것이다. 언젠가 나는 주교관(主敎冠)이 왜 그런 모양을 하고 있는지 갑자기 그 의미를 깨달았다. 어느 좋은 아침에 나는 왜 창문에 뾰족한 끝이 있는지 그 이유를 깨달았다. 장차 어느 좋은 아침에 왜 사제들이 머리를 짧게 깎았는지 그 이유를 깨닫게 될 것이다.

플라톤은 당신에게 하나의 진리를 말해 주었지만, 지금은 죽고 없다. 셰익스피어는 하나의 이미지로 당신을 놀라게 했지만 더 이상 당신을 놀라게 하지 않을 것이다. 그런데 그런 사람들이 여전히 살아 있어서 우리가 그들과 더불어 살게 된다면 어떨까? 플라톤이 내일 그 원초적인 강좌를 베풀거나 어느 순간에든 셰익스피어가 단 하나의 노래로 모든 것을 강하게 흔들어 놓는다면? 살아있는 교회를 믿는 사람, 곧 그런 교회와 계속 접촉하며 사는 사람은 내일 아침식사 때에 플라톤과 셰익스피어를 만날 것을 항상 기대하고 있는 사람이다. 그는 여태껏 한 번도 본 적이 없는 어떤 진리를 보게 되기를 항상 기대하고 있다.

이 입장과 비슷한 것은 단 하나밖에 없다. 그것은 바로 우리 모두가 시작한 이른바 '인생'이란 것이다. 당신의 아버지가 정원을 거닐면서 당신에게 어떤 말-벌은 쏜다거나 장미는 달콤한 향기를 풍긴다고-을 했을 때, 당신은 그의 철학에서 최상의 것을 취하는 문제를 거론하지 않았다. 정말로 벌이 당신을 쏘았을 때, 당신은 그것을 재미있는 우연의 일치라고 부르지 않았다. 장미가 달콤한 향기를 풍겼을 때, 당신은 "내 아버지는 꽃이 향기를 풍긴다는 심오하고 미묘한 진리를 (아마 무의식적으로) 숨기는 무례하고 야만적인 상징이다"라고 말하지 않았다. 그렇지 않다. 당신은 당신의 아버지를 믿었다. 그분이야말로 살아 있는 사실의 원천, 당신보다 더 많은 것을 아는 존재, 오늘뿐 아니라 내일도 당신에게 진실을 말해 줄 존재임을 발견했기 때문이다. 그리고 이것이 만일 당신이 경험한 아버지라면 어머니는 더 말할 필요도 없다. 적어도 나의 경우는 그랬기 때문에 이 책을 어머니에게 바치는 것이다.

사회가 여성의 종속적 지위에 대해 쓸데없이 야단법석을 떨 때,

모든 남성이 예외 없이 얼마나 여성의 폭정과 특권에 빚지고 있는가 하는 사실을, 교육이 쓸데없이 될 때까지 오직 여성만이 교육을 지배한다는 사실을 왜 아무도 말하지 않는가? 소년에게 무엇이든 가르치기가 너무 늦어진 다음에야 그는 가르침을 받도록 학교에 보내지기 때문이다. 진짜 가르침은 이미 끝난 셈이다. 고맙게도 그 가르침은 거의 언제나 여성들의 몫이다. 모든 남자는 태어나는 것만으로도 여성화된다. 사람들은 남성적인 여성에 관해 얘기하지만 모든 남자야말로 여성화된 남성이다. 그리고 설사 남자들이 이런 여성의 특권에 반대하기 위해 웨스트민스터로 가두행진을 벌이더라도 나는 그 데모에 동참하지 않을 것이다. 왜냐하면 나는 다음과 같은 확고한 심리적 사실을 확실히 기억하기 때문이다. 내가 여성의 권위 아래 가장 많이 있었던 시기가 정열과 모험심이 가장 충만했던 시절이었다는 사실 말이다. 나의 어머니가 개미도 문다고 말했을 때 정말로 개미가 물었기 때문이고, (어머니가 말씀하신 대로) 눈은 실제로 겨울에 왔기 때문이었다. 그래서 온 세계는 나에게 경이로운 일이 이뤄지는 동화의 나라였고, 나는 마치 예언에 이어 예언이 줄줄이 실현되는 그 옛날 히브리 시대에 살고 있는 듯했다.

어린 시절에 정원에 들어가 보니, 그곳은 실로 굉장한 장소였다. 정원을 발견하는 실마리를 내가 갖고 있었기 때문이다. 만일 내게 그런 실마리가 없었다면 그곳은 재미없는 장소였을 것이다. 무의미한 황무지는 깊은 인상을 주지 못하는 법이다. 그러나 어린 시절의 정원은 참으로 흥미진진한 곳이었다. 모든 것이 고정된 의미를 갖고 있었고, 그것이 차례로 발견될 수 있었기 때문이다. 조금씩 나는 갈퀴라고 불리는 그 못생긴 물체가 무엇인지를 알게 되었고, 왜 부모님이 고양이를 키우는지 어렴풋이 추측할 수도 있었다. 그러므로 나는 기독교 세계를 우연한 본보기로 받아들인 게 아니라 어머니로 영접했기 때문에 내가 고양이와 갈퀴의 모양을 응시했던 그 작은 정원처럼 유럽과 세계를 다시 한 번 발견한 셈이었다. 나는 모든 것을 늙은 요정처럼 무지와 기대감을 갖고 바라보았다. 이런저런 의례나 교리가 갈퀴마냥 못생긴 특이한 모양으로 보일지 몰라도, 경험을 통해 그런 것이 잔디와 꽃으로 귀결된다는 것을 알게 되었다. 성직자가 외견상 고양이처럼 쓸모없는 존재로 보일지 몰라도, 그가 존재하는 이상한 이유가 틀림없이 있기 때문에 흥미로운 존재일 수 있는 것이다.

많은 예가 있지만 그 가운데 한 가지만 들어 볼까 한다. 나는 어쩐지 역사적 기독교의 특징으로 자리 잡은 육체적 순결에 대해 큰 열정을 느끼지 못하는 편이다. 하지만 나 자신에게서 눈을 돌려 세상을 바라볼 때, 이런 열정은 유독 기독교의 특징에 국한되지 않고 이방종교의 특징이자 많은 영역에 걸쳐 고상한 인간의 본질적 특징이라는 것을 알게 된다. 그리스인은 아르테미스 여신상을 만들 때, 로마인은 베스타 여신에게 옷을 입힐 때, 각각 그 처녀성

을 생각했고, 엘리자베스 여왕 시대의 위대한 극작가 가운데 가장
자유분방한 최악의 극작가도 세계의 중심 기둥을 붙잡듯이 여성
의 순결 자체에 집착했다. 무엇보다도, 현대 세계는(성적 순결을 조
롱하면서도) 성적 순결을 우상으로 숭배하는 지경에 빠졌다. 그래
서 어린이를 그토록 숭배하는 것이다. 어린이를 사랑하는 사람이
면 누구나 그들 특유의 아름다움이 육체적인 섹스의 암시에 의해
손상된다는 데 동의할 것이다.

　기독교의 권위와 더불어 이런 인간의 공통된 경험으로 말미암
아, 나는 내가 틀렸고 교회가 옳다는 결론에 도달하지 않을 수 없
다. 또는 나에게 결함이 있고 교회가 보편성을 갖고 있다는 것을
인정하게 된다. 교회에는 온갖 부류의 사람이 다 있다. 하지만 교
회는 나에게 금욕을 요구하지 않는다. 그러나 내가 금욕주의자를
이해하지 못한다는 사실은 마치 나에게 음악을 감상할 귀가 없는
것과 같다. 바흐 음악의 주제로 등장하는 인간 최고의 경험은 나
를 비켜갔다. 금욕은 내 아버지의 정원에 핀 한 송이 꽃이고, 나는
이제까지 그 달콤하거나 끔찍한 이름을 들은 적이 없다. 하지만
언젠가 그 이름을 듣게 되리라.

궁극적인 기쁨

바로 이것이 내가 기독교로부터 이런저런 세속적 진리들을 받아들였을 뿐 아니라 그 종교 자체를 영접한 이유이다. 기독교가 이런저런 진리를 말해 주었을 뿐 아니라 그 자체가 진리를 들려주는 주체임을 보여 주었기 때문에 내가 그것을 영접한 것이다. 다른 모든 철학들은 진리로 뻔히 보이는 것을 말해 준다. 하지만 유독 이 철학만은 진리로 보이지 않지만 실은 진리인 것을 거듭해서 말해 주었다. 모든 신조 가운데 오직 이 신조만이 매력적이지는 않아도 설득력이 있다. 이 신조는 정원에서의 아버지와 같이 결국 옳은 것으로 판명난다.

예를 들어, 신지학자들은 환생과 같은 분명히 매력적인 아이디어를 전파할 것이다. 그러나 우리가 그에 따른 논리적 결과를 기다려 보면, 그것이 카스트 계급의 영적인 오만과 잔인성으로 귀결된다는 것을 알게 된다. 만일 사람이 태어나기 전에 지은 죄 때문에 거지가 된다면, 사람들은 당연히 거지를 멸시할 것이기 때문이다. 그러나 기독교는 원죄와 같은 분명히 달갑잖은 아이디어를 전파한다. 하지만 그 결과를 기다려 보면, 그것이 연민의 정과 형제애, 그리고 우레와 같은 웃음과 동정심으로 귀결된다는 것을 알게 된다. 오직 원죄의 교리가 있을 때에만 우리는 거지를 불쌍히 여기는 동시에 왕을 불신할 수 있기 때문이다.

과학자들은 우리에게 건강이라는 분명한 유익을 제공한다. 나중에야 우리가 알게 되는 것은 그들이 말하는 건강은 바로 육체적인 노예 상태와 영적인 지루함을 뜻한다는 사실이다. 정통신앙은 우리로 하여금 지옥에 빠지기 직전에 깡충 뛰어오르게 만들어 준다. 우리는 나중에야 도약이 우리의 건강에 아주 유익한 신체적인 운동이라는 사실과 이 위험이 모든 드라마와 로맨스의 뿌리라는 사실을 알게 된다.

하나님의 은혜를 지지해 주는 가장 강력한 논증은 그 은혜의 탐탁지 않은 면이다. 기독교의 달갑잖은 면을 검토해 보면 그것이 결국 사람들의 버팀목임이 드러난다. 기독교의 바깥 원에는 윤리적 금욕이란 엄격한 파수꾼과 직업적인 제사장들이 버티고 서 있다. 하지만 그 비인간적인 파수꾼 안쪽에는 어린이처럼 춤추고 어른처럼 포도주를 마시는 오래된 인간다운 삶이 있다. 기독교가 이방인의 자유를 도모하는 유일한 틀이기 때문이다.

그런데 현대 철학은 이와 정반대다. 그 바깥 원은 아주 예술적이고 해방의 분위기가 감돈다. 하지만 그 속에는 우주에는 어떤 의미도 없다고 믿는 절망이 도사리고 있다. 그런즉 어떤 로맨스를 찾으리란 기대도 없고, 로맨스들은 아무런 줄거리도 없을 것이라고 생각한다. 사람은 무정부 상태에서는 어떤 모험도 기대할 수 없는 법이다. 그러나 권위가 서 있는 땅을 여행할 때에는 얼마든지 많은 모험을 기대할 수 있다. 회의주의의 정글 속에서는 아무런 의미도 찾을 수 없지만, 교리와 설계가 있는 숲을 통과하는 사람은 갈수록 더 많은 의미를 찾게 될 것이다. 여기에는 모든 것이 그 꼬리에 내 아버지의 집에 있는 연장들이나 그림들처럼 이야기가 붙어 있다. 거기가 내 아버지의 집이기 때문이다.

나는 내가 시작한 지점에서 끝난다. 거기가 정확히 끝나는 지점이다. 나는 적어도 모든 좋은 철학의 문을 들어가 보았다. 나는 제2의 어린 시절 속으로 들어갔다.

그런데 이처럼 더 크고 더 모험적인 기독교의 우주에는 표현하기 어려운 한 가지 특징이 더 있다. 이제 이 주제의 결론 삼아 그것을 한번 표현해 보려고 한다. 종교에 관한 모든 논증은 거꾸로 태어난 사람이 자기가 언제 똑바로 되었는지를 말할 수 있는지 여부에 의해 판가름이 난다. 기독교의 으뜸가는 역설은 사람의 일반적인 상태가 온전한 정신이나 분별력이 있는 상태가 아니라는 것이다. 말하자면, 정상적인 상태 그 자체가 비정상이라고 한다. 이것이 타락의 철학의 핵심이다.

올리버 로지 경[4]이 쓴 흥미로운 새 교리문답서를 보면 맨 처음에 다음 두 가지 질문을 제기한다. 첫째는 "당신은 무엇인가?"이고, 둘째는 "그렇다면 인간의 타락은 무슨 의미를 갖고 있는가?"이다. 나는 무척 즐거워하면서 그 질문에 대답했던 것이 기억난

---

4. Sir Oliver Lodge, 1851-1940, 종교와 과학을 결합시키려고 노력했던 영국의 물리학자. 1907년에 『과학과 손잡은 신앙의 실체: 부모와 교사를 위한 교리문답서』를 썼다.

다. 그러나 곧 그것이 엉성하고 불가지론적인 답변이라는 것을 알게 되었다. "당신은 무엇인가?"라는 질문에 대해서는 "하나님만이 아신다"라고 응답할 수 있을 뿐이고, "타락의 의미는 무엇인가?"라는 질문에는 진실한 마음으로 "내가 무엇이든지 간에, 나는 나 자신이 아니다"라고 응답할 수 있을 뿐이다. 이것이 바로 우리 종교가 갖고 있는 으뜸가는 역설이다. 즉, 우리가 결코 그 완전한 의미를 안 적이 없는 그 무엇이 우리보다 더 나을 뿐 아니라 우리 자신보다 우리에게 더 자연스럽다는 것이다. 그리고 이것을 테스트하는 방법으로는 이 책의 초반부에 언급된 실험, 곧 정신병자의 방과 열린 문의 테스트 말고는 다른 방법이 없다. 내가 정신적인 해방감을 맛본 것은 정통신앙을 알고 난 뒤였다. 결론적으로, 이 신앙은 궁극적인 기쁨의 개념과 특별한 관계가 있다.

흔히 이방종교는 기쁨의 종교이고 기독교는 슬픔의 종교라고 말한다. 그러나 이방종교야말로 슬픔 그 자체이고 기독교는 기쁨 그 자체라는 것을 쉽게 입증할 수 있다. 하지만 그런 갈등은 아무런 의미도 결론도 없다. 인간은 모든 일에서 기쁨과 슬픔을 모두 갖고 있음에 틀림없다. 유일한 관심사가 있다면 이 둘이 어떤 식으로 서로 균형을 이루고 있는가 또는 어떻게 나눠져 있는가 하는 점이다.

그런데 정말로 흥미로운 점은, 이방인은 (대체로) 땅에 접근할수록 더욱 행복해지지만 하늘에 접근할수록 더욱 슬퍼진다는 사실이다. 최상의 이방종교가 보여 주는 유쾌함-가령, 카툴루스(Catullus)나 테오크리투스(Teocritus)의 장난스러움에서 볼 수 있듯이-은 실로 인류가 결코 잊어서는 안 되는 영원한 유쾌함이다. 하지만 그것은 모두 삶의 기원이 아닌 삶의 현실과 관련된 유쾌함이다. 이방인에게 사소한 것들은 산에서 흘러내려오는 작은 개울과 같이 달콤하지만, 크고 넓은 것들은 바다와 같이 쓰다. 이방인이 우주의 중심을 쳐다보면 그냥 차갑게 얼어붙고 만다. 냉혹한 신들 뒤편에 치명적인 운명의 신들이 앉아 있다. 아니, 그 운명의 신들은 치명적인 것보다도 더 나쁘다. 그 신들은 죽은 상태이다.

그리고 합리주의자들은 고대 세계가 기독교 세계보다 더 계몽된 세계였다고 말하는데, 그들의 관점에서 보면 옳은 소리다. 그들이 사용하는 '계몽되었다'는 말은 불치의 절망으로 어두워졌다는 뜻이기 때문이다. 고대 세계가 기독교 세계보다 더 현대적이었다는 것은 지극히 옳은 말이다. 양자의 공통점은 고대인과 현대인 모두 존재 자체 및 모든 것과 관련하여 불행한 상태에 있었다는 것이고, 그에 비해 중세인은 적어도 행복한 상태에 있었다고 할 수 있다. 이방인들이 현대인과 마찬가지로 모든 것과 관련하여 불행한 상태에 있었다는 것은 나도 얼마든지 인정한다. 사실 그들은 다른 모든 것과 관련해서는 무척 유쾌한 편이었다. 중세의 그리스도인들은 모든 것과의 관계에서 평화를 유지했지만, 다른 모든 것과의 관계에서는 전쟁 중에 있었다는 것을 나도 시인한다. 그러나 눈을 우주의 중심축으로 돌리면, 아테네의 야외극장이나 에피쿠로스의 열린 정원에서보다 플로렌스의 피비린내 나는 좁은 골목에 더 많은 우주적인 만족감이 있었다. 조토(Giotto de Bondone, 중세 이탈리아 화가)는 에우리피데스(Euripides, 고대 그리스 시인)보다 더 침울한 도시에 살았지만 더 유쾌한 우주에 몸담고 있었다.

대다수의 사람은 작은 일에는 즐거움을 느끼고 커다란 일에는 슬픔을 느끼도록 강요를 받아 왔다. 그럼에도 불구하고 (나의 마지막 도그마를 도전적으로 내놓는 바이다) 그렇게 하는 것은 사람의 본성에 맞지 않는다. 사람은 기쁨을 기본으로 깔고 슬픔을 표면적으로 느낄 때 좀 더 본연의 모습을 갖게 되고 좀 더 사람다운 면모를 갖추는 법이다. 우울은 간주곡과 같이 막간에 생기는 일시적인 마음 상태여야 한다. 반면에 찬양은 영구적인 영혼의 맥박이 되어야 한다. 비관주의는 기껏해야 감정적인 반쪽짜리 휴일일 뿐이다. 기쁨은 모든 것을 살아 숨 쉬게 하는 소란한 노동과 같다.

하지만 이방인이나 불가지론자의 눈에 비친 명백한 인간의 상태로 보면 이 일차적인 인간 본성의 욕구는 결코 채워질 수 없다. 기쁨은 폭넓게 퍼져 있어야 마땅하다. 그러나 불가지론자에게는 기쁨이 위축되어야 하고 세상의 한쪽 구석에 매달려 있어야 한다. 반면에 슬픔은 집중되어 있어야 하는데, 불가지론자에게 그 황량함은 생각할 수조차 없는 영원을 가로질러 퍼져 있다. 나는 이것을 거꾸로 태어나는 것이라고 부른다. 회의주의자는 거꾸로 선 사람이라고 말해도 무방하다. 그의 발은 한가한 황홀경에 빠진 채 위쪽으로 춤추고 있다. 그의 두뇌는 아비소스에 있기 때문이다. 현대인에게 하늘은 사실상 땅 아래에 있다. 간단히 설명해서 그는 물구나무를 선 셈이며, 머리는 서 있기에는 아주 약한 기반이다. 그가 자기의 발을 다시 찾았을 때는 그 점을 알게 된다.

하지만 기독교는 똑바른 자세로 서려는, 조상 대대로 내려오는 사람의 본능을 갑자기 그리고 완벽하게 만족시켜 준다. 무엇보다도 그 신조를 통하여 기쁨을 거대한 것으로 만들고 슬픔을 작고 특수한 것이 되게 함으로써 그 본능을 만족시켜 준다.

우주가 바보이기 때문에 우리 위에 있는 창공이 귀머거리인 것은 아니다. 침묵은 끝과 목표가 없는 세계의 무정한 침묵이 아니다. 오히려 우리 주변의 침묵은 병실에서 일어나는 즉각적인 고요함과 같은 연민에 찬 작은 고요함이다. 우리에게 허락되는 비극은 어쩌면 일종의 자비로운 희극일지도 모른다. 신적인 것들의 엄청난 에너지가 술 취한 광대극처럼 우리를 때려눕힐 것이기 때문이다. 우리는 천사들의 엄청난 경거망동을 감수하기보다는 우리의 눈물을 더 가볍게 감수할 수 있다. 그래서 하늘의 웃음소리가 너무 커서 우리가 도무지 들을 수 없기에 우리는 별이 총총한 침묵의 방에 그냥 앉아 있을 것이다.

이방인의 작은 꼬리표였던 기쁨이 지금은 그리스도인의 거대한 비밀이다. 이제 내가 이 혼란스런 책을 덮으면서 기독교의 기원이

된 그 이상한 작은 책을 다시 열어 본다. 그리고 다시금 일종의 확신에 사로잡힌다. 복음서들을 가득 채우는 그 거대한 인물이 다른 모든 면에서 그렇거니와 이 면에서도 스스로 크다고 생각했던 모든 사상가들 위에 우뚝 솟아 있다.

그의 연민은 자연스럽게 그리고 무심결에 표현되다시피 했다. 고대와 현대의 스토아학파는 눈물을 감추는 것을 자랑스러워한다. 하지만 그는 결코 눈물을 감추지 않았다. 그는 고향 도시의 앞날을 내다보며 공공연하게 백일하에 눈물을 보였다. 그럼에도 그는 무언가를 감추었다. 장엄한 초인들과 위엄 있는 외교관들은 분노를 억제하는 것을 자랑스러워한다. 하지만 그는 결코 분노를 억제하지 않았다. 그는 성전의 앞 계단에 있던 가구를 뒤엎었고, 사람들에게 어떻게 지옥의 저주를 피할 수 있겠느냐고 물었다. 그럼에도 그는 무언가를 억제했다.

나는 지금 경외심을 품고 이 말을 하는 중이다. 모든 것을 압도하는 그 인물 속에는 수줍음이라고 불러야 마땅한 한 가닥의 실이 있었다. 그가 기도하러 산에 올라갔을 때 모든 사람으로부터 감춘 것이 있었다. 갑자기 침묵하거나 서둘러 고독을 택함으로써 은폐한 그 무엇이 있었다. 하나님이 우리의 땅 위를 걷는 동안 너무나 커서 우리에게 보여 줄 수 없었던 것이 하나 있었다. 때로 나는 그것이 그분의 환희가 아니었나 하고 상상해 본다.

ORTHODOXY

"오직 원죄의 교리가 있을 때에만

우리는 거지를 불쌍히 여기는 동시에 왕을 불신할 수 있다."

—

"우울은 간주곡과 같이 막간에 생기는 일시적인 마음 상태여야 한다.

반면에 찬양은 영구적인 영혼의 맥박이 되어야 한다."

∞

몇 년 전에 모 출판사로부터 이 책의 번역을 가볍게 의뢰받았다가 거절한 적이 있었다. 당시는 이미 '오소독시'라는 제목으로 일반 출판사에서 번역되어 판매되던 중이기도 했거니와 대충 영서를 살펴보니 무척 어려운 내용이라 선뜻 번역할 자신이 없었고, 그 정도의 수준이라면 읽을 만한 사람은 영서로 읽을 것이란 생각이 들었기 때문이었다.

그로부터 몇 년 후 이번에는 다른 출판사로부터 정식으로 의뢰받고는 며칠 동안 고민하다가 결국 번역에 착수하게 되었다. 예전의 '오소독시'는 이제 절판된 상황이고 고전 중의 고전으로 꼽히는 이 책에 한번 도전해 보고 싶은 생각이 들었기 때문이다. 한여름 상당한 시간을 들여 초역을 하면서 내 능력의 한계를 어쩌면 가장 크게 절감했고, 번역을 수정할 때는 초역 이상의 많은 시간과 노력을 기울여야 했다. 그럼에도 결코 만족할 수 없는 선에서 손을 놓지 않을 수 없었던 책이 바로 이『정통』이다.

이 책은 20세기 초 잉글랜드의 탁월한 저널리스트이자 작가였던 체스터턴이 당시의 시대정신을 흠뻑 먹고 마시며 자랐다가 훗날 그리스도인이 된 뒤에, 자신의 인생 여정을 돌이켜보며 어떻게 해서 인생의 가장 본질적인 의문들에 대한 해답을 정통신앙 안에서 발견하게 되었는지 그 신앙에 이르는 여정을 이야기한 자서전적인 책이다.

이 책을 쓰기 위해 그가 구상한 전체적인 구도도 참신하거니와 글을 전개해 나가는 방식 또한 가히 독보적이라는 생각이 들었다. 곳곳에서 반짝이는 저자 특유의 날카로운 풍자와 위트와 유머가 감칠맛을 더해 주고, 추리소설의 작가다운 창의력과 상상력이 돋보이는 이 책은 우리가 흔히 분류하는 '변증서'가 아니라 하나의 '작품'이라고 해도 손색이 없을 것이다. 특히 당시의 지배적인 사조였던 회의주의, 유물론, 진화론, 니체를 중심으로 한 의지론 등에 대한 저자의 예리한 비판은 21세기를 살면서 여전히 그 영향권 아래 몸담고 있는 우리에게 귀중한 유산이라는 확신이 들었다. 저자가 기독교의 역설적인 진리에 관해 다루는 대목에서는 내가 아직도 정통신앙에 대해 얼마나 무지한지를 새삼 깨닫게 되었고, 정통신앙의 진가를 새롭게 발견하기도 했다. 그리고 그로부터 한 세대 뒤에 등장하여 교리의 중요성을 참신하게 일깨워 주었던 또 다른 탁월한 작가였던 도로시 세이어즈도 체스터턴의 노선을 걸었다는 생각도 들었다(『기독교 교리를 다시 생각한다』(IVP) 참고]. 이런 면에서 이 책은 기독교를 이른바 '진리'로 믿는 신앙인에게 오늘날을 지배하는 시대정신과 관련하여 그것이 과연 무엇을 의미하는지를 문학적인 기교를 발휘하면서 날카롭고도 명쾌하게 깨우쳐 주는 도전적인 저서이다. 그렇기 때문에 백 년이 지난 오늘날에도 여전히 우리에게 강력한 공명을 불러일으키는 것 같다.

그래서 이 책을 읽고 번역하면서 오늘 한국사회에 존재하는 수많은 그리스도인 지성인들에게 던지는 다음 몇 가지 의문이 떠올랐다. 21세기 한국사회에서 이 시대의 정신과 풍조를 마시며 사는 기독지성인의 사명은 무엇일까? 그들은 그 사명을 얼마나 잘 수행하고 있는가? 한국의 기독교 지도자들은 이런 시대정신을 얼마나 분별하고 있고 그 정신에 대항해 정통신앙의 진리를 얼마나 잘 전하고 있는가? 혹시 한국교회는 세상과 담을 쌓고 세상의 정신에 무지한 채 요새 속에서 진리만 외치고 있는 것은 아닐까? 학문계, 사상계, 언론계 등 정신적인 전초기지에서 일하는 그리스도인들은 어디에서 기독교적 세계관과 사상을 배우고 그 삶의 현장에서 하나님의 나라를 위해 일하고 있을까? 이런 의문들이 들면서 문득 전 UN사무총장 찰스 말릭이 한 말, "우리가 온 세상을 얻고도 만일 지성을 잃어버린다면 모든 것을 잃게 될 것이다"라는 명언이 떠올랐다. 아울러 이 책을 통해 많은 지성인들이 개인적으로 도전을 받을 뿐 아니라 소그룹으로 서로 토론하고 느낀 점을 나눈다면 훨씬 풍성한 소득이 있을 것이라는 생각도 들었다.

바쁜 생활에도 불구하고 급한 부탁을 선뜻 들어주서서 며칠을 할애하여 꼼꼼히 원고를 읽으시고 참으로 적절한 서문을 써 주신 강영안 교수님께 감사드린다. 또한 후발주자로서 앞서 번역된 이 끌리오 출판사의 책에서 몇몇 용어와 각주의 도움을 받았음을 밝히는 바이다. 그리고 몇 십 년 전부터 사무실의 책장에 꽂혀 있으면서 무시당해 왔던 체스터턴의 전기(The Outline of Sanity)를 이번에 나에게 건네준 변함없는 멘토요 친구인 웨슬리 선교사님께도 감사드리고 싶다.

홍병룡

*이것은 2010년에 작성된 글이다. 이번에 아바서원에서 재출간을 준비하며 번역가가 새롭게 번역을 다듬었다.

G. K. 체스터턴의 정통

초판 1쇄 인쇄 2019년 11월 8일
초판 4쇄 발행 2022년 3월 21일

지은이 G. K. 체스터턴
옮긴이 홍병룡
펴낸이 정선숙

펴낸곳 협동조합 아바서원
등록 제 274251-0007344
주소 경기도 고양시 덕양구 삼원로51 원흥줌하이플드 606호
전화 02-388-7944   **팩스** 02-389-7944
이메일 abbabooks@hanmail.net

ⓒ 협동조합 아바서원, 2022

ISBN 979-11-85066-61-5 (03230)

*잘못 만들어진 책은 구입한 곳에서 교환해 드립니다.